北京市
社会科学基金项目

北京智慧旅游研究报告

主　编　李云鹏　黄　超
副主编　涂婷婷　赵丽丽　郭逸雄

中国人民大学出版社
·北京·

前言

2010年初，北京提出了建设世界城市的目标，并将建设世界城市写入北京市政府工作报告。作为全国政治经济文化中心，北京在智慧旅游建设中具有突出优势。2011年，国家旅游局提出“智慧旅游”的发展战略，北京启动了智慧旅游三年行动计划制定。2012年北京被列为全国首批“智慧旅游”试点城市之一，从全市层面的顶层设计到各个区的智慧旅游实践，北京形成了全面建设智慧旅游的局面。如何评价北京智慧旅游建设的现状，特别是对16区智慧旅游建设进行系统评估，提出北京智慧旅游未来发展的战略方向，是本书研究和解决的核心问题。

本书从文化科技融合的产业背景、国际化和区域旅游一体化政策背景出发，依托北京智慧城市建设的基础，全面分析了北京智慧旅游建设的基本内涵和四个智慧旅游产业标准，构建了北京智慧旅游评价体系，并从顶层设计、总体建设、16个区探索和企业实践四个层面对北京智慧旅游实践进行全面系统梳理，在借鉴国际、国内省市智慧旅游发展的有益经验基础上，提出了“一个中心，二个基本点”的北京特色智慧旅游建设的实践路径，遵循“统筹规划，整合资源；政府引导，市场驱动；突出重点，分步实施；需求为主，确保实用；统一标准，资源共享”措施。本书从政府和企业两个主体视角，提出了以对游客服务为中心，打造“一条主线、一大抓手、三大体系”的建设策略和北京“政企—市区”纵横交错二分式体系，明确北京智慧旅游将走上质量提升的阶段，需要形成北京智慧旅游建设特有模式，给出了当前北京智慧旅游发展在“体制机制、顶层设计、考核标准、产业融合、持续改进”五个方面的具体任务，提出了构建以北京为中心的区域智慧旅游运营体系的整体战略构想。

全书共分为5章：第1章从文化科技融合的驱动，世界城市和区域旅游一体化的国际化、区域化背景及智慧城市建设热潮方面阐述了北京智慧旅游建设的背景；第2章介绍了北京智慧旅游的实践活动，首先定义并解释了北京智慧旅游的基本内涵，其次从北京传统旅游企业、新兴智慧旅游企业、在线旅游企业、新兴旅游关联企业四个方面梳理企业层面的智慧旅游实践活动，最后分析智慧旅游需求与供给匹配情况；第3章设计了北京智慧旅游的评价体系，并以此为框架介绍北京16个区的智慧旅游建设情况，分析各个区存在的问题，给出改进意见；第4章介绍了国内外城市智慧旅游建设的做法，为北京智慧旅游未来发展提供经验借鉴；第5章详细规划北京智慧旅游建设的策略，提出构建以北京为中心的区域智慧旅游运营体系。

本书由首都经济贸易大学的李云鹏负责整体构架的搭建、统稿和修改。第1章第1节、第2节由首都经济贸易大学密云分校的黄超负责完成，第3节由乔红艳负责完成。第2章第1节由李云鹏负责完成，第2节由无锡巅峰君航物联科技有限公司的束航负责完成，第3节由北京中海智旅科技有限公司的赵丽丽负责完成。第3章第1节由黄超负责完成，第2节由多名人员共同完成，其中东城区、密云区、房山区和石景山区相关内容由黄超完成，西城区、朝阳区、通州区和门头沟区相关内容由日本名城大学硕士研究生郭逸雄完成，平谷区、顺义区和昌平区相关内容由中青旅国际旅游有限公司的甄瑶完成，丰台区和延庆区相关内容由深圳华侨城股份有限公司的涂婷婷完成，海淀区和怀柔区相关内容由赵丽丽完成，大兴区相关内容由乔红艳完成。第4章第1节由中青旅博汇会展运营管理有限公司的冯琛和郭逸雄负责完成，第2节由黄超和涂婷婷负责完成。第5章由李云鹏和黄超负责完成。

本书的编者不仅进行了大量实地考察，掌握了第一手资料，还参阅了大量的教材、论文和网络资料，在“参考文献”中无法一一列全，在此谨向这些文献的作者致以衷心的感谢！

由于水平有限，疏漏之处在所难免，敬请广大读者批评指正，编写组全体成员在此表示万分感谢！

编者

2016年4月9日

目 录

第 1 章　北京智慧旅游的发展背景

2013 年 11 月 6 日，国家旅游局发布了《关于印发 2014 中国旅游主题年宣传主题及宣传口号的通知》，“美丽中国之旅——2014 智慧旅游年”成为 2014 年旅游宣传主题。通知建议各地要通过网络、手机应用程序等工具，努力为海外游客在信息收集、机票酒店预订、行程安排、游记发布、后期评价等方面提供智慧化服务；要集中宣传一批智慧旅游线路，并注重引导旅游目的地和企业面向海外市场开发智慧旅游产品。

2014 年 8 月 21 日，国务院发布《关于促进旅游业改革发展的若干意见》，意见要求制定旅游信息化标准，加快智慧景区、智慧旅游企业建设，完善旅游信息服务体系，以适应人民群众消费升级和产业结构调整的要求。

2015 年 1 月 10 日，国家旅游局发布《关于促进智慧旅游发展的指导意见》，进一步强调了智慧旅游建设对推动旅游业发展的重要意义。意见指出，智慧旅游是游客市场需求与现代信息技术驱动旅游业创新发展的新动力和新趋势，是全面提升旅游业发展水平、促进旅游业转型升级、提高旅游满意度的重要抓手，对于把旅游业建设成为人民群众更加满意的现代化服务业，具有十分重要的意义。

1.1　文化科技融合背景下的北京智慧旅游

当今，文化科技融合发展是文化产业发展和科技成果转化为现实生产力的客观要求，北京作为以现代服务业为核心的大都市，文化、金融、科技、旅游等支柱行业交叉融合，加快了现代服务业创新能力提升的步伐，促使北京朝着具有世界影响力的科技文化创新之城前进。

文化与科技融合是顺应时代发展、满足城市自身发展需求的必然趋势。首先，文化与科技的互动是人类社会文明演进的主旋律，文化已经成为世界各国和地区竞争的重要力量。北京在建设世界城市的目标指引下，文化与科技的“双轮驱动”已经成为推动产业发展的新动力。其次，国家高度重视文化科技融合工作，文化部、科技部、发改委等部委相继出台政策和规划，推动文化科技的融合发展。很多省市也纷纷出台政策，落实文化科技融合的行动计划。2012年，文化部制定并颁布了《文化部“十二五”文化科技发展规划》专项规划，在更高点上推动文化与科技的融合。

北京市依托政治中心、文化中心、经济中心、科技中心等优势和机遇，充分利用各种资源，从政策标准、企业扶植等方面采取一系列措施，取得了一定成绩，为加快发展文化科技产业，扶持文化科技类企业，系统提升文化软实力，形成产业资源、管理资源、社会资源等，为文化与科技的深度融合奠定了基础。2011年建立北京文化科技融合区，2012年北京市中关村入选首批16家国家级文化和科技融合示范基地。北京未来发展对文化与科技融合的需求强度不断增加。这些优势与基础从产业层面推动了北京市各产业的整体发展。

“十二五”时期，旅游业的战略性支柱产业地位不断凸显，旅游业成为拉动国民经济的重要增长点，旅游公共服务体系建设逐渐得到重视。同时，随着高新技术不断涌现，信息技术及其与其他产业的融合应用显示出越来越强大的创造力和生命力。北京市中关村被称为“中国硅谷”，科技创新、科技成果转化、技术产业孵化等科技实力雄厚，与其他科技园区共同支撑北京市科技产业的领先发展，这些为北京智慧旅游的发展提供了客观条件。智慧旅游本身就是旅游与科技的融合体，成为推动文化科技融合发展的典型代表。

文化科技融合为北京智慧旅游建设带来政策支持。为推动北京文化科技融合，北京市成立市国有文化资产监督管理办公室，负责统筹协调全市文化资源融合、重大项目投资，完善认定文化科技企业标准和程序，努力搭建以园区建设、研发、交易为主要内容的文化科技融合平台，并出台《北京市关于深化文化科技融合发展的若干规定》《北京市文化创意产业提升规划（2014—2020年）》等指导政策，而北京智慧旅游建设本身也是文化科技融合的产物，以上机构与政策为北京开展智慧旅游建设提供了政策支持。

文化科技融合为北京智慧旅游建设营造良好的产业环境。旅游业属于大文化产业，智慧旅游是科技产业与旅游业融合的产物，同时其发展也需要有金融业的支持。而在北京文化与科技融合的过程中，文化产业、科技产业、金融产业、旅游产业等关联产业共同发展，产业融合呈现出深入化、多元化等特征，这些条件为推动北京智慧旅游建设营造了良好的产业环境。

1.2　国际化、区域化背景下的北京智慧旅游

北京智慧旅游的建设是与世界和周边区域的智慧旅游建设联系在一起的。首先，北京在打造世界城市的总体目标下，需要将智慧旅游的建设放在国际化的背景下。其次，2014 年京津冀一体化被再次提上日程，成为北京与周边省市共谋发展的新契机，而北京智慧旅游的建设与发展也应该在区域化的背景下持续推进。

1.2.1　世界城市背景下的北京智慧旅游

全球城市又称世界级城市或国际大都会，指在社会、经济、文化及政治层面直接影响全球事务的城市。[①] 世界城市具有雄厚的经济实力、巨大的国际高端资源流量与交易量、全球影响力。构建世界城市的要素是多方面的，包括跨国企业总部基地、国际金融中心、全球的产业中心、全球性信息中枢、交通运输枢纽。世界城市承担着全球经济指挥中心、金融和专业化服务中心、主导工业生产和工业创新中心、产品和创新技术市场的职能。

2010 年初，北京提出了建设世界城市的新目标，并将其写入北京市政府工作报告。随着 2008 年奥运会和 2014 年 APEC 峰会在京举办，北京在国际上的知名度与认可度得到极大提高。

在工业化、城市化过程中，人口及其相关要素向大城市过度集聚而引起的一系列社会管理和公共服务问题，如人口膨胀、交通拥堵、环境恶化、住房紧张、就业困难等一系列问题综合在一起，是世界城市发展过程中的"通病"，具有复杂性、并发性、阶段性。而规模过大、空间结构失衡、体制政策不合理是"城市病"形成的主要原因。从世界范围看，"城市病"有两大类：一类是发展和环境的矛盾突出引发的早期"城市病"，另一类是由于没有处理好经济发展和社会发展之间的矛盾引发的种种社会问题。[②] 北京的"城市病"

---

① 参见"百度百科—世界城市"，见 http://baike.baidu.com/view/256612.htm?from_id=11195939&type=syn&fromtitle=世界城市&fr=aladdin。

② 参见赵弘：《城市病及北京"城市病"的主要表现》，见 http://www.71.cn/2014/1019/784657.shtml。

主要表现为人口过快增长、交通严重拥堵、公共服务与资源供应紧张、生态环境恶化等方面。尤其是城市人口规模过快增长给资源平衡、环境承载、公共服务和城市管理带来严峻挑战，使得人口资源环境矛盾更加突出。

世界城市的发展目标对北京解决城市病问题提出紧迫性的要求。而智慧旅游的提出与建设为北京建设世界城市提供了新的发展思路与方向。纵观纽约、东京等世界城市，其旅游业智慧化的水平，尤其是面向散客的智慧旅游公共服务水平都位于世界前列。因此，北京智慧旅游建设是其打造世界城市的一个重要内容。

“国际一流旅游城市”是“世界城市”的一部分，2010 年 5 月，北京确定国际一流旅游城市的发展目标。当前，北京已进入全面建设现代化国际大都市的新阶段，正在朝向建设国际城市的高端形态——世界城市迈进。2014 年 2 月，习近平在北京考察，就建设首善之区提出五点要求，其中第一条便是要明确城市战略定位，坚持和强化首都全国政治中心、文化中心、国际交往中心、科技创新中心的核心功能，深入实施人文北京、科技北京、绿色北京战略，努力把北京建设成为国际一流的和谐宜居之都。

按照北京市“十二五”时期旅游业发展规划指导思想，北京市旅游业发展的目标是“把旅游业打造成北京重要的支柱产业和努力将北京市建设成为国际一流旅游城市”。作为首批“中国优秀旅游城市”，北京拥有丰富多样的旅游资源，为旅游业的发展提供了资源保障，同时北京市高度重视旅游产业的发展，确立了“投资消费双轮驱动，城市农村两个市场，国际合作共同发展”的旅游发展战略。北京在建设世界城市的进程中，将把旅游业作为优势产业和重要支柱产业来培育和发展，全面推进国际一流旅游城市建设。大力发展旅游产业、构建国际一流旅游城市是北京向世界城市迈出的第一步。①

北京智慧旅游建设为其国际一流旅游城市建设不仅提供了新的视角，而且奠定了产业、环境和技术层面的基础，针对北京现存的不足，利用智慧化手段，从经济、文化、社会、环境和宣传方面采取措施，推动北京国际一流旅游城市建设。

当前，北京建设国际一流旅游城市取得了一些成绩，但同时也存在诸多不足，主要表现在：第一，入境旅游质量明显提升，但增速缓慢；第二，旅游产业规划不断扩大，但接待能力有待提升；第三，旅游公共服务体系加速

---

① 参见丁向阳：《构建国际一流旅游城市，迈出向“世界城市”行进的第一步》，见 http://www.china.com.cn/travel/txt/2010-05/26/content_20121206.htm。

建设，但个体服务意识不强；第四，国际旅游营销成绩显著，但缺乏精准营销；第五，进京游客满意度有待提升。

探索北京建设国际一流旅游城市的实践路径是一项长期的工作，同时也具有时代特性。当前，北京旅游业已经进入散客时代深入发展的阶段，散客接待量占游客接待总量的 80%以上。散客具有知识化、年轻化特征，其对于旅游信息化服务提出更多要求，突出表现在对于旅游信息的全面性、及时性、系统性、准确性、关联性、延伸性等方面提出更高的要求，而当前北京旅游接待服务还不能达到散客要求；另一方面，当今科技突飞猛进，北京拥有中关村这一全国著名的科技高地，如何利用最新科技手段，提升游客满意度，尤其是散客满意度成为关注重点。在建设智慧城市的范畴内和背景下，完善智慧旅游公共服务，提升北京旅游信息化水平，提高北京游客满意度，对于打造国际一流旅游城市具有重要意义。

智慧旅游建设得到北京市的高度重视，也取得了很好的成绩。2011 年，北京启动智慧旅游建设项目；2012 年 5 月，北京被列为“国家智慧旅游试点城市”。北京智慧旅游城市的建设，一方面推动了北京旅游业信息化发展，另一方面也为北京市建设国际一流旅游城市开辟了另一条路径。

1.2.2　区域旅游一体化背景下的北京智慧旅游

经过改革开放 30 多年的发展，我国已经初步形成了一些经济圈、经济带、经济区，使我国经济社会发展进入了“多圈多带多区”竞相发展的时代。“十二五”规划纲要对“多圈多带多区”做了阐述，特别强调要“推进京津冀、长江三角洲、珠江三角洲地区区域一体化发展”①。当前，提升这些经济圈、经济带、经济区内部的合作水平，推进区域经济一体化进程，对于未来我国经济社会发展具有重要意义。

2014 年 2 月 26 日，习近平强调，实现京津冀协同发展，是面向未来打造新的首都经济圈、推进区域发展体制机制创新的需要，是探索完善城市群布局和形态、为优化开发区域发展提供示范和样板的需要，是探索生态文明建设有效路径、促进人口经济资源环境相协调的需要，是实现京津冀优势互补、促进环渤海经济区发展、带动北方腹地发展的需要，是一个重大国家战略。“两会”政府工作报告也强调发展环渤海经济圈，特别是京津冀地区的发展，新型城镇化规划也强调要优化提升东部地区京津冀、长江三角洲和珠江三角

① 《中华人民共和国国民经济和社会发展第十二个五年规划纲要》。

洲这三个城市群的发展。①

随着京津冀区域经济的快速发展及交通网络的建设，京津冀都市圈时空距离越变越“小”，“都市交通圈”正在带动“都市旅游圈”的快速发展。当前，京津冀三省市已经签署了规划、交通、旅游一体化合作协议，区域相互依存、资源共享、一体化发展取得实质进展。2013 年 8 月，京津冀旅游协同发展第二次工作会议细化了协调机制一体化、市场营销一体化、管理服务一体化、规划布局一体化的“四个一体化”举措。2014 年 12 月 12 日，京津冀旅游协同发展第三次工作会议在河北召开，三地将打造以首都为中心的京津冀国际旅游目的地，利用各种旅游资源推出三地共有的旅游精品，培育推广具体区域和行业组织的联合体，结合京津冀协同发展大规划，统筹协调修编三地旅游发展规划，全力打造“京津冀区域旅游一体化”的新格局。

京津冀一体化催生智慧旅游服务体系的一体化建设。建设京津冀智慧旅游服务体系要把提高服务质量、提高游客满意度作为京津冀一体化智慧旅游建设的出发点和落脚点。北京作为首善之都，在区域合作中处于中间地位，起到示范带动作用。北京智慧旅游建设一方面为京津冀旅游一体化建设奠定基础，拉动“双核互动”发展；另一方面，京津冀一体化也向北京智慧旅游建设提出新的更高层面的要求。

1.3 智慧城市建设热潮下的北京智慧旅游

智慧城市与智慧旅游都强调以一种更智慧的方法，通过利用新一代信息技术来改变政府、企业和人们的作业（活动）方式和交互方式，实现流程再造，以提高交互的明确性、效率、灵活性，加快各主体的响应速度。

智慧城市的成果可以应用于智慧旅游建设过程中，智慧旅游建设离不开智慧城市的基础环境。智慧旅游与智慧城市所依托的基础支撑是一致的，智慧城市的建设过程中，互联网/移动互联网、物联网、云计算、大数据、虚拟现实等这些技术的应用营造的基础环境为智慧旅游的发展奠定技术支撑。

旅游是综合的业务，智慧旅游离不开智慧交通、智慧城管、智慧气象等方面的支持，其发展水平依赖智慧城市的发展成果。智慧旅游的发展依赖所

① 参见习近平：《打破一亩三分地思维 京津冀要抱团发展》，见 http://bj.people.com.cn/n/2014/0228/c233086-20667478.html。

在区域信息基础设施等条件，包括 3G 和无线网络覆盖，并对三网融合有一定的需要。这些基础建设投资巨大，需要协调各方面的关系，仅仅依靠旅游管理部门和旅游企业很难实现。另外，在游客安全保障、紧急救援、景区环境保护、旅游行业监督执法等方面，旅游主管部门很难独立采取行动，需要联合智慧城市的其他各部门，通过智慧城市平台实现联动协作。所以，智慧旅游对智慧城市有很大的依赖。

智慧城市建设一般由地方政府推动，并在基础设施建设上有完善的解决方案和对应的资金预算。智慧旅游应该充分利用智慧城市的建设成果，避免重复建设。

1.3.1　智慧城市为北京智慧旅游建设奠定基础

“智慧城市”源自 IBM 公司 2008 年提出的“智慧地球”，其核心理念是“感知化”“互联化”和“智能化”，是借助物联网、传感网等技术的支撑，在家居、路网监控、票证管理、数字生活等诸多领域，构建城市发展的智慧环境，形成生活、产业发展、社会管理的新模式，进而构建新的城市形态。智慧旅游是在智慧城市的基础上发展而来的，是智慧城市在旅游城市和城市旅游两大领域的推广性应用。智慧旅游将服务对象由城市居民向外来游客进行内涵外延式延伸，是旅游信息化发展的高级阶段，是旅游业与科技创新融合发展的典范，是旅游业发展的未来趋势，也是加速旅游业转型升级为现代城市服务业的关键。

智慧旅游是北京旅游实现“资源多样化、服务便利化、管理精细化、市场国际化”的重要途径。智慧旅游城市建设可以全面而系统地提升北京旅游服务和管理水平，从根本上改变传统旅游业的运营管理模式和商业盈利模式，实现旅游企业流程再造和旅游产业价值链重组，催生和培育旅游新型业态和现代服务业。借助智慧旅游城市建设，可以最大限度地满足游客个性化需求，为游客提供定制化服务，实现旅游资源和社会资源的共享与资源的系统化、集约化管理。可以说，智慧旅游是以提升旅游服务水平为中心的旅游信息化的延伸与发展，智慧旅游城市建设是北京成为世界城市的必由之路。

2012 年 3 月，按照智慧城市建设的需求，北京市政府发布了《智慧北京行动纲要》。该纲要中的八大计划明确了产业发展和应用建设的总体方向，智慧城市建设重点领域的发展目标、行动计划和关键举措，同时也为旅游产业的智慧化提升指明了方向，奠定了良好的政策基础。2013 年，北京建成“国家智慧城市体验中心”，为建设智慧城市的城镇建设提供示范；2014 年 8 月，国家发展和改革委员会、工业和信息化部、科学技术部、公安部、财政部、国土资源部、住房和城乡建设部、交通运输部八部委联合发布《关于促进智慧城市健康发展的指导意见》，为智慧城市的发展指明方向，规范建设。

当前，北京已经积累了先进的科学技术资源和产业发展的创新资源，占据了智慧城市建设关键技术领域的制高点，形成了北京物联网产业集群的整体竞争优势。北京的智慧城市建设自底层至顶层，包括底层基础设施建设，中间层智慧政府、智慧经济、智慧社会，顶层智慧城市发展环境，实现了智慧城市从理念到实践的转变，推动了国内智慧城市的建设和发展，为北京智慧旅游建设奠定了重要基础与环境。

1. 宽带基础设施

北京市进行了宽带城市和无线城市的建设，宽带基础设施的建设在一定程度上降低了北京市居民和来京游客接入互联网的门槛，使其在休闲和旅游时能方便地进行旅游信息的查询、预订，享受到智慧化的公共服务的便利。在宽带城市方面，2013 年 6 月，北京市政府发布《北京市人民政府关于印发宽带北京行动计划（2013—2015 年）的通知》，这是北京市“十二五”时期后三年信息基础设施建设的纲领性文件，提出了 2013—2015 年北京市信息基础设施建设的总体目标、建设内容和保障措施。在无线城市建设方面，北京市积极推动政务云，在政务领域规划建设“1＋1＋16”框架，即一个市级的政务云、16 个区和重点领域，以集中化为载体，逐步推进资源整合和业务集中。

2. 政府整合服务

北京市在移动互联网上大量推进市民主页建设，同时开发建设了政府服务云 App Store，把政府服务和社会服务进行有机整合，满足老百姓的需要。在区层面，东城区实施了“区—街道—社区”三级联动机制，取得了较好的效果。西城区推出了第三代行政服务中心，实现全区范围内政府工作通办，带动政府工作机制的变革。

3. 企业网络运营

北京市一方面深入推进两化融合①，组织并召开国家两化融合成果展，同时大力发展电子商务，推进企业业务形态的变迁，推进电子商务园区的规划和落实。如顺义区将规划建设北京首个跨境电子商务产业园区。在综合保税区内将设海外商品实体店，为北京市民不用出国就能购买到便宜的海外商品

① 信息化和工业化的高层次的深度结合，是指以信息化带动工业化、以工业化促进信息化，走新型工业化道路；两化融合的核心就是信息化支撑，追求可持续发展模式。

开辟新渠道。

4. 市民生活网络

北京以社会管理为重点，进行了很多网格化的应用。东城区首创了网格化的城市管理方法，将人、地、物、事、情、组织等按照地域划分纳入网格管理中，再将管理工作落实到负责各个网格的组织和个人。东城区已把中层的社会网格做得非常清楚，把人、组织和服务进行有机整合，未来将进一步把社会网格细化。西城区着力打造“全响应”社会服务体制，“全响应”实质是对公众服务需求的全面感知、快速传达、积极响应，目标是通过信息化手段，实现社会服务管理的全覆盖、全感知、全时空、全参与、全联动，形成“党委领导、政府负责、社会协同、公众参与”的社会管理格局，提升西城区社会服务管理能力和水平。该模式荣获 2012 年中国城市管理进步奖，成为我国社会管理创新的成功尝试和有效形式之一。① 自 2010 年开始，朝阳区着手建立“全模式”社会服务管理系统。截至 2011 年 4 月，系统经过不断完善和升级，已经包含应急管理、城市管理、安全生产、社会保障、经济动态、法律司法等 10 大模块，共 79 大类、439 个小类、3 452 个细类，基本涵盖了社会服务管理领域各项工作内容，把政府该管的事项全纳入到网格化平台监控。

5. 城市智能运行

随着人们生活水平的提高，游客在城市旅游的选择上，越来越关注旅游目的地的交通、资源和环境问题，一个秩序井然、运行顺畅、环境优美、资源丰富的城市已经成为游客的首选。智慧城市的建设有利于用智慧化手段提高城市管理水平，改善游客的旅游体验。北京市城市智能运行计划对于城市人口管理、智能交通、资源和生态环境监控方面具有重要意义，是北京世界城市建设的重要组成部分。

1.3.2　旅游公共服务视角下北京智慧旅游城市建设

北京智慧旅游城市建设按照“统筹规划，整合资源；政府引导，市场驱动；突出重点，分步实施；需求为主，确保实用；统一标准，资源共享”等原则，争取在“十二五”时期实现以“为游客提供满意服务”为核心的旅游业转型升级。2012 年 1 月，北京市旅游发展委员会印发《北京市旅游环境与

---

① 参见海峰、刘宗强、沈子钦：《北京市西城区全响应社会服务管理平台建设与运行的思考》，载《城市管理与科技》，2013 (2)，58～61 页。

公共服务体系三年建设指导意见》，提出到 2014 年，将在全市初步建立旅游环境与公共服务八大体系，即旅游公共信息服务体系、旅游安全保障体系、旅游交通便捷服务体系、旅游惠民便民志愿者服务体系、旅游知识普及与旅游责任教育体系、旅游环境保护和旅游好客环境体系、旅游环境与公共服务的监管与评价指数体系、旅游环境与公共服务建设规范及标准体系，并建立旅游环境与公共服务可持续发展的财政支持和多元化参与的体制和机制。

北京是首批“国家智慧旅游试点城市”之一，早在 2011 年 10 月，北京市“智慧旅游”城市建设就正式启动。北京智慧旅游建设以“智慧北京便利旅游”为目标，努力创新服务手段，发挥北京科技资源丰厚的优势，充分利用信息化、物联网技术手段，推动现代信息技术在旅游产业的应用，不断提高旅游公共服务的水平和效率。拟用 3 年时间，配齐一张屏（触摸屏），建好二个网（无线宽带网和北京旅游信息网），开发三个系统（自助导游讲解系统、城市自助导览系统、网络虚拟旅游系统），推进四个数字（数字景区、数字酒店、数字旅行社、数字乡村），推出一卡一亭（一卡通和北京礼物网上特色商亭），唱响一台戏（北京旅游游戏软件）。同时，北京市成立全国首个“智慧旅游”联盟，联合各方力量，推动智慧旅游发展。

在政策纲领方面，为配合智慧旅游建设，北京市出台了《北京“智慧旅游”行动计划纲要（2012—2015）》，重点打造智慧旅游公共服务体系，成为北京市打造智慧旅游城市的重要抓手和突破口。同时，北京市旅游发展委员会还发布了《北京智慧景区建设规范（试行）》《北京智慧饭店建设规范（试行）》《北京智慧旅行社建设规范（试行）》和《北京智慧旅游乡村建设规范（试行）》四个标准，规范智慧旅游建设实践。

在实践上，北京市智慧旅游建设以服务进京游客为主，北京市旅游发展委员会主要从基础网络建设、电子政务系统、电子商务系统、旅游咨询服务中心、旅游移动应用、多媒体旅游宣传营销系统等方面进行建设，推出了集导游、导览、导购及导航于一体的北京旅游助手手机 App“i 游北京”，开发了自助导游软件系统和虚拟旅游平台，360 度网络虚拟旅游系统，等等，极大地便捷了游客的旅游活动，丰富了游客的旅游体验，提高了游客的满意度。在北京市旅游发展委员会的总体指导下，各个区也纷纷结合自身旅游业发展情况，突出本地区优势，迎合本地区旅游业发展需求特征进行智慧旅游建设。

北京智慧旅游公共服务体系的构建旨在借助技术手段实现整体旅游信息化水平的提升，从科技手段角度将北京市打造成为国际一流旅游城市。具体而言，就是实现旅游者旅游体验的最简洁化、真实化、及时化，以适应越来越多的散客对于旅游信息提出的随时随地性、全面性、精准性和及时性需求，提高旅游者的满意度。围绕这一主题，旅游市场各主体（旅游者、旅游企业、旅游监管部门）的活动也出现运作流程的再造，即实现旅游者“傻瓜式”全程旅游、旅游企业“宽渠道式”旅游营销、旅游监管部门“共享式”旅游服务，从而带动整个旅游产业的革命性优化升级。

智慧旅游的推广，将提升游客在食、住、行、游、购、娱各个旅游环节中的附加值，实现旅游者在旅游前、旅游中、旅游后都能够轻松地获取资讯、规划出行、预订票务、安排食宿、消费支出等，极大地改善旅游体验，延长旅游时间，引导游客的合理消费。

第 2 章　北京智慧旅游实践

2010 年初，北京提出了建设世界城市的目标，并将建设世界城市写入北京市政府工作报告。在全国掀起智慧旅游建设热潮的大背景下，作为全国政治经济文化中心的北京，在智慧旅游建设中具有突出的科技优势和先发优势。2012 年，北京作为全国首批“智慧旅游”试点城市之一，从面向全市的顶层设计到各个区的智慧旅游实践，拉开了全面的智慧旅游建设的序幕。在文化科技融合、国际化、区域一体化、智慧城市等层面支撑下，北京智慧旅游建设取得了阶段性成果，在全国智慧旅游建设领域成为领先的城市。

2.1　北京智慧旅游的基本内涵

2.1.1　北京智慧旅游的界定

北京智慧旅游的界定需要将智慧旅游的本质与北京城市特征相结合，是智慧旅游的基础内涵在城市的层面上的理解。因此，北京智慧旅游是北京借助各类主体的力量，为各类来京游客（其中以散客为重点对象）提供随时随地的旅游信息服务与旅游体验服务。按照其服务供给主体的不同，可以将北京智慧旅游的内容划分为智慧旅游公共管理与服务、旅游产业智慧化提升两个层面。北京智慧旅游建设具体有以下特征：

首先，北京智慧旅游涉及的主体多元化。一方面，在政府占据主导地位的前提下，广泛吸取社会各界力量，尤其是企业力量，形成“政府主导，各界参与”的智慧旅游建设局面。另一方面，旅游业本身具有高度的关联性，智慧旅游工作涉及的部门多、行业广，是一项具有开拓性和前瞻性的工作。发展智慧旅游单靠一个部门或者企业的力量远远不够，必须确立“政府主导、部门参与、市场应用”的发展模式。

其次，北京智慧旅游所面向的对象是全体游客，其中以散客为重点服务对象。2013年，北京接待游客共2.53亿人次，其中散客占比90%。散客已经在北京旅游接待市场中占据绝对主体地位，而传统旅游信息服务都是面向某一类群体的供给——广播式的传播方式，游客获取信息的时间成本较大，需要不断将获取的信息与自己的需求进行比对进而做出决策，由于信息具有天然的不对称性，游客决策的风险始终存在——可能产生理解上的偏差而使决策偏离自己的需求。北京智慧旅游则不同，它是基于游客当前位置、个性化需求、历史消费（路径）记录等信息，利用科学的数据挖掘分析和判别手段，为游客个体提供互动性的旅游信息服务，增强游客体验度，提升游客满意度。

再次，北京智慧旅游的信息服务是一种泛在化的服务。所谓泛在化是指没有时间和地点的限制，智慧旅游满足游客对于旅游信息随时随地的需求。北京智慧旅游所实现的目标是能够让旅游者随时、随地、随需获取到无处不在的旅游信息服务，借助北京“无线城市”的基础与成果，实现Wi-Fi全覆盖，提高游客获取信息服务的效率、精确度并降低成本。

最后，北京智慧旅游服务是一个完善的体系，涵盖了从信息服务到体验服务的全过程。北京智慧旅游的“智慧化”主要体现在两个方面：一个是信息服务智慧化，另一个是旅游体验智慧化。智慧旅游是旅游信息服务在旅游活动的全流程、全时空、全媒介、全方位、全终端、全机构的整合、协同、优化和提升，是一种颠覆性的旅游信息服务。而信息服务最终是要为实现智慧旅游体验服务的。因此，北京智慧旅游还综合运用各种媒体和终端手段，增强游客体验。

总之，北京智慧旅游将各种服务机构有机整合起来，为游客提供“一站式”的旅游信息服务与旅游体验服务，颠覆了旅游服务的传统逻辑和模式机制，使游客获取旅游信息服务和增强体验更加便捷、高效。

2.1.2　北京智慧旅游的参与主体

北京智慧旅游的建设主体包括：北京旅游行政管理部门、北京旅游关联管理部门、旅游企业和旅游关联企业。

首先，北京旅游行政管理部门是北京智慧旅游建设的引导、监督、规范主体；主要涉及北京市各级旅游发展委员会，借助政策标准、顶层设计实现对于智慧旅游的整体指引与监督。在智慧旅游建设中，北京旅游行政管理部门的主要工作包括两个方面：其一，通过制定法律法规，深度挖掘旅游资源，安全开放数据，推广大数据的应用。其二，通过制定顶层设计、标准规范，引导和监督市场主体的活动，未来企业的自主运作趋势越来越明显。北京旅游产品比较单一，缺乏特色文化，需要在政府引导下，营造一个创新平台。

其次，北京旅游关联管理部门是北京旅游政府部门力量的补充，也是重要的旅游顶层设计参与主体。北京智慧旅游是智慧北京的一部分，需要各关联部门的协作。北京旅游关联管理部门的主要工作包括两个方面：其一，作为城市公共服务建设主体之一，提高城市公共服务水平，提高游客满意度。其二，搭建各个部门之间的协同机制，在政策、纲领方面给予旅游部门一定的支持与协助。

再次，旅游企业是北京智慧旅游的主要动力，不仅包括北京本土各类旅游企业，还包括其他地区的各类旅游企业。这是北京智慧旅游建设的主力军，是实现智慧旅游规划落地的真正力量。旅游企业的主要工作有两个方面：其一，促进智慧旅游规划落地，引导游客产生新需求，挖掘新的市场空白点，不断进行产品创新，减少同质化；其二，积极利用新技术，例如大数据、云计算等技术，实现数据集成，统一管理，进行资源的深度挖掘，促进技术的成熟和与旅游业的深化融合。

最后，旅游关联企业是北京智慧旅游的补充动力。在智慧旅游建设中，科技企业、文化创意企业等关联企业纷纷涌入，不仅丰富了旅游市场，优化了资源分配，而且引导智慧旅游朝着更加综合性、创新性方向发展。

2.1.3 北京智慧旅游的特点

智慧旅游的特点主要有：改变旅游信息服务的群体化供给方式；面向终端旅游者的各种系统和平台的有机整合和高效协同；泛在化的旅游信息服务提供渠道；多层面、多形式、多载体的旅游信息服务；颠覆性的旅游信息服务提供方式；多属性的旅游信息在多空间、多维度、多时空、多媒介的展现；旅游者行为发生重要改变。

北京在建设智慧旅游的过程中，呈现出具有本城市特色的一些特点，主要有以下几点：

第一，北京智慧旅游建设成为其智慧城市整体建设的牵引。智慧旅游是智慧城市的一部分，智慧旅游需要智慧城市建设支撑。但同时，智慧旅游也反作用于智慧城市。在北京，智慧旅游的反作用更大、更突出。北京智慧旅游已经成为智慧城市的重要牵引力，其发展水平与增长势头已经超过智慧城市的整体发展水平，是智慧城市最好的展示平台。

第二，科技企业建设热情高涨，智慧旅游产业孵化作用明显。在北京智慧旅游建设过程中，政府起到引导作用，但是真正起主力军作用的是企业，北京凭借拥有众多的技术先进与资金雄厚的企业，承接智慧旅游项目的落地，借助市场化手段考核智慧旅游的成果，推动智慧旅游朝着健康、高效、务实的方向发展。同时，在智慧旅游建设过程中，越来越多的市场空白点被挖掘出来。一方面，转型与业务扩展成为各类关联企业发展的重要方向；另一方面，市场上也孵化出了更多创新性企业，尤其是文化、科技、旅游相融合的企业。

第三，区智慧旅游建设形成了一些亮点。北京智慧旅游的建设在区层面展开。一方面，各个区在北京市旅游发展委员会的倡导下，纷纷结合自身现状开展具有特色的智慧旅游建设。受到北京市16个区相对独立的影响，北京各个区的智慧旅游也呈现相对独立的特征。另一方面，各区结合自身旅游业发展的现状与规划，在原有重点专项旅游基础上，形成诸如智慧旅游休闲产业、智慧商务旅游、智慧乡村游等亮点。

智慧旅游就是利用信息技术，满足游客、旅游企业（景区、酒店、旅行社等）和政府主管机构（旅游委/局）在服务、管理和营销方面的需求。但不管是营销还是管理，归根结底都是为了更好地服务游客，所以从根本上讲，智慧旅游就是利用新的技术手段，让游客“游得放心、游得舒心、游得开心”。

北京智慧旅游建设的参与主体主要有：来京游客、旅游政府管理部门、中间力量（行业组织、研究机构与组织等）、智慧旅游企业、传统旅游企业、关联企业等。在这些主体中，游客的需求和满意是智慧旅游建设的出发点和落脚点，两者的匹配也是评价智慧旅游建设成果最重要的标准。

2.1.4 北京智慧旅游建设成果

北京智慧旅游的建设拉开了北京市旅游信息化向更高阶段、更高层次转型升级的序幕。智慧旅游的建设将全面系统地提升旅游服务和管理水平，从根本上颠覆传统旅游业的运营管理模式和商业盈利模式，实现对传统旅游业的“底层格式化”，从而实现旅游企业流程再造和旅游产业价值链重组，催生和培育旅游新型业态，丰富现代服务业。北京利用智慧化技术更大程度地满足游客个性化需求，为游客提供定制化服务，实现旅游资源共享和旅游管理的系统化与集约化，推进旅游市场的分工重组，延长旅游产品线和产业链，改变了旅游行业形态和旅游经济格局。

1. 立足产业融合、国际化、区域化，优化北京智慧旅游建设的环境

北京智慧旅游建设是在文化科技融合的大背景下展开的。北京市作为科技之都、文化之都，其自身的科技实力和文化积淀为智慧旅游的建设提供了先天优势。在区域环境方面，随着京津冀一体化进程的加速，区域合作水平不断提升，区域合作内容更加广泛，区域合作模式不断创新，京津冀旅游一体化为北京智慧旅游的发展提供了更加广阔的空间。

北京智慧城市的建设为其智慧旅游建设奠定了良好的信息化基础，尤其在城市公共服务方面的完善，为智慧旅游公共服务体系建设、智慧政务体系建设和智慧旅游的产业化提升都提供了基础性的条件。

2.“政府引导、企业主体、组织协同”机制逐渐形成

北京智慧旅游建设在参与主体上逐渐形成了全社会共同建设的局面，北京市旅游发展委员会适时出台推动智慧旅游发展的顶层设计与标准规范，形成面向全市的引导效应。《北京“智慧旅游”行动计划纲要（2012—2015）》细化智慧旅游的建设步骤与建设内容。为规范市场发展，北京市旅游发展委员会制定并出台了“智慧景区”“智慧饭店”“智慧旅行社”和“智慧旅游乡村”4个建设规范，设计了详细的评分细则，从多角度、多方面对各业态的智慧旅游建设进行了详细的指导和规范。在政府引导之下，北京智慧旅游产业孵化效果显著。一方面，传统旅游企业积极投身智慧旅游建设，运用先进技术实现传统旅游接待与服务流程的再造，简化程序，便利游客；另一方面，一些新兴企业积极投身智慧旅游建设热潮，开拓新市场，形成新的企业发展模式，丰富了旅游行业的企业形态。与此同时，为连接政企之间的合作，促进智慧旅游全员参与，在北京还成立了诸如智慧旅游协同创新中心、智慧旅游联盟等社会组织，就其性质而言，既有半官方组织，又有民间组织。这些组织对于推动各界参与智慧旅游建设，促进交流与合作，整合资源，形成协同创新机制具有重要意义。

3. 特色智慧旅游项目形成示范带动效应

2012年10月30日，北京市旅游发展委员会、北京市经济和信息化委员会、中关村管委会共同签署了《北京智慧旅游“五个一”战略合作协议书》，将利用中关村展示中心构建智慧旅游成果、项目、技术和产品的展示场馆，还将建立示范企业、智慧旅游网站等主体的集中展示平台，为旅游企业和科技企业的智慧旅游建设提供引导和示范。同时，依托中关村展示中心，北京市旅游发展委员会与关联部门共同规划建设“北京市智慧旅游体验展示中心”，展示中心将集中展示或模拟未来3到5年内游客旅游的业务场景，以中

关村高新技术实现游客在旅游过程中的全新体验。

在区层面，在智慧旅游建设过程中，北京市各个区纷纷结合自身旅游业发展的现状与需求，确定智慧旅游建设重点和方向，形成智慧旅游亮点。例如，密云区旅游发展委员会四级管理体制（村级民俗合作社—镇级旅游办公室—县级旅游委—县政府）特色智慧民俗村；朝阳区的文化创意产业集聚区智慧化建设和CBD中心商务区智慧旅游建设；海淀区三山五园智慧旅游景区系统化建设；延庆区“1、4、8、16”的生态旅游智慧服务系统总布局与建设，等等。特色智慧旅游建设项目不仅带动和牵引本区智慧旅游整体发展，有利于城区形象的树立和影响力扩大，而且对于其他区和省市的智慧旅游建设具有模范示范效应。

2.2　北京智慧旅游企业实践

参与北京智慧旅游建设的企业类别丰富。涉及北京智慧旅游建设的企业主要有以下几类：传统旅游企业、现代旅游企业、科技企业、文化企业、文化科技类企业、智慧旅游企业等，这些企业广泛参与北京智慧旅游的基础设施建设、公共管理与服务、产业应用服务等各领域。

2.2.1　北京传统旅游企业的智慧化改造

在新兴的创新型旅游企业引领的同时，北京市众多传统旅游企业也在跟随着“智慧旅游”的步伐，推出更加具有科技性与创新性的配套服务来完善自身的产品与服务体系，提高自身的竞争力。一些景区已开通智能导航、景观重现、电子票务等服务；部分饭店也实现了智慧化，开发并应用了手机充当房卡、房间温度与灯光亮度智能调节等服务系统；旅行社方面，大部分传统旅行社都开通了其官方网络平台，设置了移动终端以及手机软件，丰富营销的模式，形成线上线下相结合的营销渠道。

1. 北京市智慧景区

《北京旅游发展报告（2013）》调查显示，北京多数景区智慧化建设虽然在稳步推进，但仍处于基础阶段，与游客的需求不相适应，主要体现在基础条件比较薄弱，Wi-Fi覆盖率还不够高，信息技术、物联网技术在旅游行业的运用以及为游客主动推送和互动服务的内容、渠道、手段还不够先进。此外，

《报告》显示，多数景区实行自己投资、建设、管理智慧旅游系统的固定建设模式，有条件的景区可以投入巨额资金升级自己的管理系统。

当前，北京已经有一部分景区开始投入智慧旅游系统的建设项目，利用更加智慧的支持体系来完善景区的服务系统，以满足游客的不同需求，为游客提供更为便利的游览环境。

2011 年 6 月，颐和园景区制定数字化建设总体规划（“智慧颐和园”总体规划）（2011—2015），景区在安全防范、网络办公自动化、古建绿化管理、票务监管、门户网站维护、旅游服务等方面的智慧旅游建设已初见成效，并在逐步向深入推进。第一，颐和园景区借助电子测绘，利用三维扫描技术将园内的 3 666 座古建筑、1 600 多棵古树、近 4 万件文物信息以数据形式保存。除建筑、周边环境、极端天气、水污染、地震等自然因素，客流量、噪声等人为因素也将会被记录下来，发生危险情况时，监测点会立即报警，而园方就会采取保护性干预。第二，颐和园景区将古树、庭院花卉编制二维码，游客用手机一扫，古树叫什么、什么品种、如何养护，以及花期何时、开花的照片等大量信息就能随时获得。第三，颐和园建成智能游客统计系统。系统将自动识别并记录游客进出园区的轨迹，实时准确掌握园区内的客流量，为园区随时根据客流做出引导调整提供依据。第四，颐和园智慧旅游实景导览系统已经上线，游客可以在网站上查看颐和园各个景点的基本信息，并配以 360 度全景图片展示园区（见图 2—1）。第五，对客服务方面，颐和园整合数据库，转变成为对游客有价值的信息，例如，数据库里的花草树木的位置、面积、花期等植物数据都可以通过微博向游客播报，同时根据花讯为游客设计赏花线路，并保证每两三天更新一次，游客一目了然。

图 2—1　北京颐和园智慧旅游实景导览

2011年9月20日起，北京故宫博物院开始试运行网上预售服务系统，提前预售故宫门票，分流一部分现场排队购票的客流。注册成功的旅行社导游用户、个人用户凭购票人二代身份证号进行网上订票，并直接在线支付。个人用户每张身份证每天限购5张门票。预订成功的旅行社导游及个人，参观当天凭网上购票时所提供号码的二代身份证直接验证入院。2014年10月1日，故宫年票在网上发售，年票以二代身份证为介质，在观众完成网络预订后即时生效，入院时游客只需持二代身份证在检票处进行扫描，即可完成检票入院操作。网络预订与刷身份证入院极大地简化了购验票流程，为游客提供了良好的用户体验。

2012年，北京天坛公园内首批6台智能服务终端正式上岗。游客可通过该终端查询景点信息、交通路线等信息，还可向公园管理方就相关问题进行投诉。例如，游客可以通过天坛公园内的6台“可视资讯终端”上的电视屏幕查询相关游览信息，解决各种服务诉求，与景区工作人员面对面沟通交流。数字平台还可以提供交通、住宿、餐饮、多语种购票帮助服务。外国游客只需在一台会讲8种外语的机器前输入指令，有关购票的信息就会打印成一张列有内容明细的纸条，从而克服语言交流障碍，节省了游客在购票环节等待的时间（见图2—2）。

图2—2　天坛公园人员解说智能终端

图片来源：董芳忠：《打造智慧景区》，载《中国消费者报》，2012-10-17，见http://news.hexum.com/2012-10-17/146849400.html。

八达岭景区游客中心已设置多媒体展示系统、触摸屏查询系统、LED大屏幕播放系统、无线局域网系统等。景区视频监控系统共布设124个监控点，监控点位覆盖东至水关、西至西拨子环岛内 12.5 平方公里管理范围。在游客服务中心设立现场指挥中心，可对 124 个摄像机覆盖范围内的环境进行全天 24 小时实时监控。监控系统的运行，对于景区突发事件的应对及日常综合治理工作起到重要作用。而今，景区客流分析系统，通过对各检票口进出游人进行统计，通过智能分析登城游客数量、下城游客数量、停留游客数量，实现了“精准监测、精准统计”。景区核心游览区及周边区域，均建有数字化停车场，停车收费使用智能管理系统。不久前升级更新后的景区停车场，实现了智慧化信息管理。

图 2—3　八达岭长城 360 度全周影院

图片来源：http://image.so.com/v?q=八达岭长城影院+交通指南。

2. 北京市智慧饭店

2012 年 5 月，北京市旅游发展委员会发布《北京智慧饭店建设规范（试行）》。智慧饭店是利用物联网、云计算、移动互联网、信息智能终端等新一代信息技术，通过饭店内各类旅游信息的自动感知、及时传送和数据挖掘分析，实现饭店“食、住、行、游、购、娱”旅游六大要素的电子化、信息化和智能化，最终为旅客提供舒适便捷的体验和服务。①

智慧饭店将通过智能系统，让游客在饭店的自动导引下轻松入住，客房终端方便地调节灯光、窗帘、室温和电视等设备，游客可以快速轻松了解、查询、预订所需要的旅游服务，可以在智慧饭店系统的导览、导游平台上完成对北京城市的自助导览和对景区的自助导游、导购、导航及商务等活动，提高游客对北京城市文化内涵的感知和兴趣，同时为管理部门及时掌

① 见 http://www.bjta.gov.cn/xxgk/zcwj/xybz/351024.htm。

握饭店行业市场动态，进行市场分析提供可靠的数据源和方便、快捷的传输通道。

智慧饭店为重要客人配备“贴身管家”，提供全天候、事无巨细的各种个性化服务。在智慧饭店内，实现 Wi-Fi 覆盖，设置 ERP 系统、PMS 系统、CRM 系统，配备智能会议设施，广播电视系统，智能停车、电梯与监控系统。建设饭店门户网站，提供智能信息终端，实现智能控制和智能云服务。在网站或者智能终端上进行公益文化宣传，以及开展一些其他方面的创新项目。

目前北京丽都维景酒店的所有客房已经统一配备 PAD 作为“云台”和“云端”（见图 2—4）。北京金融街丽思卡尔顿酒店可以使用移动便携式扫描仪录入客人 ID 信息，使入住手续更加便捷。2014 年，北京金台夕照会馆酒店客房智能电视系统进一步升级，实现通过电视点餐、叫出租车等服务。北京国二招宾馆开通了微信公众号，可以提供宾馆信息、在线预订、信息服务等内容（见图 2—5）。

图 2—4　丽都维景酒店客房内的“云台”和“云端”

图 2—5　国二招宾馆微信公众号

目前，我国高端饭店对于智慧房间的建设还存在很多空白，距离真正意义上的“智慧”还有一定距离。大数据环境下，饭店智能化是一种必然，但是短期内各饭店要在智能化与成本、利润、人才之间找到平衡，确实不是一件容易的事。

3. 北京市智慧旅行社

随着“智慧旅游”的发展大势，单一的门店销售模式已经不适应旅行社发展的需要，许多传统旅行社纷纷跻身电商市场，推出官方首页、官方手机App等不同的线上销售渠道。利用云端计算、物联网等新技术，通过互联网、移动互联网，借助便携的终端上网设备，将旅游资源的组织、游客的招揽和安排、旅游产品开发销售和旅游服务等旅行社各项业务及流程高度信息化和在线化、智能化，达到高效、快捷、便捷和低成本规模化运行，创造出游客满意和旅行社企业盈利的共赢格局。

早在2005年，中国国际旅行社总社就开始推动智能化、信息化建设。2012年，国旅总社被北京市旅游委纳入北京市首批“智慧旅行社”试点单位。近年来，国旅总社信息化建设取得了丰硕的成果。

中国国际旅行社总社发布手机客户端（App）“中国国旅”，用户除可通过各大线下门市网点、拨打旅游服务热线以及访问“国旅在线”官方网站咨询预订国旅总社的旅游产品外，又多了一个更加高效、便捷的新渠道。

“中国国旅”App推出iOS苹果和安卓两个版本，主要提供“出境游”“国内游”“机票”“旅游票务”“旅行用品”和“我的国旅”六个服务模块。通过App客户端，用户以拇指轻点即可在手机上完成旅游线路查询、旅游产品预订、在线支付等操作，享受中国国旅在移动端的各项旅行服务。除旅游线路产品查询、预订及在线支付以外，用户可通过“我的国旅”页面管理自己的订单、查看出团通知、维护常用联系人、参与在线问答等。“摇一摇”查找周边门店是中国国旅App（beta版）一项较有特色的功能。用户进入“门市列表”页面后，通过“摇一摇”动作即可查看当前位置周边的网点地图，根据地图提示选择就近的中国国旅门市获取服务。

此外，版本支持支付宝、银联在线支付、微信支付功能，方便用户使用移动端进行在线支付，从而支持客人在移动端完成从查询、预订到在线支付的全流程体验。在移动互联网快速发展、消费者行为由PC端向移动端转移的背景下，中国国旅App还将继续新增签证、邮轮等其他服务模块，并为消费者提供行前通知、行后满意度调查等贴心服务。同时，国旅总社还将加大App线上营销活动力度，不断加强移动客户端服务功能，为消费者提供更好的服务体验（见图2—6）。

中青旅遨游网主打线上营销的同时，还推出了手机App，服务内容包括遨游管家、周四抢购、手机摇摇惠、优惠地图、新版门票、当地服务等。在丰富了产品以及服务类型的同时，更开拓了线上市场，形成O2O的营销模式（见图2—7、图2—8）。

图 2—6　中国国旅 App 相关页面

图 2—7　遨游网 App 界面

图 2—8　遨游网 App 功能介绍

凯撒国旅手机客户端 App，主要提供参团游、自由行等旅游线路的搜索、预订以及个人信息、订单管理等功能（见图 2—9）。

使用众信旅游 App 客户端，可轻松查阅热门境外旅游线路，找到符合游客需求的旅行线路，参与在线游戏，享受最优惠的线路价格。同时，该客户端面向注册会员，推出特色产品与服务（见图 2—10）。

图 2—9　凯撒旅游客户端页面

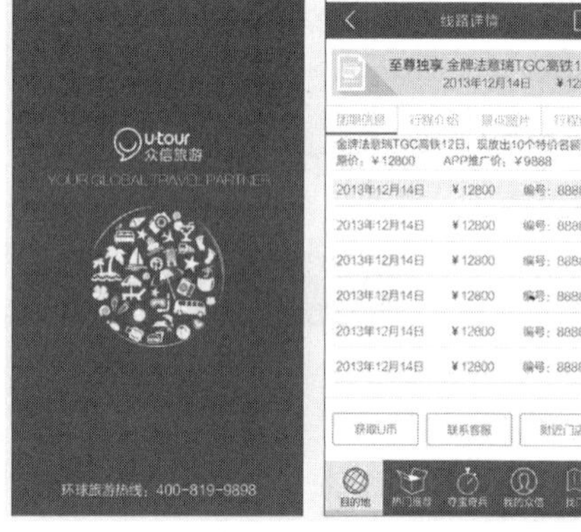

图 2—10　众信旅游客户端页面

2.2.2　北京市新兴智慧旅游企业

随着网络的普及，无线局域网逐渐成为人们生活中不可或缺的“必需品”。北京市许多景区景点和餐饮、饭店等旅游热点都实现无线局域网的覆盖。另外，在北京市的公共交通设施中，大多数公交线路也已经实现了 Wi-Fi 覆盖，满足人们的需求。从运营模式上看，北京的智慧旅游建设的技术设施和网络覆盖多采取与电信运营商合作形式展开。

当前，参与北京智慧旅游建设的主要电信运营商有中国电信北京分公司、中国移动北京分公司等。

中国电信北京分公司于 2014 年 7 月 14 日推出针对北京电信用户的“畅游包”业务，开通后，新老用户在京津冀三地间通话将享受“市话”待遇，无漫游费且数据流量也将执行统一价。这项业务为京津冀旅游一体化奠定了良好的网络基础。

中国移动 Wi-Fi 信号已经覆盖北京城郊区 380 余个三星级以上酒店和 A 级景区，电子门票业务也已覆盖北京 140 余家公园景点，无线上网服务涵盖了吃、住、行、游、购、娱六大生活方面。移动用户只需手机下载“北京移动 WiFi”客户端软件，就可以轻松查询并掌握多条旅游线路，出行无阻。Android /Ophone、Symbian 等客户通过发送 XZWLAN 至 10086，即可下载安装“北京移动 WiFi”客户端。而对于 iPhone 客户来说，除了可以通过短信链接实现下载安装，还可以在 App Store 上搜索“北京移动 WiFi”进行下载安装。

2012 年 3 月，大兴区旅游委联合中国移动北京公司大兴分公司在全市率先启动 4001678809 统一语音门户和 1065016 统一短信门户旅游宣传服务平台，开启了一个新的旅游模板。随即双方以“智慧旅游”、西瓜节和“春华秋实”等项目的信息化合作为基础，开展了一系列智慧旅游宣传推广尝试。

2014 年 7 月 16 日，北京联通发布“光网物联 • 联通智慧”物联网企业提速计划。该计划提出力争在 2015 年底前实现“双百”目标，即 100 家物联网企业与联通开展深度合作，率先在智慧社区、智慧健康、智慧养老、智慧旅游、智慧校园、智慧环保等领域进行业务创新，实现 100 万个物联网终端的拓展。相关物联网企业也将享受到联通云办公、企业即时通信等新型业务的体验、优惠、减免等服务，推动物联网商业模式的探索创新。

同时，为游客提供智慧旅游应用的企业也往往与基础网络运营商建立合作关系，以保证用户应用系统的稳定性与流畅性。例如，手机应用软件易到用车，在与电信运营商建立合作关系的基础上，将叫车服务覆盖到各大景区景点。易到用车与电信合作，注册赠送流量，增加了对用户的吸引力，同时随着注册用户的增加，对于电信运营商而言，更是一种增加客户黏性的途径，实现双方企业的共赢。

顶层设计企业在旅游行业中扮演着十分重要的角色，通过对“智慧旅游建设体系构成”的科学定义和“智慧旅游建设层级关系”的系统梳理，政府、企业（旅游景区、饭店、旅行社等）、游客等更加清晰地理解、支持和推动智慧旅游的建设和发展。另外，顶层设计企业还提供旅游目的地的智慧旅游软件开发以及硬件集成解决方案，创新旅游产品（如虚拟旅游、无人机智能头盔等）。

北京市智慧旅游顶层设计企业主要有北京巅峰美景科技有限公司、大地风景智慧旅游科技有限公司等。北京巅峰美景科技有限公司承担的北京相关智慧旅游规划项目有《北京智慧旅游顶层设计》、北京市旅游发展委员会《智慧旅游建设规范》、《北京奥林匹克公园智慧旅游建设实施方案》、《什刹海智慧旅游规划》等，这些规划从专业的角度明确了相关主体智慧旅游建设的目标、任务，为下一步的发展指明了方向（见图 2—11）。

图 2—11　巅峰美景公司案例

北京大地风景智慧旅游科技有限公司是大地风景国际咨询集团核心企业之一，它立足于技术创新，运用云计算、物联网、高性能信息处理、大数据挖掘等高新技术对旅游资源进行精细创造，然后通过移动网络和技术设备为客户提供智能化便利服务的综合性解决方案，如旅游信息化及智慧旅游规划、智慧旅游系统集成开发及应用、旅游大数据分析、智慧旅游运营管理等一体化服务等。

北京市旅游政府公共服务技术企业是政府职能从“管理型”向“服务型”转变的实现需要，是顺应旅游行政体制改革和建设服务型政府的内在要求。旅游政府公共服务技术企业在旅游行业中占据主导地位，交通客运、服务设施和相关消费法规的制定与完善都需要政府来推出相应的政策与方针，为旅游市场的发展营造积极良好的政策环境。需要采取政策指导、法律规范、部门协调和信息引导的手段，规范市场秩序，推进市场营销，提升从业人员素质，从而使旅游行业与旅游市场规范化、秩序化，提升产业整体水平。

在参与政府智慧旅游项目的企业中，中海纪元数字技术发展股份有限公司抓住北京智慧旅游的建设契机，为海淀区旅游发展委员会提供全套的智慧旅游设计、落地与运维服务。另外，在北京市旅游政府公共服务技术企业中还有一部分企业属于监制企业。例如，北京闻言科技有限公司起到桥梁纽带作用，连接技术承接商和北京政府管理部门（即技术需求方）。作为第三方，监制企业能够很好地理解需求方提出的要求，并以标准形式向技术承接商下发，同时对技术承接商的工作成果进行客观评估。

中海纪元数字技术发展股份有限公司，抓住政府职能转变过程中产生的市场化需求，组建专业的运营服务团队，积极承担海淀旅游服务网及大旅游多元资源库的运营维护工作。一方面帮助提升政府公共服务的水平和效率，解决政府机构人力资源不足的困境；另一方面，企业专业服务团队的加入，让原本由政府负责的公共服务更加专业、及时，更加符合市场的需求。海淀旅游服务网的运营不仅为游客提供了更加丰富和及时的旅游资讯、旅游服务，同时也为全区各旅游企事业单位提供了统一、权威的宣传营销渠道，提升了区域整体旅游宣传营销水平，有利于海淀旅游品牌的建设。

北京闻言科技有限公司开发的“网站运维绩效评估”系统针对北京旅游局下属的畅游北京、旅游文化频道和英日韩三种外文版本的内容供应商绩效评估工作，明确了网站内容供应商的绩效考核目标、指标及评价内容等，建立了数据质量的监测机制，绩效评估与网站内容管理有效结合，促进了政府官方网站内容管理水平的提高，改变了从前内容建设工作外包后缺乏有效管理激励机制的状况。绩效评估的结果在提高工作效率、改善工作成果方面发挥了积极的作用。一套在旅游目的地管理机构中具有示范作用的、应用于目的地网站的绩效评估体系初步形成。

2.2.3 北京市在线旅游企业

在线旅游企业通过网站以及移动客户端，为旅游消费者提供旅游产品的查询和预订，为旅游者整合旅游信息，同时根据旅行者的旅行偏好进行旅游目的地、旅游景区景点、饭店餐饮的相关推荐。另外，在线旅游企业还会根据众多旅游者反馈的信息及经验，制作旅游攻略，并以电子书的形式供旅游者免费下载。

当前在线旅游企业发展突飞猛进，在北京也兴起诸如去哪儿网、百度旅游、蚂蜂窝旅游网、京东旅游频道、乐途旅游网、票工厂（北京峰景网联科技有限公司）、易游天下国际旅行社（北京）有限公司、北京智旅动力科技有限公司等在线旅游企业。这些企业抓住智慧旅游机遇，在服务领域与商业运作模式上开拓创新，不仅找到了企业的盈利点，而且丰富和延伸了智慧旅游的产业链。

去哪儿网（见图 2—12）：去哪儿网是全球最大的中文旅行平台，通过网站及移动客户端的全平台覆盖，随时随地为旅行者提供国内外机票、酒店、度假、旅游团购及旅行信息的深度搜索，帮助旅行者找到性价比最高的产品和最优质的信息，聪明地安排旅行。去哪儿网凭借其便捷、先进的智能搜索技术对互联网上的旅行信息进行整合，为用户提供实时、可靠、全面的旅游产品查询和信息比较服务。根据 2013 年 1 月艾瑞监测数据，去哪儿网以 7 474 万月访问人次高居旅行类网站榜首，移动客户端“去哪儿旅行”更拥有超过

3 400 万的激活用户量。

图 2—12　去哪儿网官方网站首页

蚂蜂窝旅游网（见图 2—13）：蚂蜂窝旅游网是中国最大的旅行分享网站，提供全球旅游攻略、旅行点评等综合服务。蚂蜂窝已覆盖全球热门旅行目的地，景点、餐饮、酒店等点评均来自千万用户的真实分享，并帮助过亿旅行者制定旅游方案。

2006 年蚂蜂窝旅游网上线，今天已发展成为最受欢迎的旅游网络社交媒体之一。蚂蜂窝经过长年积累，凝聚了一个高质量的旅游爱好者群体，凭借自身的优势，吸引着更多的网友源源不断地加入蚂蜂窝旅游社区。蚂蜂窝已经收录了国内外众多旅游目的地。依靠注册用户提供的大量一手信息，蚂蜂窝已先后制作推出了各类目的地旅游攻略路书，路书设计精致、新颖，路书内容涵盖当地吃住行游购娱等各方面丰富翔实的旅游信息，给无数自助游爱好者提供了方便快捷的旅行指南，受到了用户的普遍欢迎。

图 2—13　蚂蜂窝官方网站首页

百度旅游（见图 2—14）：百度旅游是一个旅游信息社区服务平台，旨在帮助准备出游的人更好更快地做出行前决策，满足用户在旅行前中后各种与旅游相关的需求。百度旅游于 2011 年 4 月 28 日正式上线。

图 2—14　百度旅游官方网站首页

京东旅行频道（见图 2—15）：2014 年 6 月 24 日，京东宣布旅行频道全新上线，新版京东旅行频道主打“品质旅行”概念，主要针对中高端人群提供机票、酒店、签证、度假、景点和租车等服务。京东旅行的经营策略：其一，实现与航空公司和旅行社之间的会员数据库资源互联互通，通过大数据对用户进行分类，识别高消费人群，推送适合的产品；其二，供应商方面，京东供应商队伍中会引入航空公司和品牌旅行社，确保产品和服务的高质量。

品质化旅游是旅游业务发展的下一个“蓝海”。京东将电商模式导入传统旅游行业，将旅游服务产品与京东自有的全品类购物平台和金融平台相结合，布局中高端旅游产业，创造了商品、服务、支付的完美闭环。

图 2—15　京东旅行频道首页

票工厂（见图 2—16）：票工厂（北京峰景网联科技有限公司）在北京中关村高科技园区注册，于成立之初即获得知名投资机构——创新工场的投资。票工厂专注于为中国数万家旅游景区提供电子商务解决方案和相关服务，提供包括软件、硬件、网站和移动客户端在内的全系列产品，并为旅游景区提供电子商务顾问服务。对于已经实现信息化开发的景区而言，票工厂为其提供第三方电子分销平台，向各类互联网企业提供先进的 API 和 SDK 接口服务，帮助买家和卖家实现程序化交易。

票工厂平台的核心业务是为买卖双方提供订单处理，清分结算和技术对接服务。票工厂平台帮助景区一键对接数以万计的代理商，帮助代理商一站对接数以万计的景区。因此，连接万家，做旅游企业的伙伴和朋友，是票工厂的美好愿景。

图 2—16　票工厂首页

易游天下平台（见图 2—17）：易游天下国际旅行社（北京）有限公司（简称“易游天下”），是中国最具创新精神的旅行社渠道运营商。公司致力于推动中国旅行社行业批零体系分工，推动行业信用体系建设以及旅游产品分销系统信息化建设。截止到 2010 年 10 月，易游天下在全国拥有各类零售终端 200 多个。2015 年，公司实现营业收入 38.08 亿元，同比增长 121.99%。

“易游天下”还致力于成为一家旅行社行业的电子商务运营商。“易游天下旅行网”的前身是创立于 1998 年的“e 游旅行网”，曾被中国社科院评定为中国十佳优秀旅游网站，以经营丰富多彩的北京周边短途旅游产品而闻名于京城内外。现在的“易游天下旅行网”已经拥有数十万忠实会员消费者，网站年访问量达到千万人次以上，是中国优秀的旅游资源展示和旅游产品销售网站之一。

图 2—17　易游首页

北京智旅动力平台（见图 2—18）：北京智旅动力科技有限公司是目前国内颇具竞争实力的旅游信息技术服务提供商，从 2005 年开始潜心研究旅游行业业务应用，并构建了业内先进的信息技术平台 THFlat ERPⅡ系统，2008 年开始独立为旅游行业提供信息技术服务，并先后为国内知名的出境社、欧洲游十大出境社、美洲游五大出境社、澳新十大出境社、国内知名的专业出境地接社、夏威夷当地知名的地接社，以及国内部分的地接社提供了专业的系统。典型的客户包括国旅（CITS）出境部、夏威夷檀岛国际旅行社、和平国旅出境部、世纪东方国际旅行社（视界旅游）、成功之旅. 法国五洲漫游联盟等。

图 2—18　智旅动力首页

THFlat 平台的构建过程因为综合了典型的大社综合业务以及众多旅游渠

道客户的贴切需求，一经应用，企业便得到业务的井喷突破。小社的应用最明显的效果是系统代替了大多的人力成本，并很快突破了业内典型的20人瓶颈；大社的应用最明显的效果是月均团量处理的突破，并很快很有效地控制了成本，操团量增到月均110多个。

一直以高端平台自居的智旅动力，从2009年底开始，转型普及系统应用，平台产品化进程加快，实现了积木式的组装、云计算部署、saas和paas多种方式的服务方式，相信在不久的将来，智旅动力科技的创新成果将在整个旅游行业普及。

2.2.4 北京新兴旅游关联企业

随着旅游产业的发展，衍生出多形式、多样化的新型企业，让旅游市场更加丰富，开辟了崭新的旅游营销模式。它们根据自身创新的理念以及先进的技术支持，为旅游者提供了前所未有的旅游体验，使旅游者可以足不出户游世界，大大方便了因身体、时间以及其他原因不能出门旅行的旅游消费者。另外，园景复原技术可以让人们看到景区的原始风貌，在不破坏文物的同时让旅游者对景区有更多的了解。声音旅程则是企业为了旅游消费者聘请的明星导游体验方式，通过让明星来录制相关景区的讲解词，根据步行时间同步进行，仿佛明星是游览的同行伙伴。

新型旅游企业利用自身的优势在旅游产业中弥补着传统企业所不能提供的服务内容，填补了旅游市场的空隙，丰富了旅游产业的范畴。现在越来越多的创新形式的旅游企业正在被人们接纳并利用，在为人们的旅行提供便利的同时，更如一股新鲜的力量注入旅游市场，为旅游行业的发展提供了更加有力的保障。

在智慧旅游建设过程中，出现了许多新兴企业，丰富着旅游产业范畴，新型产业不断被孵化。例如，虚拟博物馆、网上虚拟3D旅游、路易威登的声音旅程、圆明园虚拟园景复原等。新兴企业并非严格意义上的旅游企业，而是业务覆盖旅游业的科技企业。这类企业凭借高新技术，找到在旅游应用中的空白点，对于提升游客智慧体验具有重要意义。北京的这类企业及其在智慧旅游中的产品应用主要有：北京全电智领科技有限公司依托可见光及电力线的通信技术，实现室内导览系统、室内定位系统、电力线监控系统、安防系统、通信系统等的整体解决方案；北斗天汇（北京）科技有限公司针对散客的智能腕表与智能手机；北京易游华成科技有限公司自主研发的“O2O智慧旅游信息服务管理系统”；伟景行数字城市科技有限公司基于三维可视化和虚拟仿真技术开发的智慧景区项目等。

1. 全电智领

北京全电智领科技有限公司成立于2012年，由中关村管委会北京中海投资管理有限公司和掌握信息、通信、能源及环保领域核心技术的海内外学者共同组建。公司致力于自主知识产权的电力线通信融合可见光通信技术、芯片、产品、移动智能终端应用及系统商业解决方案的设计。

公司主要依托可见光及电力线的通信技术，实现室内导览系统、室内定位系统、电力线监控系统、安防系统、通信系统等的整体解决方案。全电智领的产品包括：LED定位导览灯具（见图2—19），手机周边智能硬件，移动互联网App，宽带可见光收发器，电力线摄像机，电力线传感器等多种软硬件产品。

图2—19　全电智领可见光设备示意图

2. 北斗天汇

北斗天汇（北京）科技有限公司是经国家批准，授权从事北斗卫星导航科研、生产和应用服务的国家高新技术企业，已获得北斗导航民用服务（终端级、分理级）资质、人防信息系统建设保密项目设计（施工）资质、地理信息系统开发与应用测绘资格证书；北斗车辆运营终端和监控平台已通过交通部审核认证；该公司还通过国标ISO 9001：2008和国家3A级重质量守信用企业认证。

公司拥有一支最早参加我国北斗系统论证、研制建设、运行管理和推广应用的高科技人才队伍；公司拥有北斗导航核心基带芯片、北斗高精度授时、北斗高精度测量、北斗双模小型化手持终端、北斗导航软件和北斗小型化双模天线等核心技术；八项产品已通过北斗导航国家主管部门组织的鉴定，整

图 2—20　北斗天汇智能手机和智能腕表

体技术处国内领先、国际先进水平，多项北斗产品和技术获卫星导航定位科学技术一等奖、科技创新成果一等奖、优秀产品应用一等奖；获国家发明、实用新型专利 25 项，软件著作权 15 项；连续两年被中国卫星导航定位协会评为北斗产业化十强企业；涌现出行业领军人物，荣获北斗产业化应用先锋人物奖。

3. 易游华成

北京易游华成科技有限公司是中国领先的智慧旅游信息服务云平台运营商，是运用互联网科技的理念与技术，专注于“智慧旅游”方向，为智慧旅游行业提供“规划设计＋软硬件开发＋系统实施部署＋运营维护”的一体化解决方案的高科技服务企业。

公司自主研发的“O2O 智慧旅游信息服务管理系统”为国内首创，获国家多项发明专利，拥有自主知识产权，技术处于国际领先水平。

“O2O 智慧旅游信息服务管理系统”面向智慧旅游与智慧景区大发展的背景，着眼于智慧景区与智慧展馆建设中重管理轻服务的问题，通过与景区或展馆合作，在景区和展馆部署以智慧旅游微服务器为核心的信息服务专属线下系统，结合易游云平台互联网线上信息服务系统，为旅游局、景区展馆提供游客大数据分析服务及其游客综合信息服务功能，向游客提供智能化、多功能的游客旅游信息服务和城市特色综合旅游信息服务。

目前易游“O2O 智慧旅游信息服务管理系统”已成功服务于国家旅游服务中心，江苏扬州瘦西湖、个园、何园、马可波罗纪念馆、双博馆，四川成都，山东周村及新疆天池等多地景区或展馆，获得了景区、旅游局和游客的高度评价，并获得 2013 年中国旅游产业博览会最佳创新实践奖。

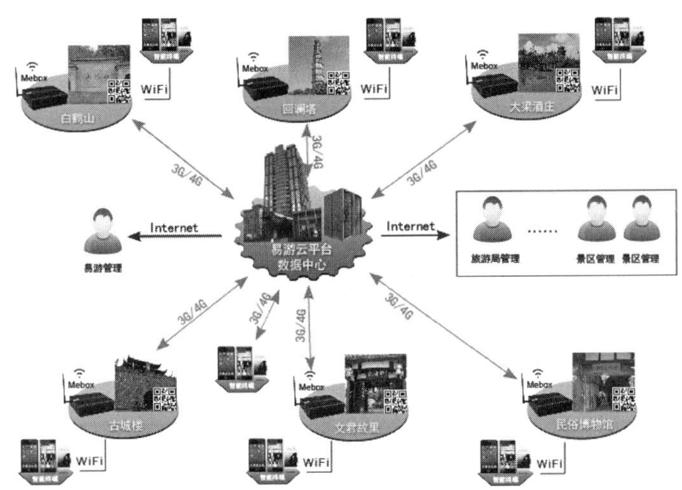

图 2—21 易游云技术构架

4. 伟景旅游

伟景旅游依托伟景行 CityMaker 3DGIS、三维可视化、高性能图形计算、人工智能、虚拟现实、数字媒体及互动展示技术，专注于在旅游垂直行业应用的研究和开发，面向政府、企业、公众，面向世界提供基于位置的旅游、商业、卫生、科普、教育地理三维可视化的公众服务及智慧旅游可视化解决方案（见图 2—22）。

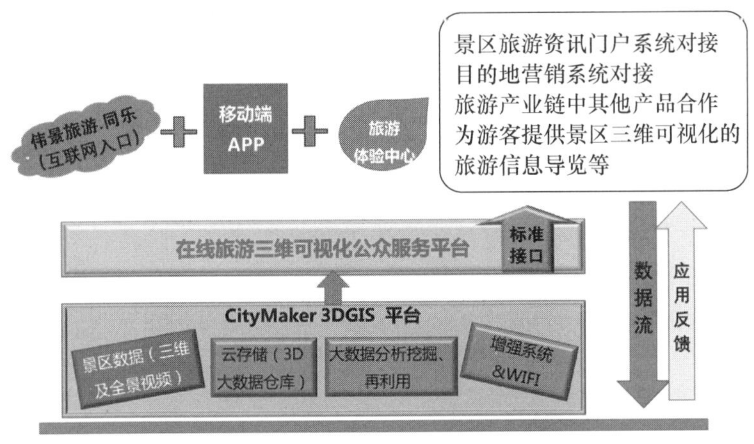

图 2—22 伟景旅游产品结构

以旅游目的地为核心，建立覆盖中国及世界的最有价值的景区 3D 及全景视频数据库，以 3DGIS 为工具，以三维可视化互动体验为特色，为旅游全产业链提供基于位置的景区三维可视化应用服务支撑，为游客、旅游目的地（景区）、旅游产业链经营者、管理者、旅游企业、科研机构等，提供线上线下全新的旅游互动体验及一站式的互助交易服务平台（见图 2—23）。

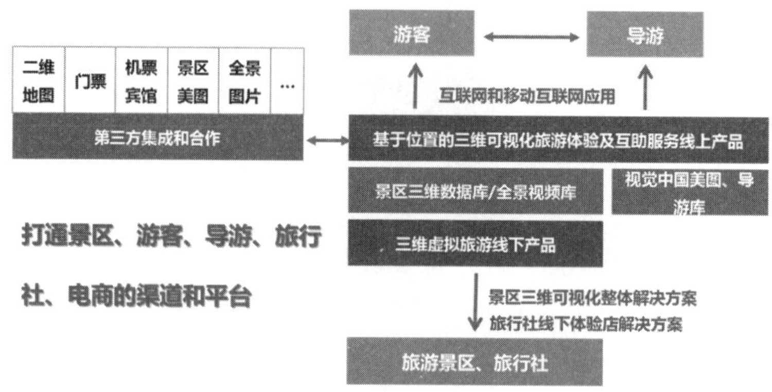

图 2—23　伟景旅游产品互联网行业合作框架

搭建在线旅游三维可视化互助服务交易平台，为旅游者提供一站式的旅游互动体验及互助交易服务；帮助旅行者寻找、发现、探索、领略、体验（真实世界虚拟旅游）、向往美丽中国旅游目的地，使旅行者智慧地计划出行，充分自如地规划、制定行程，实现完美旅行，享受旅游的那份心情，同时分享快乐。

2.3　游客的智慧旅游需求与匹配分析

从游客角度出发，旅游过程可以划分为旅游前、中、后三个阶段，而游客的需求主要集中在游客出发前、旅途中和抵达后三个阶段，客观上也要求智慧旅游满足游客在这三个阶段的需求，提升服务的针对性和时效性。

2.3.1　旅游全过程游客需求分析

1. 出发前需求分析

游客在出发前不仅可以通过北京市旅游发展委员会的官方门户网站，北京市旅游发展委员会官方微博、微信公众号，i 游北京 App 等渠道获得北京旅游相关的游玩攻略、游客点评、热点推荐等旅游资讯，同时，游客还可以通过整合后的“北京市旅游主页”登录百度、搜狐、腾讯等公司的垂直服务平台，获取旅游所需的资讯、攻略、游记，并实现在线预订机票/火车票、购买电子门票、预订酒店房间、提前规划行程路线等。

游客旅游之前的需求主要有：获取旅游资讯、设计旅游行程、虚拟旅游体验、订房订票等。

（1）获取旅游资讯。在产生旅游动机之后，游客最关心的就是旅游资讯，比如旅游目的地天气如何，当地最好吃的小吃是什么，最有特色的酒吧在哪里，最新鲜的玩法是什么，甚至最佳看美女的地点在哪里。这些内容可以通过综合网站、旅游目的地门户网站、旅游网店（同程、51766）、搜索引擎、互联网广告、在线客服、手机网站、手机媒体等获得。在此过程中，旅游垂直搜索引擎成为不可或缺的媒介。垂直搜索是相对通用搜索引擎的信息量大、查询不准确、深度不够等问题提出来的新的搜索引擎服务模式，它是一种针对旅游领域，为游客提供机票、酒店价格信息的搜索比价服务。在垂直搜索之外，游客还可以直接登录旅游政府门户网站或者旅游企业门户网站获取旅游资讯。

（2）设计旅游行程。在确定了旅游目的地后，游客要做的第一件事就是设计旅游行程。游客只要提交旅行的方式、目的地、预算、线路等信息，网站就会自动生成旅游行程，并给出相关的景区、酒店、机票等信息，游客如果满意，就可以一站式预订；如果不满意，还可以针对某个环节进行调整，直到满意为止。

（3）虚拟旅游体验。虚拟旅游体验是借助计算机技术实现场景的三维模拟，构建一个虚拟旅游环境，让游客足不出户就能获取旅游体验的一种服务。这一全新的旅游体验方式正日渐成为众多旅游爱好者的新选择。游客进行虚拟旅游好比进行了一番“先遣体验”，提前“探路”“踩点”，这将为其今后真正出游提供借鉴。

（4）订房订票。游客在确定出游目的地，设计好出游行程之后，迫切的需要是网上预订住宿和提前购买景区门票。一方面，提前预订和购买能够确保游客在出游过程中有房间可住、有门票可用；另一方面，提前预订和购买还能给予游客一定的优惠，为游客节约成本。

2. 旅途中需求分析

旅途中，游客的需求主要有：游览信息服务、电子地图查询与导航服务、Wi-Fi覆盖、移动充电等。

（1）游览信息服务。游客在游览旅游目的地的时候，可以通过景区的多媒体触摸屏查询信息，可以用手机接收景区信息，可以享受到数字引导服务，可以进行无线应急救助，可以拨打旅游服务热线等。总之，游客享受无处不在的信息服务。

（2）电子地图查询与导航服务。通过电子地图，游客可以很直观、很方便地查询、定制旅游出发地到旅游目的地的最佳旅游线路。对自助游客来说，导航必不可少。现在的绝大部分手机地图应用都支持导航功能，如百度地图、高德地图等，游客下载离线地图包，无需流量，就能享受快捷方便的导航服务。基于地图，游客还可以获得 GPS 系统语音实时导航；可以查找旅游目的地周边情况，包括酒店、机场、车站、商场、景点、酒吧及餐厅等的位置；可以查询相关旅游企业的信息（在地图上除了可以看到地理位置外，还可以知道如电话、联系人，以及某家公司提供的产品和服务等信息）。配合旅游虚拟展示系统，可以将上述酒店、景点、机场等景致加以虚拟重建，通过虚拟现实展示使游客真正地了解当地的旅游风光、购物娱乐、餐饮住宿、交通等情况。

（3）Wi-Fi 覆盖。在旅途中，移动手机的应用无处不在，无论在飞机、火车还是其他交通工具上，游客都希望获得基础性的互联网接入服务。近年来，我国智能手机出现前所未有的销量膨胀，而智能手机离不开网络的支撑。随着中国出境游人数的大幅增加，出境游 Wi-Fi 市场需求也大幅增长。免费 Wi-Fi 正逐渐成为吸引游客的“香饽饽”，人们已经习惯于拿着手机，寻找免费无线网络来办公、休闲。游客迫切需要依赖网络解决求助、翻译、导航等问题，免费 Wi-Fi 将逐渐成为景区、酒店硬件建设的标准配置。

（4）移动充电。智能设备虽然使用便捷，但是普遍存在一个缺点，就是待机时间比较短。在旅游过程中，游客对便捷移动充电的需求有增无减，尤其是在交通工具上或者野外。高容量的移动电源成为游客在旅途中的又一需求。

3. 抵达后需求分析

抵达旅游目的地后，智慧旅游可以为游客提供免费 Wi-Fi、在线购票与（或）自助取票、自助验票入园、语音导游导览服务、周边信息推荐与职能筛选、多媒体旅游信息触摸屏、即时分享旅游经历等服务。

（1）免费 Wi-Fi。游客抵达旅游目的地之后，在参观游览的进程中，需要随时随地的信息服务，而智能手机成为其获取信息最主要的渠道。游客会借助智能手机查询景区景点信息、周边食宿信息、交通引导信息等，甚至利用移动网络实现在线预订和购买。因此，游客在游览过程中对于免费 Wi-Fi 的需求是异常旺盛的。

（2）在线购买与（或）自助取票。为保证能够买到门票或者住上心仪的酒店，或者享受到一定的价格优惠，游客往往会在线预订或者购买旅游产品，而旅游目的地需要满足游客自助取票的需求。但是也有一些游客在当地游览过程中，临时更改行程或者计划，没有来得及提前预订，而需要在抵达目的地之后再进行在线购买。这时，旅游目的地则需要满足游客基于移动端的在线购买需求。

(3) 自助验票入园。随着电子门票的逐步普及，电子门禁系统在众多景区也已经安装完成。另外，为加速验票和精准统计，景区需要充分利用二维码、条形码等技术，游客线上购买到的门票不需要在游客服务中心换成纸质版，景区景点实现自助验票快速入园。

(4) 语音导游导览服务。景区手机语音导览已经不再神秘，目前已经有多款专业应用，如驴迹、壹旅游、爱驴等。还有的景区有官方 App，也能实现这一功能。语音导览相比导游机来说，具有使用方便的优点，是人工导游服务的有益补充。

(5) 周边信息推荐与职能筛选。为了消除旅游目的地的陌生感，游客会迫切想了解所在地周边的信息。基于位置的旅游信息推荐应用有助于游客发现周边商家。同时，旅游目的地的商家也可以推送优惠信息给游客，游客结合自身的需求和习惯进行职能筛选，有效满足需求、带动销售。

(6) 多媒体旅游信息触摸屏。为解决一部分游客无法利用智能手机在当地获取旅游信息的困难，同时也为了更加全面、形象地宣传当地旅游资源和项目，在旅游目的地的一些景区景点、饭店、交通枢纽等地布设多媒体旅游信息触摸屏，全面而便捷地满足游客在旅游目的地游览过程中的信息查询需求。

(7) 即时分享旅游经历。在享受到美妙旅游之后，游客通常会有一种冲动要把旅途的见闻与感受写出来与他人共享。游客可以通过游记、照片、视频、漫画等形式，在不同的网络载体上发表，比如新闻、论坛、博客、电子杂志、IM、WIKI、圈群、贴吧等。翔实可靠的旅游记录不仅是游客的体验和感受，同时也为其他游客提供了参考与帮助。

2.3.2　面向游客的智慧旅游供给系统

1. 智慧旅游目的地信息服务系统

对于团队游客而言，一般情况下，游客需要的信息量少，旅行社能够有效整合数据信息，但是需要的信息的透明度和公开化高，涉及智慧旅游企业的运营模式优化与产业市场的规范化发展。对于散客而言，首先需要的就是旅游信息，而这一需求也贯穿于旅游前中后全过程。如散客在出发之前和路上往往需要通过智能终端获取实时交通天气或停车场信息、咨询投诉（12301呼叫中心）、紧急救助、景区舒适度预告、目的地旅游服务信息主动推送等服务，对于信息的量和质都提出更高的要求，具体表现为：量大、全面、关联、瞬间、精准、职能筛选、个性化定制等。

智慧旅游目的地信息服务系统是整合旅游公共服务平台和12301旅游咨询服务热线建设起来的统一受理、分级处理的旅游投诉平台。通过大力开发基于移动通信终端的旅游应用软件，建立健全信息查询、旅游投诉和旅游救援等方面信息化服务体系，为游客提供无缝化、即时化、精确化、互动化的旅游信息服务。在智慧旅游目的地信息服务系统的基础上，积极培育集合旅游相关服务产品的电子商务平台，切实提高服务效率和用户体验。积极鼓励多元化投资渠道参与投融资，参与旅游公共信息服务平台建设。

2. 智慧旅游目的地营销宣传系统

智慧旅游目的地营销宣传系统是以大旅游多元资源库系统为基础，依据旅游大数据挖掘建立起来的智慧旅游营销系统，该系统帮助目的地拓展了新的旅游营销方式，开展针对性强的旅游营销。智慧旅游目的地营销宣传系统要求旅游目的地在官方门户网站的基础上，逐步建立广播、电视、短信、多媒体等旅游营销渠道，同时建立基于多媒体终端显示大屏的宣传营销系统，打破区域和空间的壁垒，增强目的地形象宣传营销力度。移动互联网时代旅游目的地营销宣传系统需要实现旅游宣传的移动化、多渠道、应用化、增值化、位置化和关联化，打造移动互联网、微博、微信等新媒体渠道相结合的全媒体信息传播机制。

3. 智慧旅游目的地接待服务系统

全面的旅游目的地接待服务系统围绕旅游服务核心体系食、宿、行、游、购、娱建立而成，满足游客在出行中的各种需求。具体包括：智慧旅游交通服务平台，为游客提供旅游交通信息指示、公交乘车信息查询、停车信息指引、预约专车/打车服务等一站式的智能交通服务；目的地智慧酒店服务，主要由满足游客需求的多媒体信息展示体系、互动体系和旅游信息查询体系组成；旅游食品安全溯源系统，通过建立目的地周边餐饮信用等级评价系统保证游客在旅途中的食品安全，切实完善旅游目的地的餐饮服务；旅游信息指示系统，旅游信息咨询系统与导游、导览服务系统；重视旅游电子商务平台的建设，促进目的地经济发展。

4. 智慧旅游目的地管理服务系统

搭建智慧旅游目的地管理服务系统的主要工作包括：建立健全国家、省、市旅游应急指挥平台，提升旅游应急服务水平；完善在线行政审批系统、产业统计分析系统，提高管理工作效率；完善旅游安全监管系统、旅游投诉管理系统、导游管理系统，提高管理人员素质；建立使用规范、协调顺畅、公开透明、运行高效的旅游行政管理机制，改善旅游目的地服务质量。

基于旅游活动的在线服务管理综合性系统，不仅能够实现动态监管，还具有旅游数据统计功能，涵盖组团、接待、信息发布与查询等旅游全业务，借助此系统，通过对旅游目的地、旅行社、旅游团队及导游、领队等数据的采集与管理，为旅游者出游提供信息查询、服务质量评价、投诉等服务，为旅游经营者操作业务、旅游从业人员执业提供服务，为旅游主管部门及有关部门的行业管理、市场检查、应对旅游突发事件、旅游紧急救援等工作提供服务，切实提高旅游主管部门对旅游市场的应急与监管力度，同时为旅行社和游客之间的信息透明提供帮助。

5. 智慧旅游目的地关联支撑系统

智慧旅游的建设离不开旅游目的地基础信息化平台的支撑。首先，建立完善旅游基础数据平台。规范数据采集及交换方式，逐步实现统一采集旅游信息规则，统一存储旅游信息标准，统一旅游信息交换的技术规范，实现旅游信息数据向各级旅游部门、旅游企业、电子商务平台开放，保证旅游信息数据的准确性、及时性和开放性。通过构建旅游信息网络框架，完善信息采集渠道，确保数据交换的互联互通，发挥集合宣传效应，为旅游组织机构、旅游企业的活动提供完善的数据支撑。其次，夯实智慧旅游发展的信息化基础。加快旅游集散地、机场、车站、景区、宾馆、饭店、乡村旅游扶贫村等重点涉旅场所的无线上网环境建设，提升旅游城市公共信息服务能力。

“十二五”期间，北京智慧旅游从无到有、从小到大，在智慧旅游顶层设计与标准规范、智慧旅游企业建设、智慧旅游城市整体建设以及各个区的智慧旅游建设层面都取得一定成绩。但是从游客需求的满足程度角度看，北京智慧旅游建设还存在一些空白点和不足之处。

2.3.3 北京智慧旅游的游客服务体系

随着旅游活动大众化、散客化、常态化趋势的日益明显，散客在旅游市场上的比重越来越大，占据绝对主体地位。散客对旅游公共服务的需求更加强烈，而完善、精准而及时的旅游公共信息服务体系将极大地促进旅游业发展。北京智慧旅游在其本质上就是满足散客的信息服务以及在此基础上的旅游体验服务的需求。当前，北京智慧旅游树立“立足散客、面向散客”的方针。从城市整体建设和各个区的区域建设上看，北京智慧旅游在面向游客的公共管理与服务层面上成绩突出。

1. 初步打造了面向游客的智慧旅游公共服务体系

首先，在智慧城市的基础上，北京智慧旅游大力发展 Wi-Fi 覆盖及旅游大数据应用项目建设。北京市旅游发展委员会积极与中国移动建立合作伙伴关系，双方协定共同建设安装无线宽带网（WLAN）和旅游信息触摸屏，为“智慧旅游”城市建设铺路搭桥。按照规划，第一步将完成在北京市所有三星级以上饭店和 A 级景区建设开通无线宽带网、装配旅游信息触摸屏工程，第二步将实现在所有的景区、宾馆、饭店、机场、车站等公共场所建设开通无线宽带网、安装旅游信息触摸屏。

其次，在智慧旅游建设过程中，北京市各级旅游政府管理部门不断提高政务管理的智慧化水平。以物联网、现代通信技术为基础，建立旅游公共信息服务云平台；建立旅游公共信息数据库；建立基于地理信息的旅游服务平台；实现旅游行业信息的收集、分类、处理、发布的自动化；建设首都旅游产业运行监测调度中心，实现对全市旅游数据整合、产业监测、视频监控、应急调度、视频会议等多项功能为一体的综合指挥调度等，为实现区域协同与跨领域协作奠定基础。

2. 积极应用先进技术，健全对客智慧旅游公共服务应用

在实践上，北京市智慧旅游建设以服务进京游客为主。北京市旅游发展委员会主要从基础网络建设、电子政务系统、电子商务系统、旅游咨询服务中心、旅游移动应用、多媒体旅游宣传营销系统等方面积极投入建设。例如，建立全新的北京旅游信息网，完善北京市旅游发展委员会微博、微信，建设智慧旅游虚拟博物馆等。

为推进智慧旅游建设，北京市旅游发展委员会开发建设了对客服务网站集群与移动应用软件，推出了集导游、导览、导购及导航于一身的北京旅游助手 App“i 游北京”，在北京景区推广使用景区电子票务与自助导游讲解系统。为增强游客体验，北京市旅游发展委员会开发了自助导游软件系统和虚拟旅游平台，开发了网络虚拟旅游系统，打造了“北京礼物”网络购物亭，实现 360 度网络虚拟旅游系统，等等，这些系统的搭建和应用的开发都极大地便捷了进京游客的旅游活动，丰富了游客的旅游体验，提高了游客的旅游满意度。另外，在北京拨打 12580，用户可方便地查询到京郊 400 多个旅游景点的名称、地址、电话、开放时间、参考票价、景点简介及公交、自驾线路参考等信息和北京 10 个周边区及部分著名景点的天气预报，还可查询并优惠

预订京郊近 100 家度假村。

2012 年 12 月，北京市旅游发展委员会与北京移动合作开发“旅游手机”，该平台的主要内容包括城市图片、标志景点、当季的热门旅游线路、本地化的文化活动、景区舒适度指数等；为游客提供旅游前的信息查询、景区地图、线路规划服务，旅游中的自助导游讲解、实时导航，旅游后的周边服务等。一方面为本地市民提供周边精品旅游信息，另一方面为外地游客提供生动的旅游体验。此外，北京市旅游发展委员会也着手开展了智慧旅游硬件建设，一方面，游客可以在景区门口实现刷二维码或者身份证验票入园，另一方面，游客可以到景区的服务店将自助导游讲解拷贝到自己手机里，便于在景区内的自助游。

3. 协同合作打造政府服务，为游客旅游全过程保驾护航

2013 年 4 月，北京市旅游发展委员会以构架“智慧旅游”城市为指导思想，联合北京智慧旅游企业，以信息化为驱动手段，搭建了集产业信息资源汇总、产业运行监控监测整合、应急调度快速反应为一体的综合系统——“首都旅游产业运行监测调度中心”（见图 2—24）。首都旅游产业运行监测平台实现了“一个大厅（应急调度大厅），两个平台（基础设施平台、应用支撑平台），一库管理（旅游信息资源库），监测和应急智慧并重（产业运行监测系统、应急指挥处置系统）”的工作要求，该中心的成功建设可实现北京市旅游产业相关信息资源的无缝接入与全面整合，为首都旅游产业相关单位的业务应用、决策分析提供支撑服务，为旅游突发事件的应急处置提供有效保障。

图 2—24　首都旅游产业运行监测调度中心

此外，围绕北京智慧旅游城市建设主题，北京市旅游发展委员会积极与北京邮政、北京联通、中国建设银行等大型企业开展研究、讨论和洽谈，积极推进双方（或多方）在数字景区、社区智能化服务、旅游一卡通等智慧旅游项目上的广泛合作。

第 3 章　北京智慧旅游的标准和评价体系

自 2010 年起，北京智慧旅游建设经过几年的积累，已经在智慧旅游管理、智慧旅游服务、智慧旅游营销等方面取得突出成绩，从北京市整体到北京 16 个区都在智慧旅游公共管理与服务、智慧旅游产业化提升等众多领域实现实质性进展。本章借鉴了国内研究者和智慧旅游行业实践者对于智慧旅游评价体系的成果，在北京市旅游发展委员会推出的智慧旅游四大业态（智慧景区、智慧饭店、智慧旅行社、智慧旅游乡村）规范基础上，提出了北京智慧旅游评价体系并据此对 16 个区的智慧旅游实践进行了评价。

3.1　智慧旅游评价体系

3.1.1　智慧旅游指标体系

目前国内相关研究主要着力于智慧旅游的概念和内涵等方面，对智慧旅游的体系架构讨论较少。朱珠（2011）等提及智慧旅游管理平台，指出该体系架构主要涉及了全面感知层、云平台构建层、应用服务层三个部分①；张凌云（2012）则提出智慧旅游理论体系需要从智慧旅游的能力、智慧旅游的属性以及智慧旅游的应用三个层面来构建等，构建了智慧旅游的 CAA 框架体系②。旅游业涉及旅游主管部门、景区（景点）、酒店、旅行社等旅游企业及游客等，相应地，智慧旅游包括智慧政府、智慧景区、智慧企业、智慧游客四大部分。姚国章（2012）从智慧旅游参与的角度提出“智慧旅游

---

① 参见朱珠：《浅谈智慧旅游感知体系和管理平台的构建》，载《江苏大学学报》（社会科学版），2011，13（6），97～100 页。

② 参见张凌云：《智慧旅游的基本概念与理论体系》，载《旅游学刊》，2012（5），66～73 页。

参与体系”，认为“智慧旅游”并不是一个孤立的系统，而是个覆盖旅游全行业的完整的体系。[①] 从参与的角度来看，智慧旅游涉及游客、政府部门、旅行社、酒店、景点、交通服务商、旅游商品提供商以及其他服务商等。游客在整个体系中处于中心位置，是旅游业务的“源头”；政府部门处在相对独立的位置，承担组织、协调、监管等职责；旅行社、酒店、景点、交通服务商、旅游商品提供商以及其他服务商作为各类旅游服务和商品的提供者，在政府的监管下开展各项商务活动。

1. 智慧旅游标准化建设的紧迫性、可行性和困难性

(1) 智慧旅游评价指标体系构建的紧迫性。从智慧旅游的发展情况来看，智慧旅游概念引入我国的时间虽然短暂，但是对我国旅游业的影响巨大，很多地方非常重视智慧旅游体系的建设。现阶段，其概念被混淆与泛化是其发展亟待解决的问题。有些地方只是实现了智慧旅游的某一项或某几项功能，就称实现了智慧旅游；有些景区只是引入了几项高科技的设备和系统，也称自己是智慧景区。有学者提出疑问，认为现在我国智慧旅游的建设深度不够，并未达到智慧旅游的程度，只是解决了技术上的问题，顶多只能算是智能旅游。在智慧旅游规划建设的关键时期需要采取一种标准化、精确化的检测手段，辨别智慧旅游发展的真实进度。

(2) 智慧旅游评价指标体系构建的可行性。目前建立智慧旅游评价指标体系具备了一定的条件：首先，智慧旅游理论研究已经受到很多专家学者的关注，现有的研究成果为建立智慧旅游评价指标体系打下了良好的基础。其次，先进的科学技术和研究方法的支持。网络信息技术的发展为智慧旅游评价信息的获取提供了有力的支持，日益完善的评价理论和方法为智慧旅游评价模型的构建奠定了基础。

(3) 智慧旅游评价指标体系构建的困难性。智慧旅游评价标准还未建立，主要原因在于智慧旅游的发展时间相对较短，专家和学者对智慧旅游的相关理论研究虽然不是很少，但主要集中在建设实践的总结上，缺乏标准规范方面的探索。另外，智慧旅游发展迅速，产品类型也在迅速变化，处在动态的变化中，若要制定长期不变的原则和标准也不现实。再者，智慧旅游涉及的要素很多，有政府的、企业的、景区景点的、交通的、环境的等，这也给制定合适的智慧旅游原则和标准带来了困难。[②]

---

① 参见姚国章：《“智慧旅游”的建设框架探析》，载《南京邮电大学学报》(社会科学版)，2012 (2)，13～16页。

② 参见刘利宁：《智慧旅游因子分析评价与对策研究》，太原，太原理工大学硕士学位论文，2013。

2. 国内智慧旅游标准化建设情况

2014 年，中国智慧工程研究院发布《中国智慧旅游城市（镇）建设指标体系》，该体系分为四级，一级指标 5 项：平安、诚信、服务、职能和宜游；二级指标 19 项；三级指标 42 项；四级指标 237 项。指标体系的研发紧紧围绕以人为本，基础是平安和诚信，核心是服务，依托智慧化，最终评价目标为“宜游”，旨在引导国内旅游业向智慧旅游方向发展，提升“宜游”水平①。

作为国家首批智慧旅游试点城市，北京市在制定业态标准方面走在了全国前列。2012 年 5 月，北京市旅游发展委员会正式发布《北京“智慧旅游”行动计划纲要（2012—2015）》，同时还发布了“智慧景区”“智慧饭店”“智慧旅行社”和“智慧旅游乡村”四大业态的智慧旅游建设规范及详细评分细则，从多角度、多方面对四个业态的智慧旅游建设进行了详细的内容指导和量化规范。

2013 年 4 月，被纳入国家第二批智慧旅游试点城市的河北省秦皇岛市完成《秦皇岛市“智慧景区”建设规范（试行）》（以下简称《规范》）的制定，将“智慧景区”质量等级分为 5 级，根据评分从高到低依次是 5 星、4 星、3 星、2 星、1 星。评分细则共计 1 000 分，分为通讯网络、安全保障职能监控、电子门票、公共服务门户网站、互动体验等共 7 大项。山海关景区、南娱景区、沙雕大世界景区等 6 家省市级“智慧景区”试点单位已开工建设，并完成景区电子导览、二维码门票、重点区域 Wi-Fi 覆盖、应急视频指挥等系统建设。

按照《规范》的要求，秦皇岛市的“智慧景区”应覆盖无线宽带网络，游客在浏览过程中可以方便地将手机、电脑等终端以无线方式连接上网。应建有以服务游客为核心的门户网站，为游客提供现代自助导游系统，布放旅游多媒体服务终端机发布旅游资讯，并以短信、彩信等形式向游客手机发送信息。利用二维码等新技术，在原有导览牌中增加更多语种。采用电子门票形式，售、验票信息实现联网，电子门票的购买支持手机支付或网上金融支付等方式，并能够远程查询。配有手持移动终端设备或立式电子门禁，实现对门票的自动识别检票。《规范》还要求，视频监控能全面覆盖景区，具备闯入告警和车牌识别等功能，图像能实现实时远程观看以及 3G 物联网视频监控等。对游客流量、滞留时间进行实时统计监控，可对景区热度分布进行统计显示，流量超限自动报警。能对空气质量、气象、水质、生物、景观文物等

① 参见《智慧旅游城市建设指标体系发布》，载《互联网天地》，2014（6），50 页。

进行监测。广播应覆盖全景区，遇灾害或紧急情况时，可立刻转换为紧急广播。①

2014 年 2 月，成都市旅游局发布《成都市智慧旅游景区建设规范》《成都市智慧旅游饭店建设规范》《成都市智慧旅游旅行社建设规范》等一系列标准、规范和指导性文件。

2014 年 11 月 11 日，广东省旅游局对外通报该省智慧旅游发展情况，并发布《广东省智慧旅游研究报告》《广东省旅游信息标准》《智慧旅游城市建设与服务规范》《广东智慧景区建设指引》《广东智慧酒店建设指引》等一系列标准、规范和指导性文件。

综上所述，“智慧旅游”的体系必须是一个开放式的、覆盖各类用户的、涵盖各类旅游业务的集成式的体系架构，以充分实现“智慧旅游”发展要求和目标。

3.1.2　北京市智慧旅游标准化建设情况

北京市提出智慧旅游“五个一”建设目标：一是建立一个沟通机制，由北京市旅游发展委员会、北京市经信委、中关村管委会等单位协调智慧旅游相关事宜和工作机制，制定智慧旅游顶层设计方案。二是出台一批支持政策，鼓励旅游企事业单位和旅游关联企业积极参与智慧旅游建设和创新。三是组织一系列供需对接活动，定期组织旅游企业和科技企业开展智慧旅游需求与产业对接活动，并推出智慧旅游产品目录。四是搭建一个展示平台，建设智慧旅游展示场馆，建立示范企业、智慧旅游网站等平台，提高社会认同度。五是推出一批示范项目。北京市拟根据旅游市场需求，推出一批产业带动性强的示范建设项目，引导智慧旅游市场建设和发展。

《北京“智慧旅游”行动计划纲要（2012—2015）》提出，到 2015 年，将在全市初步建立北京市“智慧旅游”政务管理体系、“智慧旅游”公共信息服务体系、旅游业态“智慧旅游”服务体系三大“智慧旅游”体系，推动九个“智慧旅游”系统建设，形成六十个“智慧旅游”建设项目。基本建成泛在、集约、智能、可持续发展的“智慧旅游”支撑体系，初步实现旅游行政服务职能智能运行、旅游者“智慧旅游”、旅游企业网络运营等高度融合的旅游公共服务便捷实用的发展态势，形成“智慧旅游”引领旅游发展的格局。《北京

---

①　参见邓闲峰、李霞：《智慧景区评价标准体系研究》，载《电子政务》，2012（9），100～106 页。

"智慧旅游"行动计划纲要（2012—2015)》发布后，北京市各区以此为标准，结合自身旅游信息化建设现状也纷纷开展了智慧旅游建设工作。

为了更好地促进北京市智慧旅游建设发展，北京市旅游发展委员会随后发布了北京智慧旅游建设的行业规范：

1.《北京智慧景区建设规范（试行)》及评分细则

《北京智慧景区建设规范（试行)》中提出，智慧景区建设标准包含通讯网络、景区综合管理、电子门票和电子门禁、门户网站和电子商务、数字虚拟景区和虚拟旅游、游客服务和互动体验、智慧景区建设规划和旅游故事及游戏软件、创新项目等内容，各项评分细则如表3—1所示。①

表3—1　北京智慧景区建设规范评分细则

序号	评定项目	大项分值	分项分值
1	**通讯网络**	**100**	
1.1	公用电话网（非露天景区、小景区等按报警求助方便程度酌情给分）		20
1.2	无线通讯网		40
1.3	无线宽带网（WLAN)		40
2	**景区综合管理**	**250**	
2.1	视频监控		70
2.2	游客流量监控		20
2.3	景观资源管理（依据各景区的不同历史、不同分类和不同功能酌情给分）		20
2.4	财务管理		30
2.5	办公自动化		30
2.6	经营资源管理		10
2.7	应急广播		20
2.8	应急处置响应系统		20
2.9	设有指挥调度中心		30
3	**电子门票和电子门禁**	**60**	
3.1	门票采用纸质（印有条码或二维码)、手机短信（彩信）或无线射频卡形式中的一种或几种（免票景区与开放式景区酌情给分）		10
3.2	售票、验票信息联网		10
3.3	售票、验票信息可以远程查询		10
3.4	售票计算机化		10

① 参见北京市旅游委2012年发布的《北京智慧景区建设规范（试行)》。

续前表

序号	评定项目	大项分值	分项分值
3.5	配有手持移动终端设备或立式电子门禁，实现对门票的自动识别检票		10
3.6	电子票购买支持手机支付或者网上金融支付方式		10
4	**门户网站和电子商务**	**110**	
4.1	景区建有以服务游客为核心内容的门户网站，且上线正常运营		30
4.2	门户网站内容与功能		50
4.3	电子商务		30
5	**数字虚拟景区和虚拟旅游**	**150**	
5.1	建成的数字虚拟景区占游客真实游览全部景区面积的百分比		15
5.2	建成的数字虚拟景区和虚拟旅游的使用平台、方式和途径		15
5.3	数字虚拟景区的展示效果		40
5.4	虚拟旅游的漫游方式		40
5.5	能提供基于图形图像混杂技术的多媒体（视频、音频、图片、文字）三维空间嵌入功能		10
5.6	系统使用无须安装新浏览器插件		10
5.7	能够在漫游过程中方便地将游览内容分享链接或转发微博		10
5.8	提供多分辨率图像分级加载功能，根据窗口大小智能加载不同分辨率图像		10
6	**游客服务和互动体验**	**270**	
6.1	自助导游（满分为170分，建有6.1.1现代自助导游系统起评分为170分，否则按6.1.2起评分为120分。全球定位系统使用受限的非露天景区、小景区酌情给分）		170
6.2	旅游资讯信息发布		42
6.3	游客互动及投诉联动服务平台		15
6.4	呼叫服务中心		13
6.5	多媒体展示。景区建设的多媒体展示系统主要借助地理信息系统、虚拟现实和现代多媒体等多种技术，运用高科技手段，利用声光电来展示包括景区景观、自然文化遗产、生物多样性、古文物再现和现场虚拟旅游等		30
7	**智慧景区建设规划和旅游故事及游戏软件**	**30**	
7.1	自身有详尽、专业的智慧景区（景区信息化、数字景区）建设规划		15

续前表

序号	评定项目	大项分值	分项分值
7.2	编写与北京城市、旅游景区有关的旅游故事，并与旅游营销结合起来形成商业化运作		7
7.3	编写与北京城市、旅游景区有关的游戏软件，并与旅游营销结合起来形成商业化运作		8
8	**创新项目**	**30**	
	指本规范中未提及，但景区在建设、管理和服务游客等方面运用各种创新技术、手段和方法从而提升景区服务质量、环境质量、景观质量和服务游客的综合满意度等		30
总分		**1 000**	

2.《北京智慧饭店建设规范（试行）》及评分细则

《北京智慧饭店建设规范（试行）》中提出，智慧饭店（酒店）包括供电、网络与通信，饭店管理，会议设施，广播电视系统，智能停车、电梯与监控系统，网站服务，智能信息终端，智能控制，智能云服务，公益文化，创新项目等内容，各项评分细则如表 3—2 所示。①

表 3—2　北京智慧饭店建设规范评分细则

序号	评定项目	大项分值	分项分值
1	**供电、网络与通信**	**120**	
1.1	供电		10
1.2	固定电话		10
1.3	互联网接入		80
1.4	蜂窝网络		20
2	**饭店管理**	**100**	
2.1	ERP		30
2.2	PMS		40
2.3	CRM		30
3	**会议设施**	**50**	
3.1	灯光分区控制，亮度可调节		5
3.2	隔音效果好		5
3.3	有同声传译功能		5
3.4	有会议投票、表决、主席控制系统		5

① 参见北京市旅游委 2012 年发布的《北京智慧饭店建设规范（试行）》。

续前表

序号	评定项目	大项分值	分项分值
3.5	有电视电话会议功能		5
3.6	有多媒体演讲系统（电脑、即席发言麦克风、投影仪、屏幕等）		5
3.7	会议室内任何角落都能听到清晰的语音，无杂音		5
3.8	会议室提供无线网络覆盖		5
3.9	有远程会议系统		5
3.10	能通过网络或者智能终端设备进行预订		5
4	**广播电视系统**	**50**	
4.1	应能收看多套中文节目（50套以上）		10
4.2	应能收看多套外文节目（3套以上）		10
4.3	具有视频点播功能		10
4.4	配备有线和卫星电视		10
4.5	酒店公共区域播放背景音乐		10
5	**智能停车、电梯与监控系统**	**80**	
5.1	车库提供智能卡计时计费		5
5.2	车库提供视频车牌识别计时计费		5
5.3	车库入口显示空闲车位数量		5
5.4	车库提供电子化寻车定位导引		10
5.5	给客人配备身份识别卡，进入电梯识别客人楼层可自动点亮该楼层		5
5.6	无卡者进入电梯，可拒绝其任何按键操作		5
5.7	电梯配备盲文，可供盲人操作		5
5.8	电梯内的广告屏幕中的内容可实现先经过主管部门的审核再发布		10
5.9	监控系统具有防盗功能		5
5.10	监控系统具有防破坏功能		5
5.11	监控系统视频清晰度高，能在黑夜环境中识别车牌号码		5
5.12	监控系统可设置电子围栏，对超过围栏的，可进行提醒		5
5.13	监控系统图像信息可供其他系统调用		5
5.14	监控系统能识别火灾并与消防系统联动		5
6	**网站服务**	**50**	
6.1	有品牌集团网站		10
6.2	有单体饭店网站		10
6.3	支持多语言（3种语言以上）		30

续前表

序号	评定项目	大项分值	分项分值
7	**智能信息终端** 根据智能信息终端覆盖的范围，本部分分数乘以系数，系数定义如下： 如果达到要求的客房数占总客房数的50%，系数为1。 如果达到要求的客房数占总客房数的20%以上50%以下，系数为0.5。	**200**	
7.1	终端形式		90
7.2	终端功能		80
7.3	支持多语言（三种语言以上）		30
8	**智能控制** 根据智能信息终端覆盖的范围，本部分分数乘以系数，系数定义如下： 如果达到要求的客房数占总客房数的50%，系数为1。 如果达到要求的客房数占总客房数的20%以上50%以下，系数为0.5。	**100**	
8.1	有客房控制单元，网络通讯方式支持TCP/IP方式传输数据，可扩展性好		10
8.2	智能终端可控制空调		10
8.3	智能终端可控制灯光		10
8.4	智能终端可控制电视		10
8.5	智能终端可控制窗帘		10
8.6	智能终端具有模式（睡眠、舒适等）设定功能		20
8.7	客房内有行之有效的节能措施		30
9	**智能云服务**	**150**	
9.1	信息呈现		50
9.2	服务功能		40
9.3	电子商务		40
9.4	云服务信息和服务内容通过北京市旅游发展委员会审核		20
10	**公益文化**	**50**	
10.1	设置公益募捐宣传栏目，可进行电子化募捐		10
10.2	设置节能环保宣传栏目		10
10.3	设置中华文化宣传栏目		10
10.4	设置城市文化宣传栏目		10
10.5	设置政策法规宣传栏目		10

续前表

序号	评定项目	大项分值	分项分值
11	**创新项目**	**50**	
	本规范中未提及，但饭店在管理、客户服务、节能减排等方面创新，得到相应认可的，给予一定的创新分数		50
总计		**1 000**	

3.《北京智慧旅行社建设规范（试行）》及评分细则

《北京智慧旅行社建设规范（试行）》中提出，智慧旅行社包括信息收集与资源采购、产品策划与发布、产品销售、游客服务、订单管理、团队管理、统计结算、内部管理、与行业监管的技术对接、技术应用创新等内容，各项评分细则如表 3—3 所示。①

表 3—3　　北京智慧旅行社建设规范评分细则

序号	评定项目	大项分值	分项分值
1	**信息收集与资源采购**	**85**	
1.1	供应商管理		20
1.2	景区在线采购管理		15
1.3	饭店在线采购管理		15
1.4	交通工具的在线采购管理		15
1.5	旅游保险（旅行社责任险、旅游意外险、旅游组合险、旅游综合险等）的在线对接		20
2	**产品策划与发布**	**30**	
2.1	在线产品策划与发布		30
3	**产品销售**	**210**	
3.1	在线广告发布		20
3.2	旅游产品的电子说明书		20
3.3	在线产品展示和查询		20
3.4	门店、网站、呼叫中心实时在线同步销售		30
3.5	同行分销		20
3.6	电子咨询单、预订单		15
3.7	在线预订		25
3.8	在线交易		30
3.9	电子合同		30
4	**游客服务**	**130**	

① 参见北京市旅游委 2012 年发布的《北京智慧旅行社建设规范（试行）》。

续前表

序号	评定项目	大项分值	分项分值
4.1	呼叫中心咨询服务与业务处理		40
4.2	游客在线意见收集与意见反馈，旅游体验分享		45
4.3	在线客户关系管理		45
5	**订单管理**	**110**	
5.1	电子预订单处理		15
5.2	电子订单处理		20
5.3	电子行程单		25
5.4	电子订单的结算单		20
5.5	电子导游领队任务单		15
5.6	团队地接任务的电子通知书		15
6	**团队管理**	**60**	
6.1	团队信息管理		20
6.2	导游领队的在线管理		20
6.3	旅游大巴的在线管理		20
7	**统计结算**	**45**	
7.1	在线结算		25
7.2	电子统计报表		20
8	**内部管理**	**150**	
8.1	智慧业务监控		30
8.2	标准化管理		30
8.3	智慧行政管理		30
8.4	旅行社人力资源管理		30
8.5	旅行社财务管理		30
9	**与行业监管的技术对接**	**30**	
10	**技术应用创新**	**150**	
10.1	在线系统覆盖度		30
10.2	数据挖掘技术		15
10.3	电子印章技术		15
10.4	二维码技术：通过手持设备或智能手机客户端，将二维码技术应用于电子合同、产品说明、广告宣传中		15
10.5	射频识别（RFID）技术		15
10.6	全球定位：将GPS或北斗等全球定位技术应用于旅游大巴管理、团队行程管理的身份识别与定位中		15
10.7	云技术服务：应用云技术，通过资源共享实现云服务		15

续前表

序号	评定项目	大项分值	分项分值
10.8	企业实现其他创新性成果：指本规范中未提及，但旅行社在建设、管理和服务游客等方面运用新的创新技术、手段和方法，从而提升旅行社服务质量和服务游客的综合满意度		30
总计		**1 000**	

4.《北京智慧旅游乡村建设规范（试行）》及评分细则

《北京智慧旅游乡村建设规范（试行）》中提出，智慧旅游乡村包括村级网站、民俗旅游接待户建设、无线网络、智慧应用、自主创新等内容，各项评分细则如表 3—4 所示。①

表 3—4　　北京智慧旅游乡村建设规范评分细则

序号	评定项目	大项分值	分项分值
1	**村级网站**	**250**	
1.1	网站展现形式多种多样		50
1.2	网站展现内容广泛丰富		75
1.3	网站支持多屏互动服务		15
1.4	集中展现、统一宣传		50
1.5	网页内容能够做到及时更新		30
1.6	可以通过微博对外发布游记、攻略等信息		15
1.7	能够实现对网站域下的所有文字、图片、视频等信息的严格审查与发布，无色情与反动等信息。		15
2	**民俗旅游接待户建设**	**250**	
2.1	拥有独立网站，并与本村网站链接		160
2.2	乡村旅游预订		40
2.3	特色农产品营销		40
2.4	能够支持电子票功能，能扫描识别二维码电子票或其他形式的电子票		2
2.5	能够为游客提供电子身份认证，方便游客参与民俗村旅游项目		2
2.6	所有提供预订服务的单位全部具备固定的客户服务电话		2
2.7	满足游客在民俗旅游接待户、旅游项目等地方消费时，可使用刷卡支付方式		2

① 参见北京市旅游委 2012 年发布的《北京智慧旅游乡村建设规范（试行）》。

续前表

序号	评定项目	大项分值	分项分值
2.8	满足游客在民俗旅游接待户、旅游项目等地方消费时，可使用手机支付方式		2
3	**无线网络**	**250**	
3.1	全村民俗旅游接待户客房、休闲渔场、观光果园、观光农园等的游客休息区实现室内有线网络的无线覆盖，免费向游客提供无线上网服务		235
3.2	村内无线网络（WLAN）热点覆盖		15
4	**智慧应用**	**200**	
4.1	在村内建设视频监控点		21
4.2	视频监控设备的要求		12
4.3	视频监控的技术要求		12
4.4	能够实现对安全风险进行提示		12
4.5	实现对高端农产品生长环境的监控，并集中展现		15
4.6	实现对高端农产品运输全流程进行监控和跟踪		15
4.7	信息触摸屏服务		50
4.8	基于位置的信息服务		33
4.9	在线培训		30
5	**自主创新**	**50**	
	指本规范中未提及，但旅游乡村在建设、管理和服务游客等方面运用各种创新技术、手段和方法从而提升旅游乡村服务质量、环境质量和服务游客的综合满意度等		50
总分		**1 000**	

3.1.3 北京智慧旅游建设评价体系

从智慧旅游建设实践的属性出发，可以从智慧旅游公共管理与服务体系、旅游产业智慧化提升体系两个层面对智慧旅游建设成果进行评价。其中，智慧旅游公共管理与服务体系层面包括智慧旅游公共基础设施建设、智慧旅游政务管理与服务、智慧旅游公共信息服务体系、智慧博物馆四个方面；旅游产业智慧化提升体系层面，包括智慧旅游景区（点）、智慧酒店（饭店）、智慧旅游购物、特色智慧旅游产业等各类旅游企业的智慧化建设（见图 3—1）。①

① 参见黄超、李云鹏：《智慧旅游建设评价标准研究——以北京市东城区为例》，载《旅游规划与设计》，2014（1），42～49 页。

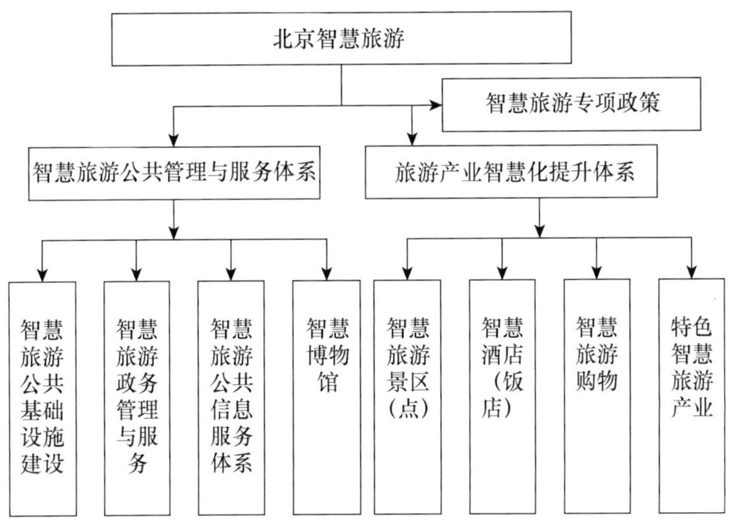

图3—1 智慧旅游建设实践的评价框架

3.2 北京16个区智慧旅游建设现状及评价

在智慧旅游的建设过程中，北京16个区积极贯彻市旅游委的指示，掀起自上而下的智慧旅游建设热潮。其中，有些区充分借助智慧城市的建设成果，智慧旅游建设取得突出成绩，而也有一些区由于自身基础薄弱，智慧旅游的建设还有待大力提升。

3.2.1 北京市东城区智慧旅游建设实践

东城区智慧旅游建设以为游客服务为最终目标，整合现有资源优势，形成信息化与城市经济社会各方面深度融合的发展态势，从政府到产业，从公共服务到产业提升，涉及众多领域，实现整体信息化建设。

东城区智慧旅游建设遵循《北京"智慧旅游"行动计划纲要（2012—2015）》的指示，按照智慧旅游体系建设标准，即从智慧旅游公共管理与服务体系、旅游产业智慧化建设与提升两个层面展开。

1. 东城区智慧旅游公共管理与服务体系

（1）智慧旅游公共基础设施。

首先，东城区根据"十二五"期间信息化发展规划，紧密围绕"国际化、现代化新东城”的战略目标，利用信息化手段积极促进一批特色街区发展，提高公共文化服务水平。在一些重点商业区、旅游热点实现 WLAN 全覆盖，让游客、店家、公众享受无线上网服务。东城区通过积极推动政府和运营商展开合作，促进城市基础设施的完善，为智慧旅游建设提供了必要的技术支持。目前，东城区旅游发展委员会已经与北京移动在无线城市信息基础设施建设、旅游人流统计监测和旅游服务信息平台、无线城市社会管理、无线城市物联网等五大方面进行合作。未来几年，东城区的 589 个社会管理网格的重点区域将建设 WLAN 网络。①

其次，在“数字北京”的建设成果中，“数字东城”的“网格化”城市管理模式成为亮点，成为其他城区学习的典型示范。同时，东城区智慧旅游建设还充分借助原有的视频监控等设施设备，开展旅游客流和安全监控。

再次，在北京市智慧交通的基础上，东直门交通枢纽试点积极打造“智能交通二维码”，通过 Wi-Fi 系统把公交车与站点站台之间连通，随时向站台传输公交车在行进过程中的实时信息。通过扫描公交站牌上的二维码或者发送短信，游客就可以获取公交站牌周边的地图、出行线路、实时路况甚至周边的服务信息进行查询。今后所有的公交站点规划安装上 Wi-Fi，这种智能交通有望在东城区实现整体覆盖。

(2) 智慧旅游政务管理与服务。

智慧旅游政务是智慧旅游规划与建设的中枢指挥系统，东城区旅游发展委员会牵头建设覆盖整个城区的旅游政务管理与服务体系，主要包括门户网站的改版、官方微博、微信公众号、旅游电子商务平台。

门户网站改版：在原有的“数字东城”基础上，东城旅游发展委员会官方网站实现改版，增建“北京皇城旅游网”，实现政务网与信息网的分离，“北京皇城旅游网”按照游客需求，设置“食（住、游、购、娱）·东城”板块，全面而详细介绍东城区旅游服务，设置了“印象东城”“乐享东城”等多个全新的栏目。同时开发了区内旅游企业促销信息采集系统，丰富网站内容，截止到 2014 年 3 月底，旅游企业促销信息采集系统共收集企业信息达 10 000 多条，成为游客获取东城旅游信息和旅游管理部门对外监管服务的最主要的媒介之一。

官方微博建设：2011 年 4 月 22 日，东城区旅游发展委员会官方微博——“北京市东城旅游发展委员会”正式开通上线，以“积极宣传皇城旅游、主动

① 参见《北京东城区 WLAN 将景区街区社区全覆盖》，见 http://net.zol.com.cn/287/2872383.html. 2012-04-13。

引导网友互动、为大众提供有效服务”为原则，东城区旅游发展委员会官方微博主要功能定位于发布权威旅游相关信息，策划微博活动和政民互动。截止到2014年4月10日，共发布微博7 653条，粉丝数365 105人，活跃粉丝225 060人，粉丝量与活跃度位居北京市区旅游委前列。

微信公众号建设：北京市东城区在微信公众号建设方面相对比较滞后，还没有推出自己的区内微信公众号，只是借助北京市微信公众号做一些宣传。另外，在微信公众号上，“东城旅游导航”成为旅游东城专业化导航软件，把所有东城区的风景名胜景区进行分类导览。

旅游电子商务平台：首先，“北京皇城旅游网”作为东城区官方旅游平台，当前功能定位于对本区旅游企业、旅游资源的宣传上，尚不能实现电子商务服务。其次，东城区旅游企业充分利用第三方平台，在北京旅游网（http://www.visitbeijing.com.cn/）和旅游OTA（在线旅行社）网站上建立旅游电子商务平台。

（3）智慧旅游公共信息服务体系建设。

在智慧旅游公共服务体系建设方面，智慧旅游公共信息服务是重点，主要包括旅游移动应用、旅游电子宣传杂志等。

手机自助导览系统：东城区旅游发展委员会开发了“东城旅游”自助伴游软件，软件与百度地图合作，可离线使用北京市地图进行导览。用户在东城区范围内开启手机系统定位和自助伴游功能，可以实现自动语音讲解伴游，同时软件增加了二维码扫描工具，可以通过扫描二维码识别景区旅游资讯，游客也可以通过新闻页面在线浏览旅游新闻。除了适配苹果iOS系统和三星、HTC等Android系统的用户，“东城旅游”自助伴游软件还同时上线了英文版本，可以提供给国外用户使用。软件上线2个月后取得了非常好的推广成绩，据苹果商店后台数据统计，升级版的软件上线后经多途径宣传推广，取得了非常好的推广成绩；据后台数据统计，“东城旅游”在全世界所有免费的苹果应用排名中最高排到第239名，在免费旅游类应用中排名第10，截止到2014年1月18日软件的双系统版本总下载量已达到11万余次。下一步，东城区旅游委还将利用系统开发的商家信息发布客户端，培训区内旅游商家使用和发布各类资讯、促销信息，进一步丰富软件信息内容，增加与游客的互动。

东城区城市旅游信息自助公共服务系统：在移动互联网发展的今天，基于智能手机的旅游软件服务已经成为旅游公共信息服务的重要载体。东城区旅游发展委员会率先开发的“城市旅游信息自助公共服务系统”正是从游客的需求出发而开发设计的一款应用于智能手机端的旅游导览软件。“城市旅游信息自助公共服务系统”在王府井商业街、前门大街、南锣鼓巷等三处旅游集聚地，以独立基站的形式进行了旅游专网覆盖，游客可以使用 Wi-Fi 或蓝牙方式获取旅游资讯。用户可以免费下载安装 iOS 或 Android 版本的“东城旅游”的客户端软件，包括天坛、故宫、地坛公园、中山公园等东城区内 32 个旅游景区点的资源包。借助“城市旅游信息自助公共服务系统”，游客可以体验多媒体旅游资讯、查看景区景点信息、了解历史文化背景、查看交通信息、查看景区相册、查看景区视频，未来游客利用这个系统还可以进行订票等。未来将实现多语种版本，以满足国际游客的需求，还将把五道营、南新仓增加到热点覆盖地区里来。

《东城旅游》电子杂志：2013 年，东城区率先推出《东城旅游》iPad/iPhone 杂志，并设英文版本。电子杂志制作精美、内容丰富，涵盖了东城区景点、美食、文化、生活、建筑等信息；充分利用了音频、视频、美图、360 度内景、美文等多元化元素；同时提供了社交分享、意见反馈等功能；从多方面展示了北京东城区的历史文化、生活风貌、景点街区等。

（4）东城区虚拟博物馆建设。

东城区博物馆（纪念馆、展览馆）资源丰富，已经建成的博物馆有 34 座，对外开放的有 32 座，暂不对外开放的有 2 座。随着科技手段的进步，东城区博物馆（纪念馆、展览馆）中有一些走在前列，运用虚拟现实技术实现网上虚拟体验（见图 3—2）。

图 3—2　首都博物馆①（旧馆）、北京规划展览馆和中国美术馆的虚拟体验界面

① 首都博物馆于 1953 年开始筹备，1981 年正式对外开放。旧馆址是“北京孔庙”（北京市东城区国子监街 13 号），新馆址为北京市西城区复兴门外大街 16 号。因此，其智慧化建设在东城区和西城区相关内容介绍中都会涉及。

2. 东城区旅游产业智慧化建设与提升

东城区作为“数字北京”建设中的领先城区，在“数字北京”向“智慧北京”全面跃升的过程中也不能落后，旅游业是东城区的重点发展行业，全面开展东城区的“智慧旅游”建设，将是这个建设过程中的重要方面。东城区旅游企业在智慧化建设中已经有一些突出成绩。

（1）东城区智慧景区建设。

为推进“智慧旅游”建设，东城区积极利用信息化手段促进一批特色街区发展，提高公共文化服务水平。以五道营街区和龙潭湖公园为试点，通过先进的信息化技术打造北京首个无线智能街区和智慧景区，实现资源多样化、服务便利化、管理服务精细化，全面提升街区商业文化内涵和景区旅游管理服务（见表3—5、表3—6）。

表3—5　　五道营街区和龙潭湖公园智慧化建设实践

层面/平台	管理与服务能力提升	具体做法
基础设施	城市基础网络建设	实现WLAN全覆盖，让两个区域的游客、店家、公众等享受无线上网服务
旅游政务	互动平台	通过电子大屏宣传栏，告知游客景区动态、景点流量、可提供服务等信息，提供人性化引导与服务，游客还可通过手机互动等方式发表意见或获取咨询信息；建立时政互动平台
智慧旅游公共服务	智慧安保	针对街区、公园内人群的流量、话务、行为和属性进行群体统计分析，搭建人流统计监测平台，实现人流量统计分析，为安保人员的调配提供保障
	提高环保监测水平	搭建实时噪音监控平台，及时发现噪音源，对超限噪音进行报警，减少噪音污染
	提升应急处置能力	实现龙潭湖公园船舶位置实时跟踪定位、超速报警控制、紧急呼救、断电报警、船舶跟踪、日常数据查询统计等功能，确保游客人身安全，同时为园方对船舶管理提供便利支持
	自主导游	推进消费服务优质化，为五道营街区的部分特色商户、龙潭湖公园的景点分配独立的二维码，游客可通过二维码图像进行自助导览，随时了解商户介绍、餐饮特色、产品服务及景点的历史、典故等信息

资料来源：根据《北京东城两三年内WLAN将景区街区社区全覆盖》（张楠，载《北京晚报》，2012-04-13）整理。

表 3—6　　　　东城区部分旅游景点 App 列表

东城区旅游景点	软件支持系统
天安门广场	Android / iOS
天坛公园	WP8
故宫	Android
雍和宫	iOS/ Android
中山公园	WP8
中国美术馆	iOS
中国国家博物馆	iOS
王府井	iOS

（2）东城区智慧饭店建设。

东城区在高星级饭店中积极建设智慧饭店，例如，北京飞天大厦饭店（四星级）开发移动软件，实现饭店房间预订、饭店特色服务介绍、饭店活动的发布、饭店评论、饭店周边景点的介绍，以及地图导航等服务（见图 3—3）。

图 3—3　北京飞天大厦饭店移动 App 界面

（3）东城区智慧旅游购物建设。

东城区在王府井旅游景点实现 Wi-Fi 全覆盖，同时开发购物 App。2013 年底，王府井百货移动终端 App 正式上线，该系统兼容安卓客户端和 iOS 客户端，消费者可搜索“王府井”或扫描二维码下载使用。王府井购物 App 设置了“逛逛”“导航”“吃喝”“玩乐”“今日限时优惠”“会员”“泊车”7 大板块，为实体零售企业开通线上销售渠道。

3. 东城区旅游产业智慧化建设总结分析

在移动互联网迅猛发展的今天，东城区旅游发展委员会结合北京市旅游发展委员会提出的智慧旅游工作方针，积极筹划和推进本区的智慧旅游实践，面对游客提供各类旅游信息和接待服务，政府牵头的同时注重政企合作。按照智慧旅游建设标准，在智慧旅游公共管理与服务、旅游产业智慧化提升两个层面都进行了有益探索，初步形成了智慧旅游建设体系框架。

(1) 东城区智慧旅游建设取得的成绩。

首先，东城区智慧旅游公共管理与服务体系初具规模。"十二五"期间，东城区在智慧旅游建设实践中已经取得了阶段性的成绩。就智慧旅游公共管理与服务方面而言，东城区已经实现在重点旅游景区的 Wi-Fi 全覆盖；建成并投入使用了"北京皇城旅游网"，实现了旅游政务网与旅游资讯网的分离；开通了旅游微博公共平台，实现宣传营销和政民互动的网络化；开发了旅游移动软件——东城旅游，为游客提供随时随地的信息服务；发布了二期基于 iOS 系统的《东城旅游》电子杂志。这些都是东城智慧旅游的突出成绩，其中的部分建设与应用在北京市各区中处于领先位置。其次，东城区智慧旅游产业智慧化建设与提升试点开展。以五道营街区和龙潭湖公园为试点，东城区通过先进的信息化技术打造北京首个无线智能街区和智慧景区。如中国美术馆、北京规划展览馆着力打造虚拟网上体验平台；天安门广场、天坛公园、故宫、雍和宫、中山公园等景区景点开发了手机 App 等。

(2) 东城区智慧旅游建设存在的不足。

首先，东城区智慧旅游建设缺乏智慧旅游专项规划，缺乏区内总体纲领和详细的行动方案。东城区智慧旅游建设相对零散，缺乏整体性与系统性。突出表现在政府对于企业的智慧旅游建设缺乏有力指导和规范，缺乏深入化的政企互动机制。这些成为东城区智慧旅游建设的上层短板，制约着整体发展。其次，智慧旅游的公共信息服务媒介不够丰富多样。在智慧旅游建设过程中，东城区在一些方面走在各区前列，例如，重点旅游景区实现 Wi-Fi 覆盖，率先开发《东城旅游》电子期刊，等等。但是公共信息服务的媒介还是不够丰富多样，旅游宣传营销系统不够健全。例如，对于作为主流新媒体之一的微信公众号还没有进行有效利用，旅游移动终端相对单一，覆盖范围有限，内容过于简单，在线预订与支付等功能尚不能实现。再次，东城区智慧企业建设方面，尤其是智慧酒店和智慧购物的建设不足，智慧旅游企业建设缺乏抓手。东城区智慧旅游产业层面建设还不够有力，缺乏领头智慧旅游企业，试点示范效应不明显。智慧酒店方面，各酒店信息化建设零散、单一，"北京皇城旅游网”的电子商务功能尚不能实现；智慧旅游购物方面，仅王府井百货集团开发App软件，尚未形成规模；虚拟博物馆方面，多数博物馆实现网上预约，但是仅中国美术馆、北京规划展览馆和首都博物馆着手建设虚拟体验系统。

整体而言，东城区智慧旅游建设得到政府的重视，在政务管理与公共服务方面取得阶段性成绩，亮点突出；但是在智慧旅游产业层面比较薄弱，试点示范尚不健全，企业的参与力度不足，政企合作缺乏长效机制。

4. 东城区智慧旅游建设的对策建议

按照智慧旅游建设实践的评价体系，东城区在“数字东城”的基础上，深入挖掘先进科技在旅游业中的应用价值。智慧旅游建设在区内普遍展开，得到政府和企业的重视并取得突出成绩。但是，东城区智慧旅游建设还存在一些问题与不足，例如，缺乏智慧旅游专项规划，智慧旅游的公共信息服务媒介相对单一，智慧企业建设、尤其是智慧酒店和智慧购物的建设不足等。针对这些问题与不足，提出东城区智慧旅游建设的意见和建议。

（1）制定东城区的智慧旅游建设专项规划。

在《北京“智慧旅游”行动计划纲要（2012—2015）》的指导之下，结合东城区旅游业发展的特点与需求，制定东城区智慧旅游的三年行动计划纲要——《北京市东城区智慧旅游行动计划纲要》，将智慧旅游计划纳入旅游信息化常规专项规划的体系。

（2）丰富智慧旅游公共信息服务的渠道。

一方面，充分利用微信、微博等新媒体平台，开发内容全面、功能齐全的智慧东城移动软件，建设东城智慧旅游微信公众号，实现门户网站、微信公众号、微博账号对接。另一方面，整合原有的公共旅游信息服务渠道，充分利用北京数字信息亭、北京旅游咨询服务中心等已有的公共服务基础，丰富东城区旅游信息传播渠道，积极采取文字、图片、视频、虚拟体验等多样化手段展示东城区旅游资源。

（3）健全东城区旅游电子商务网络。

首先，在“北京皇城旅游网”上增加电子商务功能，并实现与北京旅游网以及其他区旅游网的对接，实现对客服务中在线查询、预订和支付（跳转第三方平台）的一体化。其次，鼓励企业在天猫上开设旗舰店，在拓宽营销渠道的基础上节省企业自身门户网站建设和维护的成本。最后，重视移动互联网电子商务的开发，建立微信公众号，利用微信支付实现旅游电子商务。

（4）培育示范型智慧旅游企业。

智慧旅游企业建设是东城区智慧旅游建设的薄弱环节，未来需要充分发挥政府的引导和支持作用，培育示范性智慧旅游企业，树立在区内、北京市甚至全国范围内的典型示范，形成辐射效应，走示范带动道路。

3.2.2　北京市西城区智慧旅游建设实践

1. 西城区智慧旅游公共管理与服务体系

西城区作为北京市的核心城区，是北京市的历史文化重要中心、文化创意与传承的先进区，其丰富的旅游资源和多样的文化特质更为西城区建设智慧旅游提供了天然的优势。

（1）智慧旅游公共基础设施。

目前，西城区十分健全的景区双语旅游交通标志牌已经遍布恭王府、什刹海、北京动物园、首都博物馆（新馆）、北海公园、大栅栏等21家A级景区周边，引导游客到达景区。不仅在景区内设立标志引导服务游客，还在通往景区的重要道路节点上设立标志，方便自驾游、骑行和步行前往的游客顺利通往景区。此外，西城区还在A级旅游景区增设了30余块五种文字全景牌，并在什刹海风景区和杨梅竹斜街竖起了236块旅游标识导览牌。在信息化应用方面，西城区旅游委积极结合城市智能管理系统，进行区域客流监控与安全管理智慧化、智慧旅游交通管理等。

相较于一般旅游基础设施，智慧旅游特别所需的无疑是良好的游客网络环境与条件。今后游客走进西城区不用询问，西城区将通过西城旅游网及客户端公布西城区十余处公益性免费Wi-Fi点，并将西城区17处旅游咨询站打造成为方便游客免费下载旅游软件和免费查询旅游信息的服务站。

（2）智慧旅游政务管理与服务。

第一，西城区旅游委政务公开。

西城区旅游委官方网站专门设立了政务公开的板块，具体包括“旅游委简介”“职能介绍”“领导介绍”“组织机构”“应急管理”“党群建设”“通知通告”等信息栏目，内容清晰、更新及时且便于查找。

第二，“西城旅游”微博建设。

西城区旅游委设立官方认证微博平台，将西城旅游的新鲜资讯和官方消息第一时间与旅游者和社会各界实现共享。官方认证微博平台并能及时回应一些问题反馈与资讯，更成为西城区旅游各景点景观向各地游客进行展示宣传的门户（见图3—4）。

第三，“畅游西城”微信公众号设立。

西城区作为北京的历史文化城区代表，有很多名胜古迹和重要的人文景观值得推广和宣传。而不同于微博的公共信息通告作用，西城区微信公众号

图 3—4　西城区旅游委官方微博

更加倾向于旅游景区文化等资讯的推广，既包含主动宣传的“西・行”“城・事”“游・趣”三大板块及其下设栏目，也可以通过回复数字查询的方式进行反式检索（见图 3—5）。

图 3—5　“畅游西城”资讯界面

(3) 智慧旅游公共信息服务体系建设。

1) 西城旅游网。

2014年，由西城区旅游委开发建立的“西城旅游网”上线，作为西城区旅游发展委员会的门户网站，西城旅游网不仅包含了公共资讯与政务查询方面的功能，更是立足于游客个性化需求，设置了“游客指南”“公共服务”等栏目（见图3—6）。

图3—6　西城旅游网首页及分类

西城旅游网独具特色的“西城故事”板块以“读北京游西城”为主题，串联起包括什刹海—护国寺、大栅栏—天桥、琉璃厂、阜景街、金融街—长安街等等历史文化街区，还遵循“名人地理”“老字号美食”等文化线索整体塑造西城的文化符号，为游客提供了丰富而有条理的西城旅游信息与综合服务（见图3—7）。

西城旅游网以服务大众、方便游客为根本建设目标，同时也是西城区智慧旅游发展成果的体现。为方便国外游客使用，西城旅游网下一步将丰富多语种版本，而语种的选择主要根据本区域境外游客入境数量组成决定。①

① 见 http://travel.bjchy.com.cn/travel/index.htm。

图 3—7　西城旅游网界面

尽管在百度搜索引擎上输入关键字“西城旅游”之后，网页显示的第一个网址是西城旅游网，但想到直接搜索“西城”的游客还是很少的。为使“智慧旅游”便利惠及更多游客，西城旅游网已经与北京旅游网实现“友情链接”，并在携程旅行网等知名网站上宣传西城区旅游资源和精品线路。

2）西城京味旅游 App。

为了满足游客随时随地获取旅游信息的需求，西城旅游网推出了移动端的应用 App——西城京味旅游。西城京味旅游为游客提供活动信息、必做之事、必游之地、游玩攻略、语音导游、官方推荐等全方位的信息服务，为广大游客带来便利（见图 3—8）。

图 3—8　西城旅游客户端 App

通过移动端网页和 App，游客可以轻松获取所在地附近免费的无线 Wi-Fi 信息和新鲜的西城旅游资讯，同时，西城区旅游委还把什刹海、大栅栏、天桥、马连道等一些不用门票就能进的特色景点串联起来，并在地图中标注出来游览区和当地居民的生活区，让游客既可以参观游览风景名胜，也能体会日常百姓的生活。

3）西城区数字地理信息公众服务系统。

在中国测绘科学研究院 GIS 所的技术支持下，西城区政府开发了西城区数字地理信息公众服务系统，面向广大游客、市民、企业提供开放的旅游电子地图。地图将区域内丰富的文保单位、博物馆、景区景点、零售百货单位、住宿餐饮企业、交通车站等相关信息以三维效果呈现在用户面前，用户可以在旅游电子地图上进行分类检索或利用关键词进行信息查询，并且可以在西城旅游 GIS 模型里进行缩放、漫游、测距等虚拟旅游体验（见图 3—9）。

图 3—9　数字西城地理信息公众服务系统

2. 西城区旅游产业智慧化建设与提升

（1）西城区智慧景区建设情况。

截至 2015 年底，西城区辖内共有国家 5A 级景区 1 家、4A 级景区 7 家、3A 级景区 11 家、2A 级景区 2 家。根据门户网站、移动 App、微博微信平台、第三方门票销售、电子门票、虚拟体验、智能预警等多个角度进行资料汇总和研究分析，可以看出西城区在智慧景区建设方面取得的重要成绩和存在的不足之处（见表 3—7）。

（2）西城区主要博物馆虚拟旅游建设情况（见表 3—8）。

表 3—7　　西城区智慧景区建设情况（截至 2015 年 2 月）

	AAAAA级	AAAA级							AAA级											AA级	
	恭王府	北京海洋馆	北京动物园	首都博物馆（新馆）	北海公园	景山公园	什刹海风景区	陶然亭公园	北京大观园	老舍茶馆	湖广会馆	大观楼影城	北京天文馆	中国地质博物馆	月坛公园	古代钱币展览馆	宣南文化博物馆	北京市宣武艺园	大栅栏商业街区	历代帝王庙	宋庆龄故居
门户网站	http://www.pgm.org.cn/flash/flash.shtml	http://www.bjsea.com/	http://www.beijingzoo.com/	http://www.capitalmuseum.org.cn/	http://www.beihaipark.com.cn/	无	http://www.shichahaitour.com/	http://www.trtpark.com/cn/	http://www.bjdgy.com/	http://www.laoshehouse.com/	http://www.beijinghuguang.com/	无	http://www.bjp.org.cn/	http://www.gmc.org.cn/	无	无	无	无	http://dashilar.bjxch.gov.cn/index.ycs	http://www.ldd-wm.com/	http://www.sql.org.cn/
移动App	恭王府	北京海洋馆	北京动物园-Touch-China	无	这里是北海	无	什刹海导览	无	无	无	无	无	无	无	无	无	无	无	大栅栏	无	无
官方微博	http://weibo.com/beijing-gong-wangfu	http://weibo.com/beijinga-quarium	http://weibo.com/beijing-zoo	http://weibo.com/capitalmuseum	http://weibo.com/beihaipark	http://weibo.com/u/1217274120	http://weibo.com/shichahaizhiyuan	http://weibo.com/trtgy	http://weibo.com/u/2760567565	http://weibo.com/u/2464260447	无	无	http://weibo.com/bjtwg	无	无	http://weibo.com/u/2725405257	http://weibo.com/xu-annan-bowuguan	无	http://weibo.com/u/2796371943	http://weibo.com/u/2297852935（并未官方认证）	http://weibo.com/sscl
微信平台	恭王府	信沃达—北京海洋馆	无	首都博物馆	无	景山公园管理处	无	北京陶然亭公园	无	老舍茶馆	北京湖广会馆（并未官方认证）	大观楼	北京天文馆	无	无	古代民俗钱币博物馆	无	无	大栅栏	无	无
第三方门票销售	支持	支持	支持	支持	支持	支持	支持	支持	支持	支持	支持	支持	支持	支持	支持	支持	支持	支持	支持	支持	支持
电子门票	支持	支持	支持	支持	不支持	不支持	支持	支持	支持	支持	支持	支持	支持	支持	支持	支持	支持	支持	支持	支持	支持
虚拟体验	王府导览，景观展示，游览路线，互动交流	实景导览，游览攻略，科普讲堂	“走进动物园”，实景游览服务	藏品展示，室内展厅导览	游览路线，导游服务，景点展示	无	线路导览虚拟体验	仅游园指南	红楼艺术展，红楼影视基地等图像资料	无（仅有票务信息）	戏楼景观，戏曲博物馆等	无	虚拟场馆	数字地博——虚拟展厅；藏品图文资料呈现	无	无	无	无	商户虚拟地图导览	仅图文展示，游览指南	无

表 3—8　　西城区主要博物馆虚拟旅游建设情况（截至 2015 年 2 月）

	首都博物馆	北京鲁迅博物馆	京剧艺术博物馆	北京历代帝王庙博物馆	中国地质博物馆	北京宣南文化博物馆	北京空竹博物馆
门户网站	http://www.capitalmuseum.org.cn/	http://www.luxunmuseum.com.cn/	无	无	http://www.gmc.org.cn/	无	http://www.chinakongzhu.com/
预约功能	支持	无	无	无	无	无	无
虚拟体验	“虚拟博物馆”地图导览及产品陈列	相关资料及影像	无	无	虚拟展厅功能，展品图片鉴赏文字介绍	无	三维虚拟功能，基于 VRPIE 三维网络平台
	古陶文明博物馆	中国消防博物馆	北京红楼文化艺术博物馆	北京古代建筑博物馆	北京戏曲博物馆	观复博物馆	北京工艺美术博物馆
门户网站	http://www.gtwmbwg.com/	http://www.cfm119.com/	无	http://www.bjgjg.com/	无	http://www.guanfumuseum.org.cn/	无
预约功能	无	无	无	无	无	无	无
虚拟体验	地图导览，在线博物馆展品呈现	在线视频展示，陈列、科普、社教	无	三维可视化呈现	无	各展馆展区分类呈现	无

（3）西城区智慧酒店建设情况。

西城区智慧酒店建设严格按照北京市旅游发展委员会发布的《北京智慧饭店建设规范（试行）》标准执行，实现规范化、标准化的旅游酒店智慧化升级。①

西城区作为北京各区县中商务城区的代表，高星级酒店众多，区内酒店传统的基础设施相较完备。为积极响应西城区酒店智慧化进程，西城区许多酒店在门户网站的检索、在线预订、微信公众号、官方微博以及酒店 App 建设等诸多方面都进行了广泛而具体的拓展与实践（见表 3—9）。

表 3—9　　西城区智慧酒店建设情况（截至 2014 年 9 月）

五星级酒店					
名称	门户网站	预订支付	虚拟体验	微信平台	App 客户端
北京金融街丽思卡尔顿酒店	http://www.ritzcarlton.com/zh-cn/Properties/BeijingFinancialStreet/Default.htm	支持	图片＋平面图＋视频资料	北京金融街丽丝卡尔顿酒店	卡尔顿酒店
北京金融街威斯汀大酒店	http://www.starwoodhotels.com/westin/property/overview/index.html?propertyID=1704	支持	图片、视频客房呈现	无	威斯汀酒店官方应用
北京国宾酒店有限责任公司	http://www.thepresidentialhotel.com/cn/index.html	支持	图片展示，详细列表	北京国宾酒店	无
北京金融街洲际酒店	http://www.ihg.com/intercontinental/hotels/cn/zh/beijing/pegha/hoteldetail	支持	图片资料	北京金融街洲际	洲际酒店
四星级酒店					
名称	门户网站	预订支付	虚拟体验	微信平台	App 客户端
北京翔达国际商务酒店	http://www.shangdahotel.com/	无	图片十分清晰，其他介绍较少	翔达国际商务酒店	无
北京前门饭店	http://www.hotelsjianguo.com/qianmenhotel/	支持	图文介绍，物品设施等详细列表	前门建国饭店	无

① 见 http://www.bjta.gov.cn/xxgk/zcwj/xybz/351024.htm。

续前表

名称	门户网站	预订支付	虚拟体验	微信平台	App 客户端
北京国二招宾馆	无	支持	无	无	无
国宏宾馆	无	支持	仅图片	无	无
北京西单美爵酒店	http://37120.hotel.cthy.com/	支持	图片介绍	北京西单美爵酒店 GMBC	无
北京港中旅维景国际大酒店	http://www.metroparkhotels.com/hotel/chi/index.php?hotel=bjcts	支持	图片	北京港中旅维景酒店	只有深圳维景国际酒店应用
深圳大厦	http://www.bjszhotel.com/	支持	无	深圳大厦	无
建设大厦	无	支持	虚拟全景显示	无	无
中国职工之家	http://www.zgzgzj.com/index.php	支持	仅图片	中国职工之家	无
民族饭店	http://www.minzuhotel.cn/	支持	仅图片	北京民族饭店	无
金台饭店	http://www.bjjintaihotel.com/	支持	仅图片	金台饭店	无
北京德宝饭店	http://www.debaohotel.com/	支持	图片资料	德宝饭店	无
北京新大都饭店	无	支持	图片库	无	无
北京金都假日饭店	无	支持	无	北京金都假日酒店	无
北京广州大厦	http://www.bjgzds.com.cn/	支持	客房预览图片	北京广州大厦	无

（4）西城区特色旅游内容的信息化。

1）特色四合院。

西城区旅游发展委员会对区域内的北京独特民居形式——老北京四合院①进行统计，并通过西城旅游网、微博微信平台及旅游 App 等多样化的途径进行信息发布（见表 3—10）。

①　见 http://baike.haosou.com/doc/5352292-5587750.html。

表 3—10　　西城区特色老北京四合院信息

序号	名称	地址	序号	名称	地址
1	北京瑞福园宾馆	北京市西城区苇坑胡同 4 号	14	北京紫颐和四合院文化发展有限公司春秋园宾馆	北京市西城区西四北六条 11 号
2	北京竹园宾馆	北京市西城区旧鼓楼大街小石桥胡同 24 号	15	北京四合居招待所	北京市西城区西四北二条 10 号
3	北京鹏远振达旅馆	北京市西城区报国寺西夹道 2 号	16	北京恩泽堂酒店	北京市西城区西四北二条 12 号
4	北京什刹海之源商务会馆有限公司后海福禄四合院宾馆（皮影酒店）	北京市西城区松树街 24 号	17	北京平安里宾馆	北京市西城区西四北八条甲 10 号
5	北京红萍家园宾馆	北京市西城区虎坊路 15 号楼东	18	北京后海旅馆	北京市西城区德胜门内大街三不老胡同 14 号
6	北京阳光老宅院酒店	北京市西城区旧鼓楼大街西绦胡同 2 号	19	北京觉品酒店管理	北京市西城区正觉胡同甲 9 号
7	北京晋卫招待所	北京市西城区西黄城根南街颁赏胡同 1 号	20	北京金泰宏达商贸有限责任公司容园宾馆	北京市西城区护国寺大院 63 号
8	北京京一食招待所	北京市西城区铁树斜街 27 号	21	北京荣达昌旺旅馆	北京市西城区新街口罗儿胡同 8 号
9	北京市外事服务职业高中实习饭店	北京市西城区西单教育街 1 号	22	北京京祥招待所	北京市西城区新街口东街苇坑胡同 31 号
10	亲情旅馆	北京市西城区爱民街一巷 2 号	23	北京德胜中堂酒店	北京市西城区德胜门内大街 192 号
11	北京乐华宾馆	北京市西城区西直门西外南路团街社区	24	北京福满地旅馆	北京市西城区新街口东街苇坑胡同 45 号
12	北京悦宾阁招待所	北京市西城区护国寺街棉花胡同甲 89 号	25	北京雅秀居宾馆	北京市西城区佟麟阁路 48 号
13	北京四合团圆客栈	北京市西城区西四北二条 52 号	26	北京富足家客栈	北京市西城区云梯胡同甲 4 号

续前表

序号	名称	地址	序号	名称	地址
27	北京格林宾馆	北京市西城区背阴胡同甲35号	35	北京市人民政府机关事务管理办公室前门招待所	北京市西城区大栅栏西街
28	北京凯丽家酒店	北京市西城区小院胡同25号	36	北京锦绣庄宾馆	北京市西城区大栅栏施家胡同4号
29	北京子鱼居旅馆	北京市西城区小院胡同15号	37	北京合德缘宾馆	北京市西城区施家胡同11号
30	北京恋恋怡尔旅店	北京市西城区白塔巷2号	38	北京金泰宏达商贸有限责任公司煦园宾馆	北京市西城区新街口东街59号
31	北京清风雅筑旅馆	北京市西城区赵登禹路大茶叶胡同20号	39	北京金泰宏达商贸有限责任公司长园宾馆	北京市西城区砖塔胡同25号
32	北京汉天唐健康技术开发有限公司宾馆部	北京市西城区前半壁街23号	40	什刹海会馆紫檀文化酒店	北京市西城区兴华胡同42号
33	北京万鸿春宾馆	北京市西城区感化胡同4号	41	北京华利佳合实业有限公司德胜门快捷酒店	北京市西城区德胜门内西顺城街46号
34	北京天府俱乐部（宾馆）	北京市西单西绒线胡同51号			

2）特色民居接待——“北京人家”的信息公开与更新。

“北京人家”是指在北京市城区，以东城区和西城区为主（但不限于东西城区），利用北京胡同资源（如胡同内的特色民居）开展住宿、餐饮、参观等服务的经营形式。

西城区旅游发展委员会将经过官方认证的“北京人家”的准确联系地址等信息公布在西城旅游网站及其官方微博微信平台、App客户端上，并实现信息同步更新，结合实际需要增减北京人家的资格认证要求，为游客提供最准确真实可信的信息（见表3—11）。

表3—11　　“北京人家”相关信息

序号	名称	地址	牌照号
1	福禄四合院宾馆	北京市西城区松树街24号	002
2	福禄四合院宾馆	北京市西城区兴华胡同42号	003

续前表

序号	名称	地址	牌照号
3	春秋园宾馆（西园）	北京市西城区西四北六条 11 号	004
4	莲花青年旅舍	北京市西城区西四北七条 29 号	005
5	积水园宾馆	北京市西城区四环胡同 29 号	006
6	远东饭店	北京市西城区铁树斜街 113 号（北院）	007
7	北京“广济·邻”国际青年旅舍	北京西城区赵登禹路白塔巷 2 号	008
8	四合院民居（接待户）	北京市西城区金奖胡同 9 号	009
9	金丝居——四合院民居（接待户）	北京市西城区大金丝胡同 12 号	010
10	四合院民居（接待户）	北京市西城区大金丝胡同甲 33 号	011
11	四合院民居（接待户）	北京市西城区南官房胡同 39 号	012
12	北京阳光老宅院	北京市西城区旧鼓楼大街西绦胡同 2 号	028
13	觉品酒店	北京市西城区新街口南大街正觉胡同甲 9 号	029
14	合德缘宾馆	北京市西城区前门大街施家胡同 11 号	030
15	锦绣庄宾馆	北京市西城区前门大街施家胡同 4 号	031
16	中堂客栈	北京市西城区德胜门内大街 192 号	032
17	聚园宾馆	北京市西城区太平湖东里 8 号	033

3）旅游咨询站。

为了给游客提供线上线下全面的旅游信息服务，西城区旅游发展委员会一方面不断提升自身旅游网站和旅游 App 的服务能力与影响力，另一方面，旅游咨询服务站的区域覆盖面不断扩大，不仅为游客提供面对面的信息咨询、线路推荐，还提供电话咨询，确保发挥其实际作用（见表 3—12）。

表 3—12　　西城区旅游咨询站

序号	名称	地址	电话（区号 010）
1	西城海洋馆咨询站	北京市西城区高粱桥斜街乙 18 号	62176655-6778
2	西城北海公园咨询站	北京市西城区文津街 1 号北海公园南门	64002378
3	西城什刹海咨询站	北京市西城区地安门西大街 49 号	64032726；84018677；84038677
4	西城西单大悦城咨询站	北京市西城区西单北大街 131 号	59716406
5	西城金融街咨询站	北京市西城区金城坊街 2 号（金融购物中心内）	66220581

续前表

序号	名称	地址	电话（区号 010）
6	西城景山公园咨询站	北京市西城区景山西街 44 号景山公园内	64038098
7	西城动物园咨询站	北京市西城区西直门外大街 137 号北京动物园内	68390274
8	西城恭王府咨询站	北京市西城区前海西街 17 号恭王府院内	83288149
9	西城老舍茶馆咨询站	北京市西城区前门西大街正阳市场 3 号楼内	63036830
10	西城大栅栏内联升咨询站	北京市西城区大栅栏街 34 号内联升鞋店内	63182505
11	西城琉璃厂咨询站	北京市西城区琉璃厂西街 3 号宏宝堂内	63017427
12	西城天文馆咨询站	北京市西城区西直门外大街 138 号天文馆内	51583074（周一、周二休息）
13	西城陶然亭公园咨询站	北京市西城区太平街 19 号	63511596
14	西城大观园公园咨询站	北京市西城区南菜园 12 号	63541132
15	西城首都博物馆咨询站	北京市西城区复兴门外大街 16 号	63370495
16	西城历代帝王庙咨询站	北京市西城区阜内大街 131 号	66120186
17	西城护国寺咨询站	北京市西城区护国寺街 125 号	52881269
18	西城中商国旅咨询站	北京市西城区复兴门内大街 45 号北平房 13 号门	66037979
19	西城大栅栏咨询站	北京市西城区大栅栏街 38 号	63131372

（5）西城区智慧旅游购物建设情况。

西城区在智慧旅游购物方面略显不足。而相比东城区的商业色彩，百年来西城的历史文化内涵一直是主导色彩。但是近年来，西城在新街口、西四、西单、宣武门一线的现代商业购物街逐渐走入人们的视线，成为旅游购物必去之地；此外，西城区还有马连道、牛街、琉璃厂等具有特定文化特质的商业街，什刹海、簋街、地安门鼓楼一带的食品商业街，南锣鼓巷、烟袋斜街等的精品民俗商业街，等等，购物资源富足，主题区别鲜明。

未来，西城区智慧购物建设的第一步将是结合地理信息系统，将西城区购物店的名称、特色、位置分门类标注于电子地图，并将其同旅游交通导航、店内导览讲解相结合（见图 3—10）。并充分利用社交平台实现推广、预订、在线支付等服务。在原有主题的基础上，将各旅游购物地区整合成为一系列的“智慧购物街区”，实现全区的旅游购物资源的整合，实现智慧旅游与智慧城市的相辅相成、协同发展。

图 3—10 西城区手机地图

（6）西城区文化创意产业发展与智慧旅游。

西城区虽然文化资源数量大，但地域分布较为零散，部分资源同时归属于中央、市、区三级不同的部门管理，协调与整合的难度较大。因此，必须从各类产业主体的需求出发，围绕各类产业发展的重点，运用市场机制，对各类分散资源进行有效整合，形成西城区文化创意产业发展的合力。

随着北京市城市化进程的深入发展，中心城区在土地使用、交通物流等方面受到的制约日益增大，区域产业结构调整压力不断加大。与城市功能拓展区相比，西城区房地资源有限，对大型企业、大项目的吸引力在空间载体条件方面存在一定制约，这对西城区在文化创意产业的重点发展领域选择以及产业链延伸方面提出了更高的要求。

西城区文化创意产业的品牌化发展尚显不足，而品牌对于区域产业发展具有重大的影响力。一方面，品牌能够促进市场对于区域整体产品的接受，有利于区域产业规模的扩大；另一方面，品牌能够提升产业要素资源的集聚程度，使更多的关联产业能够分享到区域品牌的溢出效应。尽管西城区文化创意产业在北京市具有较高的影响力，但目前知名企业和龙头企业品牌数量较少，尚未形成区域的整体品牌形象，影响了西城区对国内外文化创意产业高端要素资源的吸引力。因此，要想实现西城区文化创意产业的发展，必须建立健全高效的产业项目推进机制，做好核心项目的落实以及品牌企业的对外推介和宣传；吸引高端产业资源，提升西城区文化创意产业整体形象，带动关联产业的发展。而智慧旅游的建设能够很好地满足文化创意产业发展需求，未来，西城区文化创意产业发展应当充分利用社交媒体平台进行宣传推广，并与区内智慧旅游企业开展积极合作，重视移动互联网的利用，实现智慧旅游与文化创意产业的融合发展。

3. 西城区智慧旅游建设的总结分析

西城区旅游发展委员会认真贯彻执行北京市智慧旅游工作方针，积极推进区域内的智慧旅游建设与实践工作。在遵循北京市智慧旅游整体建设标准的情况下，将智慧旅游公共管理与服务、旅游产业智慧化提升两个方面作为工作重点，全面建设与探索西城区智慧旅游的发展道路。

(1) 西城区智慧旅游建设取得的成绩。

西城区作为北京市的核心城区、重要历史文化中心以及文化创意与传承的先进区，在智慧旅游建设基础方面有着深厚的文化根基和文化底蕴，而其丰富的旅游资源和多样的文化特质更让其成为了发展智慧旅游的一片沃土。

西城区智慧旅游公共基础设施的建设相对比较完备，旅游景区和购物街区基本实现免费的无线网络覆盖。在旅游政务网之外，西城区旅游发展委员会还建设了旅游资讯网、旅游 App、旅游微信公众号和旅游微博。

在旅游产业的智慧化提升过程中，涌现出一批示范亮点。西城区金融街有着丰富的高星级酒店和金融企业资源，其客户群体在经济实力和科技能力方面都十分优异，西城区也借此充分推进商务旅游的智慧化进程，提升酒店、餐饮、购物等旅游行业的智慧化水平。

(2) 西城区智慧旅游建设存在的不足。

首先，西城区智慧旅游建设中存在的突出问题就是缺乏整体性的顶层规划与设计，没有针对性的建设标准进行规范。在建设过程中，智慧旅游项目众多，各项目之间的联系却并不丰富，网络化、整体性的智慧旅游体系尚未形成。其次，西城区积极进行智慧旅游公共信息服务体系建设，取得一定的成绩，但也存在不足之处，需要进一步补充完善，例如缺乏基于地图和导览等相关服务。再次，部分项目的维护和运营出现短缺。最后，政府主导下的政企合作模式尚未搭建起来。政府依然是智慧旅游建设主体，企业参与积极性和参与程度不足。

4. 西城区智慧旅游建设的对策建议

西城区智慧旅游建设在北京市 16 个区中属于走在前列，但是也存在众多问题与不足，针对这些问题与不足，下面提出西城区智慧旅游的对策建议，以期能够为西城区智慧旅游发展提供思路。

首先，制定本区智慧旅游顶层设计和建设标准，加强资源整合。

智慧旅游顶层设计和建设标准是开展实践活动的基础和前提，指引着智慧旅游的建设方向。因此，为实现西城区智慧旅游建设有条不紊地开展，必须结合本区特色和需求，加紧制定适合本区发展的智慧旅游行动计划——“北京市西城区智慧旅游发展规划”或“北京市西城区智慧旅游行动指南”等。在此基础上，规范智慧管理、智慧服务和智慧营销行为，制定标准规范，保证智慧旅游各方面建设健康、有序开展。

另一方面，经过“十二五”规划，西城区智慧旅游建设已经取得很大成绩，这些成绩成为西城区未来发展的基础。“十三五”期间，西城区智慧旅游的发展应着重于巩固已有成绩、深化已有应用，加强资源整合，实现各类资源的充分利用。

其次，完善智慧旅游建设内容，实现智慧旅游整体构建。

“十二五”期间，在政府部门的牵引下，西城区在旅游公共服务平台方面的建设成绩较为突出，但也并不全面，尤其是各类旅游企业的缺乏，使得智慧旅游的整体构建不够丰富。例如，西城区应尽快建立智慧旅游购物平台。尽管目前西城区在具体商业街和购物区有一定软件硬件的基础，但不仅没有各自区域化的信息整合集聚，也缺乏对于基本旅游购物类型的区分。其实，西城区旅游购物区域类型丰富，各具特色，如果能够尽快推出集聚性的移动端应用，并结合地理信息系统，将室外导航和室内导览、三维可视化等技术结合进去，可以极大程度地提高旅游购物的便捷度与体验感。可以进一步考虑同商家或企业进行在线选购、预订、支付的合作，充分发挥旅游购物资源优势。

再次，重视和加强运维，利用企业力量，建立长效机制。

相对于建设，运维往往成为智慧旅游的薄弱环节。例如，在数字西城的旅游电子地图建设上，就出现了有开发没有维护的问题。未来，西城区应在重视建设的过程中，提升对于项目和应用的运维。同时，更加注重对已有服务体系运营机制的探索和巩固。为提升运维效果，政府可以采取 BOT 模式，实现运维服务外包，通过第三方监理机构对运维效果进行有效控制，实现智慧旅游运维的长效机制。

3.2.3　北京市海淀区智慧旅游建设实践

自2011年起，海淀区旅游发展委员会在“数字海淀”基础上着手“智慧海淀”建设，制定了《智慧海淀建设项目管理办法（试行）》《智慧海淀顶层设计标准规范》《智慧海淀顶层设计应用体系》等政策标准，从顶层规划推动全区的智慧旅游建设。

“智慧海淀”总体遵循统一体系构架、统一标准规范、统一建设运维的原则，打造具有区域特色的“四智一高”，即智慧政务、智慧园区、智慧城区、智慧家园和信息产业高地。充分释放信息化在增强自主创新能力、转型升级区域经济、创新政府服务管理、改善市民生活品质、优化城市运行模式、提升海淀文化魅力、保障社会安全等方面的巨大能量，促进海淀区经济社会在新时期的跨越发展（见图3—11）。

图3—11　智慧海淀体系框架图

1. 海淀区智慧旅游公共管理与服务体系

（1）编制《海淀智慧旅游总体规划》。

2012年，海淀区旅游发展委员会依据《北京“智慧旅游”行动计划纲要（2012—2015）》和《智慧海淀顶层设计》的相关要求，结合对信息化建设的自身需求，启动了海淀智慧旅游建设规划工作，编制了《海淀智慧旅游总体规划》（以下简称规划），按照整体规划、分步实施的原则开展海淀智慧旅游建设工程。

规划指出，海淀智慧旅游的定位首先是“两个支撑”，即海淀智慧旅游是北京市智慧旅游的重要组成部分和支撑，同时还是智慧海淀的重要支撑。同时，海淀智慧旅游的定位还体现在“两个服务于”上，即一方面服务于中关村国家自助创新示范区核心区的建设，另一方面服务于旅游产业的健康、有序和快速发展。海淀智慧旅游通过打造游客服务的大窗口、宣传营销的大舞台、创新体验的大展台和智慧管理的大平台，达到做强品牌、做优特色、做大产业和夯实管理的总体目标。

为了实现整体建设目标和愿景，规划指出，海淀智慧旅游围绕政府在旅游服务、旅游管理和旅游营销三方面的职责，通过建设以服务游客为中心的“畅游海淀”综合服务平台、以政府管理为中心的智慧旅游综合管理平台、科教文化创新旅游园区以及智慧旅游企业，为游客打造便捷、贴心、智能的旅游服务，为政府提供高效、可视、精细化的监管，为旅游产业的发展提供规范、有序的市场环境（见图 3—12）。

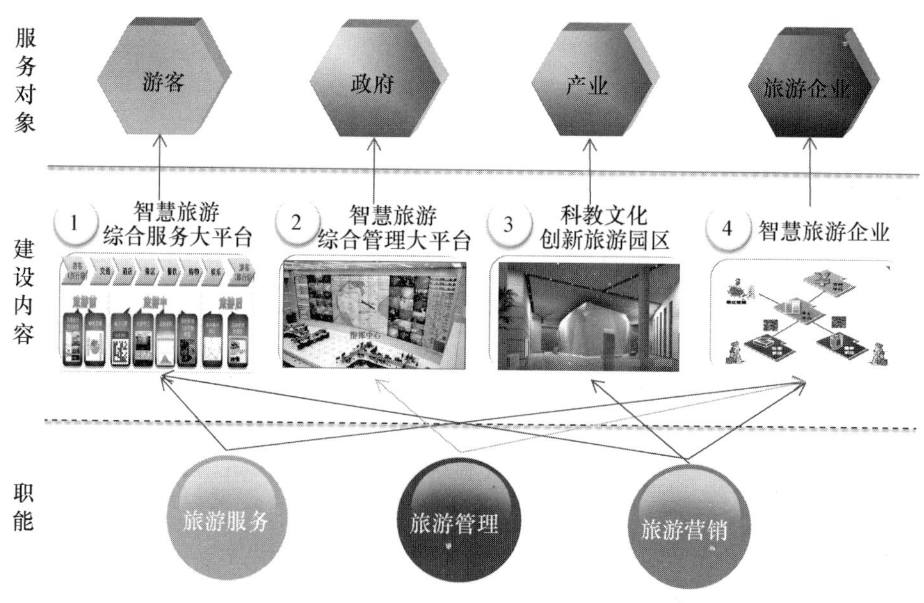

图 3—12　海淀智慧旅游总体建设任务

（2）智慧旅游公共基础设施。

海淀区智慧旅游公共基础设施建设依托“智慧海淀”基础平台，在“无线海淀”“数字海淀”等建设取得的成绩基础上打造 Wi-Fi 全覆盖、城区客流监控与安全管理智慧化建设、智慧旅游交通等公共基础设施平台（见表 3—13）。

表 3—13　　海淀区即将开通免费无线上网覆盖区域（截至 2014 年 2 月）

海淀综合行政服务中心	玉渊潭公园	小月河公园	圆明园遗址公园
紫竹院公园	颐和园	海淀公园	海淀工人文化宫
海淀剧院	中关村西区	中关村图书城	中关村南大街
学院路	成府路	上地西路	信息路
知春路	香山公园	北京植物园	海淀展示中心
海淀体育馆	海淀展览馆	北医三院（部分区域）	海淀医院
海淀妇幼保健院	上地信息产业基地	中关村软件园	永丰产业基地
翠微科技园	翠微大厦、当代商城、甘家口大厦	世纪金源、万柳华联	

资料来源：http://www.zhsp.gov.cn/yqdt/yqxw/201402/t20140214_598187.htm。

同时，按照北京市智慧旅游整体规划，北京市 A 级景区和三星级以上饭店将开放无线上网服务。海淀区作为北京市重要城区，也充分借助北京市智慧旅游的网络基础，提升其智慧旅游公共基础水平。

(3) 智慧旅游政务管理与服务。

智慧旅游政务是智慧旅游规划与建设的中枢指挥系统，海淀区旅游发展委员会牵头建设覆盖整个城区的旅游政务管理与服务体系，主要包括门户网站的改版，官方微博、微信公众号等。

海淀旅游政务网升级改造：按照《海淀区政府网站及网站群评估办法》的相关要求，海淀区旅游发展委员会对海淀旅游政务网进行升级改版，改版后，网站主要包括信息公开、在线服务、专题专刊、政民互动四部分内容，满足海淀旅游委政务公开、企事业单位在线办事以及政民互动需求。其中，信息公开是海淀旅游政务网的建设重点，内容的栏目框架如图 3—13 所示。

为了展现海淀皇家园林、科教旅游、秀美大西山等特色旅游资源，海淀旅游政务网设计了文化风、科教风和田园风三种风格（见图 3—14）。

海淀旅游云桌面：根据海淀智慧旅游（二期）建设内容，海淀智慧旅游云桌面项目将为海淀区旅游发展委员会以及其他海淀各旅游企事业单位用户部署云桌面。海淀智慧旅游云桌面采用 webOS 平台，整合海淀智慧旅游已建

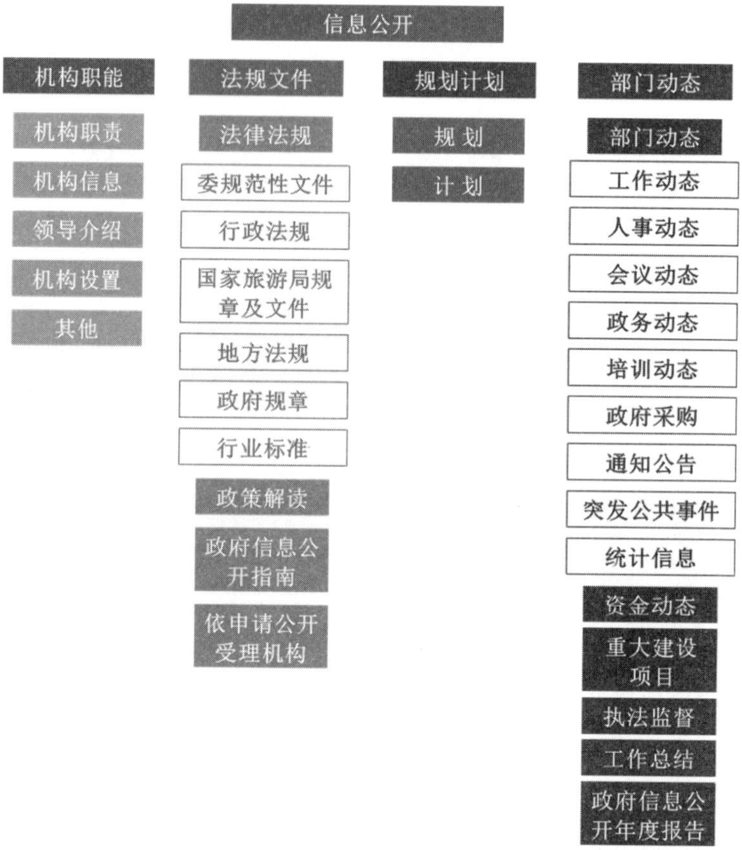

信息公开
机构职能
法规文件
规划计划
部门动态
机构职责
机构信息
领导介绍
机构设置
其他
法律法规
委规范性文件
行政法规
国家旅游局规章及文件
地方法规
政府规章
行业标准
政策解读
政府信息公开指南
依申请公开受理机构
规 划
计 划
部门动态
工作动态
人事动态
会议动态
政务动态
培训动态
政府采购
通知公告
突发公共事件
统计信息
资金动态
重大建设项目
执法监督
工作总结
政府信息公开年度报告

图 3—13 海淀旅游政务网信息公开栏目框架

旅游海淀
北京市海淀区旅游发展委员会
首页
信息公开
在线办事
企业服务
行业协会
魅力海淀
政民互动
专题专栏
旅游资讯
精品推荐
出游常识
人文历史
皇家园林
自然风光
科技资源
乡村旅游
假日旅游
我旅游我发现
在线视频
海淀区旅游委开展消防安全应急演练活动
海淀旅游
visitHaidian.com
海淀礼物
HAIDIAN GIFTS

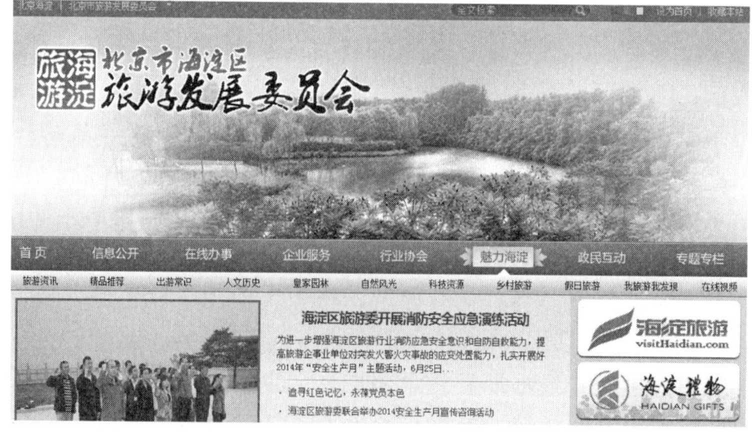

图 3—14 海淀旅游政务网

成及待建应用系统，为用户提供统一的单点登录、多桌面分类、个性化主题设置、用户中心、应用灵活添加等服务（见图 3—15）。

图 3—15　海淀旅游云桌面

官方微博：为了适应旅游宣传推广的需要，海淀区旅游发展委员会开通了新浪官方微博和腾讯官方微博，用于介绍、宣传海淀区旅游资源与产品，树立区域大旅游形象，与市民、游客进行直接沟通，两个官方微博都委托专业企业负责运营（见图 3—16）。

微信公众号：海淀区旅游发展委员会充分利用微信新媒体平台，开发建设微信旅游公众号，用于推荐本区旅游资源、发布旅游节庆资讯等（见图 3—17）。主要板块有：热点推荐、暑期推荐、游园推荐、海淀故事、西山秘境、热门活动、假日休闲、游玩指南、吃货小分队、演绎拼盘、旅行锦囊、优惠信息等，给游客提供丰富多彩、全面系统、适时准确的信息。

（4）智慧旅游公共信息服务体系建设。

作为智慧旅游公共服务系统的重要组成部分，海淀区智慧旅游公共信息服务体系主要包括海淀旅游服务网、旅游移动应用、旅游电子宣传册等内容。

海淀旅游服务网：为了保证海淀旅游服务网能够为公众提供丰富、灵活、精准、及时的旅游资讯，在海淀区旅游发展委员会监督指导下成立了旅游商业运营网站——海淀旅游服务网，海淀旅游服务网与海淀旅游政务网相辅相成，能够满足游客互动、在线浏览、在线预订、在线支付等服务需求，成为海淀旅游对外展示和对客服务的重要窗口（见图 3—18）。

图 3—16　海淀区旅游发展委员会新浪微博和腾讯微博截图

图 3—17　海淀旅游微信公众号截图

图 3—18　海淀旅游服务网首页

目前，海淀旅游服务网已经完成了 10 个频道（皇家园林、科教旅游、高端休闲、漫游大西山、吃、住、行、游、购、娱）、5 张名片（美食名片、景区名片、酒店名片、购物名片、娱乐名片）、5 个应用（行程规划、移动应用、电子商城、驴友空间、旅游论坛）、1 个维基（旅游维基）以及影像海淀的开发与建设，为游客提供游前、游中、游后全方位、随时随地的旅游服务。网站频道及栏目框架如图 3—19 所示：

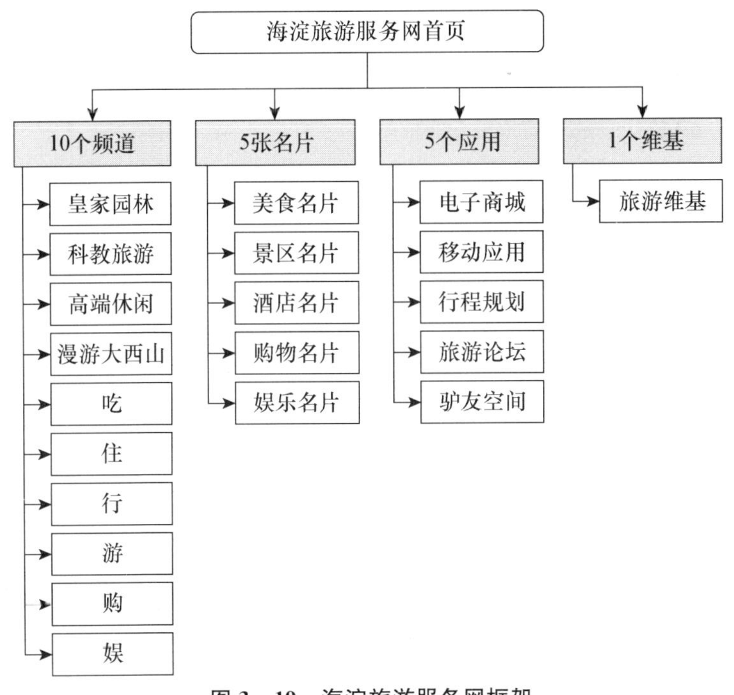

图 3—19　海淀旅游服务网框架

2013 年 12 月底，海淀智慧旅游（一期）建设项目上线后，海淀区旅游发展委员会委托专业的科技企业负责海淀旅游服务网的运营工作，以保证项目建设成果能够最大程度发挥效果。截止到 2014 年 6 月底，海淀旅游网运营效果明显，网站各项指标良好，为海淀区各旅游企事业单位提供了统一的官方宣传营销平台（见表 3—14）。

表 3—14　　海淀旅游服务网线上运营情况

监测时间	谷歌收录	百度收录	独立 IP	新增独立访客	网站 PV	自然排名	PR 值
2013.09	22 900	145	400	359	3 631		0
2013.10	24 100	191	413	347	2 906	11 514 076	0
2013.11	25 000	264	284	299	1 834	11 014 169	0
2013.12	25 600	278	514	491	7 615	11 335 263	4
2014.01	24 900	254	721	716	3 801	9 726 763	4
2014.02	25 900	311	956	1 040	7 136	5 666 402	4
2014.03	24 100	339	1 044	1 133	5 743	2 168 270	4
2014.04	24 100	314	1 653	1 342	8 209	2 068 191	4
2014.05	—	4 440	4 082	6 947	12 409	1 620 297	4

旅游 App：为满足旅游者对于旅游移动应用服务的需求，海淀区旅游发展委员会开发“海淀旅游 App”，用户可在海淀旅游服务网上的“旅游 App 应用”栏目下载“三山五园”“舌尖上的海淀”以及“海淀活动日历”三款旅游 App 应用，通过二维码扫描即可进行下载（见图 3—20）。

图 3—20　海淀旅游 App

海淀特色旅游电子宣传册：海淀特色旅游电子宣传册包含了区内景区、饭店/餐饮、特色专题的介绍共计 30 册，通过文字、图片、语音、视频等多种形式全方位展示海淀旅游特色资源（见表 3—15）。

表 3—15　　海淀旅游电子宣传册统计表

序号	名称	分类	序号	名称	分类
1	颐和园	景区	16	北京中关村皇冠假日酒店	酒店/餐饮
2	玉渊潭公园		17	北京友谊宾馆贵宾楼	
3	圆明园遗址公园		18	北京江南赋 9 号会馆	
4	香山公园		19	颐和园听鹂馆	
5	北京西山大觉寺		20	烤肉宛	
6	北京植物园		21	北京电影旅游城	
7	北京凤凰岭自然风景区		22	海润艾丽华酒店	
8	北京鹫峰国家森林公园		23	北京翠宫饭店	
9	百望山森林公园		24	全聚德	
10	北京龙徽葡萄酒博物馆		25	北大博雅国际酒店	
11	汇通诺尔狂飙运动乐园		26	北京香格里拉大酒店	
12	太平洋海底世界		27	百合素食	海淀特色
13	世纪金源大饭店	酒店/餐饮	28	北京名校	
14	饕餮盛宴（那家小馆、听鹂馆等）		29	海淀牡丹	
15	北京香格里拉饭店		30	海淀樱花	

海淀区虚拟博物馆：海淀区博物馆数量众多，但是开通网上虚拟体验馆的博物馆并不多，截至 2015 年底，区内仅有航空航天博物馆一家开通此项服务（见表 3—16）。

表 3—16　　海淀区部分博物馆网站建设情况

博物馆名称	网址	是否有网上虚拟体验
北京艺术博物馆	http://www.bjartmuseum.com/	无
中国人民革命军事博物馆	http://www.jb.mil.cn/	无
大钟寺古钟博物馆	http://www.dazhongsi.org/cszl/index.htm	无
中国民族博物馆	http://www.jb.mil.cn/	无
数字博物馆	http://www.cnmuseum.com/	无
航空航天博物馆	http://airandspacemuseum.buaa.edu.cn/	有
中国电信博物馆	http://museum.chinatelecom.com.cn/	无
中国蜜蜂博物馆	—	无

续前表

博物馆名称	网址	是否有网上虚拟体验
中国皇家菜博物馆	—	无
艺术设计博物馆	—	无
中国化工博物馆	http://www.chemmuseum.com/Default.aspx	无
龙在天皮影博物馆	—	无
北京美妆博物馆	—	无
中央民族大学博物馆	http://bwg.cun.edu.cn	无
北京大学塞克勒考古与艺术博物馆	—	无
中国人民大学博物馆	http://museum.ruc.edu.cn/	无
中国地质大学博物馆	—	无
MC 新材料博物馆	—	无
北京龙徽葡萄酒博物馆	http://www.dragonseal.com/	无
首都师范大学历史博物馆	http://history.cnu.edu.cn/history-museum.asp	无
奥林匹克教育博物馆	—	无
中国文物博物馆学院	http://mchm.gscass.cn/	无
北京卡通艺术博物馆	http://www.bjcartoons.com/	无
曹雪芹纪念馆	—	无
北京石刻艺术博物馆	—	无

2. 海淀区旅游产业智慧化建设与提升

海淀区作为“数字北京”建设中的领先城区，在“数字北京”向“智慧北京”全面跃升的过程中也不能落后。旅游业作为海淀区的重点发展行业之一，也成为全面开展“智慧海淀”的重要方面。海淀区旅游企业在智慧化提升过程中已经取得一些突出成绩。

(1) 海淀区智慧景区建设。

为推进智慧旅游建设，海淀区一批特色景区积极利用信息化手段提升游客体验，主要建设有A级景区的无线覆盖、实时监控与预警和应急指挥系统的开发与应用、电子门票及配套设备安装与使用、景区App软件开发与利用等方面，方便散客自助旅游（见表3—17）。

表3—17　　海淀区部分旅游景点App软件

海淀区旅游景点	软件支持系统
清华大学校园导览	Android/iOS
圆明园移动导览系统	Android

续前表

海淀区旅游景点	软件支持系统
这里是颐和园	iOS
北京植物园	Android
北京理工大学	iOS
西山大觉寺	iOS
北京师范大学智能手机掌上校园	iOS
北京科技大学	WP8、Win8
中国政法大学《法大青梅》	iOS
国家数字图书馆	iOS
中国国家图书馆读者服务	Android
远足香山	Android
八大处公园“这里是八大处”	iOS
紫竹院公园	WP8、Win8

颐和园是海淀区景区的代表，而智慧颐和园建设也走在北京众多景区智慧建设的前列。2012 年，颐和园被评为第一批全国智慧旅游景区试点单位。按照颐和园“十二五”规划，到 2015 年底，整个园区实现全面的升级改造，特别是实现 Wi-Fi 全园覆盖，为游客在游园过程中提供随时随地的无线网络服务；并实现与歌华公司的合作，在电视点播栏目中播放颐和园宣传片。目前，颐和园已经完成智慧景区一期项目，智慧颐和园电子门票智能管理系统的建设方案帮助景区实现了线上线下一体化管理。而智慧颐和园二期项目也已经签约，投入有条不紊的建设过程中。

(2) 海淀区智慧饭店建设。

当前，海淀区智慧饭店尚处于起步阶段，饭店仅仅以开通微信公众号、开发饭店 App、设置电子触摸屏等形式进行智慧化提升，各类应用的普及率不高且利用率比较低。

3. 海淀区智慧旅游建设总结分析

海淀智慧旅游建设项目立足本区特色，借助本区资源、科技、人才等方面的突出优势，以旅游者（尤其是散客）的需求为出发点和落脚点，以政府工作为主要内容，注重政企合作，发挥企业力量；编制智慧旅游建设总体规划，在智慧旅游公共管理与服务、旅游产业智慧化提升两个层面都进行了有益探索，尤其是在智慧旅游公共服务层面走在北京市的前列。

(1) 海淀区智慧旅游建设取得的成绩。

海淀区旅游发展委员会对于智慧旅游建设给予充分的重视，也投入大量人力、物力、财力，采取 BOT 运作模式，委托专业技术公司进行建设和运营，分期建设智慧旅游工程。当前海淀智慧旅游一期项目已经圆满结项，并初见成效，受到了北京市旅游发展委员会的肯定。海淀智慧旅游（一期）建设项目主要完成了以“游客服务”为中心的海淀智慧旅游综合服务平台建设，具体建设内容包括：智慧旅游公共管理与服务层面，编制《海淀智慧旅游总体规划》，海淀区在重点旅游景区实现 Wi-Fi 全覆盖；升级改造海淀旅游政务网；开发建设海淀旅游服务网；梳理建立海淀大旅游多元资源库；设计制作 30 册海淀旅游电子宣传册。这些都成为海淀区智慧旅游的突出成绩，部分项目成果领先于北京市乃至全国其他省区市，成为各地争相学习的典型示范。目前，海淀智慧旅游二期项目也正在有条不紊地展开。

（2）海淀区智慧旅游建设存在的不足。

首先，海淀区智慧旅游的旅游公共信息服务面向散客的针对性不够强，精准度有待提高。这一问题是当前全国智慧旅游建设面临的共性突出问题，即智慧旅游建设强调大而全的泛在化服务，忽视面向散客个体的精准化服务。其次，智慧旅游建设项目广泛，但模块分散，系统联动性较差。海淀区智慧旅游一期项目涉及数据库、门户网站、微博、微信等多个板块，各个系统建设相对独立，资源共享性与再创造性较差，平台之间的互通尚显欠缺。再次，智慧旅游建设特色不够突出。海淀区旅游资源丰富，其优势资源尚未进行系统化的旅游开发与建设。例如，三山五园大旅游区规划中智慧旅游建设内容欠缺，而圆明园、颐和园等一些景区都是在各自进行智慧园区建设，与其他景区的联动性不强。最后，海淀区智慧旅游产业化、产品化程度不高。智慧企业建设，尤其是智慧酒店的建设仅在移动终端层面进行，其他层面尚处于空白，智慧旅游企业建设缺乏抓手。海淀区智慧旅游产业层面建设还不够有力，科技雄厚的优势没有很好发挥，缺乏领头智慧旅游企业，试点示范效益不明显。

整体而言，海淀区智慧旅游建设得到政府的重视，在智慧旅游政务管理与智慧旅游公共服务方面取得阶段性成绩，亮点突出。但是在智慧旅游产业层面比较薄弱，试点示范尚不健全，企业的参与力度不足，政企合作缺乏长效机制。

4. 海淀区智慧旅游建设的对策建议

按照智慧旅游建设实践的评价体系，海淀区在“数字海淀”的基础上，深入挖掘先进科技在丰富的旅游资源方面的应用价值。智慧旅游建设得到区内政府和企业的重视并取得突出成绩。但是海淀区智慧旅游建设还存在一些问题与不足，针对这些问题与不足，未来海淀区智慧旅游建设需要从以下几个方面进行完善：

（1）立足单个散客，而非散客群体，提供精准化的旅游公共信息服务。

未来，海淀区智慧旅游宣传营销应充分利用微信、微博等新媒体平台开发定制化信息和引导服务，充分整合旅游微信公众号，形成门户网站、微博账号资源，实现基于游客的“推送选择”服务，让游客自己决定所需要的信息资源。其基本服务流程是：告知需求—第一次旅游线路（产品）推荐—游客选择—第二次旅游线路（产品）推荐—游客选择—第三次旅游线路（产品）推荐—游客选择—线路形成。

（2）整合资源，加强沟通协作。

未来，海淀区智慧旅游的发展必须充分整合海淀区智慧旅游一期项目成果，同时加强与北京市其他区以及北京市智慧旅游整体建设的交流与资源共享。充分利用北京市已有的旅游公共服务资源，丰富海淀区旅游信息服务的渠道和形式，同时鼓励海淀区旅游企业积极采取文字、图片、视频、虚拟体验等多样化手段展示海淀区旅游资源。

（3）深入挖掘和打造专题性智慧旅游路线，形成智慧旅游产品。

海淀区拥有丰富多样并且价值非常高的旅游资源，在原有资源开发的基础上，充分开发旅游线路，例如科教旅游线路、三山五园精品旅游线路，运用智慧化手段，实现整条智慧旅游产品线的提升，增强游客体验，提高游客满意度。

（4）培育示范型智慧旅游企业，推动智慧旅游产业化落地。

目前，旅游企业的智慧化提升是海淀区智慧旅游建设的薄弱环节，未来旅游行政管理部门及关联部门应充分发挥其引导、支持、配合的作用，积极培育在区内、北京市甚至全国范围内的典型示范型智慧旅游企业，形成广泛的辐射效应，走示范带动道路。

3.2.4　北京市朝阳区智慧旅游建设实践

朝阳区智慧旅游建设遵循《北京“智慧旅游”行动计划纲要（2012—2015)》的指示，按照智慧旅游体系建设标准，从智慧旅游公共管理与服务和旅游产业智慧化建设与提升两个层面展开。

1. 朝阳区智慧旅游公共管理与服务

朝阳区智慧旅游建设以游客服务为最终目标，从政府到产业，从旅游公共服务到旅游产业提升，涉及众多领域，须有效整合现有资源优势，实现本区信息化的整体提升。

（1）智慧旅游公共基础设施。

朝阳区的智慧城市建设为其智慧旅游建设奠定重要的公共基础，尤其在城市网络和交通建设方面为智慧旅游的网络应用奠定基础。一方面，朝阳区无线城市的建设为其景区、饭店等旅游企业的智慧化提升打好基础，成为朝阳区智慧旅游产业化提升的前提；另一方面，旅游交通是传统旅游业的三大支柱产业之一，旅游交通承担着旅游业发展的重任，智慧交通的建设为朝阳区智慧旅游建设提供前提保障。

（2）智慧旅游政务管理与服务。

经过不断改进和完善，目前朝阳区在其旅游政务网的基础上，结合其独具代表性的商务旅游特色，开发了商务网版本，实现政务网与信息网、商务网的分离。

朝阳区旅游政务网板块开发与建设：结合旅游政务工作的需要，朝阳区旅游发展委员会在朝阳旅游信息网中专门设置政务网板块，并细分为“旅游委简介”“政务公开”“网上办公”“党务公开”“企业名录”“每日焦点”“公众参与”等具体板块（见图3—21）。

图3—21　朝阳区旅游政务网主页

朝阳旅游微博建设：当前，朝阳区旅游委尚未开通官方微博。

朝阳旅游微信公众号建设：朝阳区旅游信息化办公室通过及时开通“智

慧朝阳”的微信公众号，满足游客随时随地获取旅游资讯的需求，充分利用新媒体平台进行旅游资源的推广与宣传，促进朝阳区智慧旅游的蓬勃发展（见图 3—22）。但是截止到 2015 年底，朝阳旅游官方微信公众号尚未开发，为游客提供信息的主要是一些企业的微信平台。

图 3—22　“智慧朝阳”微信公众号

宣传推广方面：朝阳区主推“北京朝阳”概念，举办多次朝阳旅游推介会。在美国国家旅游局大屏幕上进行 130 次时长为 30 秒的宣传片播放；此宣传片也在京沪高铁 71 个车次上进行了为期三个月的投放。

(3) 智慧旅游公共信息服务体系建设。

朝阳旅游信息网：2006 年，由朝阳区旅游发展委员会开发建设的门户网站——朝阳旅游信息网上线运行。朝阳旅游信息网主要包括政务网、友好城市和英语版三个板块，按照游客需求的旅游要素，在畅游朝阳中设置“吃在朝阳”“住在朝阳”“行在朝阳”“游在朝阳”“购在朝阳”“娱在朝阳”栏目，同时还设置了“饭店预订”“行程预订”“机票预订”等多个全新的栏目，全面而详细地介绍朝阳旅游资源和产品，丰富网站内容，成为游客获取朝阳旅游信息和旅游管理部门对外监管服务的最主要的媒介之一（见

图 3—23)。①

图 3—23 北京朝阳旅游信息网界面

旅游电子商务平台：北京市朝阳区的旅游电子商务平台主要有易途出行网（www.etoooo.com），易途出行网是北京易途公司旗下专业的出行服务门户网站。作为全程贴身管家式出行服务交易平台，易途出行网成功整合了互联网和传统旅游行业，为广大出行者提供全方位的出行服务，服务内容包括免费旅游咨询服务、饭店预订服务、机票预订服务、旅游产品预订服务、商旅管理及特约商户等。朝阳区旅游信息网站也开设了商务网板块，整合朝阳区的旅游企业资源，为游客提供食住行游购娱的全面的信息推荐服务（见图 3—24）。

“智慧朝阳”旅游 App：在智慧旅游 App 建设方面，朝阳区相对空白。当前市民获取旅游咨询可以通过“智慧朝阳”App。市民可通过“智慧朝阳服务网”一站式下载政府部门开发的各类 App 应用程序。未来，“智慧朝阳服务网”还将陆续推出微信公众号和 App 版本，希望吸引越来越多的居民参与其中，享受到移动技术带来的政务服务便利（见图 3—25）。

（4）朝阳区虚拟博物馆。

朝阳区内的博物馆在虚拟体验建设方面普及率不高，在区内知名的 30 家博物馆中（见表 3—18），能够为游客提供虚拟体验的共有 6 家，占 20%，分别是中国紫檀博物馆、观复博物馆、北京民俗博物馆、民航博物馆、国际金融博物馆、数字博物馆（见图 3—26）。其中，以数字博物馆在虚拟体验方面做得最为突出。

① 见 http://travel.bjchy.com.cn/travel/index.htm。

图 3—24　朝阳旅游信息网商务网页界面

图 3—25　“智慧朝阳”客户端 App

表 3—18　　朝阳区虚拟博物馆建设情况（截至 2014 年 9 月）

序号	博物馆名称	门户网站	预约功能	虚拟体验
1	中国紫檀博物馆	http://www.redsandalwood.com/	无	“虚拟博物馆”地图导览及产品陈列
2	中国铁道博物馆	http://www.china-rail.org/	无	无
3	观复博物馆	http://www.guanfumuseum.org.cn/	无	藏品虚拟观赏
4	北京民俗博物馆	http://www.dym.com.cn/	无	虚拟实景导览
5	中华民族园	http://www.emuseum.org.cn/	无	无
6	民族服饰博物馆	http://bwg.bift.edu.cn/	无	无
7	晋商博物馆	无	无	无
8	民航博物馆	http://www.caacmuseum.cn/	有	地图导览
9	国际金融博物馆	http://www.mocf.org.cn/guoji/index.html	无	全景博物馆虚拟体验
10	中国体育博物馆	无	无	无
11	798 探客 3D＋想象博物馆	无	无	无
12	数字博物馆	http://www.beijingmuseum.gov.cn/	无	“虚拟博物馆”线路导览，地图呈现
13	卡通艺术博物馆	http://www.bjcartoons.com/（域名已到期）	无	无
14	中国当代设计博物馆	无	无	无
15	炎黄艺术馆	无	无	无
16	全国农业展览馆	http://www.ciae.com.cn/	无	无
17	中国观赏石博物馆	无	无	无
18	中国电影博物馆	http://www.cnfm.org.cn/	有	无
19	北京科举匾额博物馆	http://www.bjkeju.cn/gb/index.htm?id=747554	无	无
20	西藏文化博物馆	http://www.tibetculture.net/zt2010/2010xzwh/	无	无
21	世博北京展馆	无	无	无
22	刁三鼻烟壶紫砂壶博物馆	无	无	无
23	琦檀宇艺术博物馆	无	无	无
24	华夏珍宝博物馆	http://hxzbg.com/	有	无

续前表

序号	博物馆名称	门户网站	预约功能	虚拟体验
25	朱炳仁艺术博物馆	无	无	无
26	北京工艺美术博物馆	无	无	无
27	东韵民族艺术博物馆	无	无	无
28	高碑店人民公社博物馆	无	无	无
29	国家非物质遗产展示馆	无	无	无
30	青少年农业科普馆	无	无	无

图 3—26　北京数字博物馆网页

2. 朝阳区旅游产业智慧化建设与提升

（1）朝阳区智慧景区建设。

朝阳区辖内共有国家 AAAAA 级景区 1 家、国家 AAAA 级景区 7 家、国家 AAA 级景区 5 家，以下对其门户网站、移动 App、微博微信平台、第三方门票销售、电子门票、虚拟平台等多个方面的智慧旅游建设情况进行梳理汇总（见表 3—19）。

表 3—19　　朝阳区智慧景区建设情况（截至 2014 年 9 月）

	AAAAA级	AAAA级							AAA级				
	北京奥林匹克公园	北京欢乐谷	中国科学技术馆	中华民族园	中国紫檀博物馆	元大都城垣遗址公园	朝阳公园	蟹岛绿色生态农庄	日坛公园	团结湖公园	红领巾公园	三里屯VILLAGE	北京蓝色港湾
门户网站	http://www.bopac.gov.cn/	http://bj.happyvalley.cn/	http://www.cstm.org.cn/eapdomain/home/index.jsp	http://www.emuseum.org.cn/	http://www.redsandalwood.com/	http://www.yddyzgy.cn/	http://www.sunpark.com	http://www.xiedao.com/html/index.asp	无	无	http://www.hljpark.com/	http://www.taikoolisanlitun.com/chi/Pages/index.aspx	http://www.solana.com.cn
移动App	北京奥林匹克公园智能科普导览	“玩转欢乐谷”	无	无	无	无	无	无	无	无	无	无	无
官方微博	无	http://weibo.com/huanlegubj	http://weibo.com/cdstm	无	http://weibo.com/redsandalwood	http://weibo.com/u/2661081371	http://weibo.com/bj65915258	http://weibo.com/u/3318440864	无	无	http://weibo.com/hljpark5	http://weibo.com/taikoolisanlitun	http://weibo.com/solana2008
微信平台	“北京奥林匹克公园大型活动”	“北京欢乐谷”	“中国数字科技馆”	无	“北京中国紫檀博物馆”	无	“北京朝阳公园”	“北京蟹岛”	无	无	无	“三里屯太古里”	“蓝色港湾购物中心”
第三方门票销售	免费 赛事表演支持第三方票务	支持	支持	支持	支持	免费	不支持	支持	免费	免费	免费	免费	免费
电子门票	支持	支持	支持	不支持	不支持	不支持	不支持	支持	不支持	不支持	不支持	不支持	不支持
电商平台	无	无	无	无	无	无	无	蟹岛客房预订平台	无	无	无	无	无
虚拟体验	景观导览	实景导览	虚拟地图实景参观	无	无	无	无	无	无	无	无	商户虚拟地图导览	虚拟地图

为积极推进智慧景区的建设，奥林匹克公园管委会研发了智慧旅游服务软件，游客可利用该软件获悉与园区相关的旅游信息。借助便携终端上网设备，游客在奥林匹克公园内能够主动感知和获取旅游资源、旅游活动、旅游者等方面信息，及时安排旅游计划，实现科技旅游、人文旅游。该项目使奥林匹克公园成为全国首个应用独立路径引导的室内地图电子导览软件的景区。目前，奥林匹克公园智慧旅游服务软件已完成1.0版本，包括园区主要建筑室内地图及主要景区介绍，未来将实现全园覆盖。

（2）朝阳区智慧饭店建设。

朝阳区智慧饭店建设严格按照北京市旅游发展委员会《北京智慧饭店建设规范（试行）》标准执行，实现规范化、标准化的旅游饭店智慧化升级。①

朝阳区作为北京各区中商务城区的代表，高星级饭店众多，饭店传统基础设施较完备。同时，为积极响应智慧饭店建设的号召，加速智慧饭店建设进程，朝阳区在门户网站的检索预订、虚拟体验预览、微信微博公众号以及App客户端平台建设等诸多方面都进行了广泛而具体的拓展与实践（见表3—20）。

（3）朝阳区智慧旅游购物建设。

作为新兴城区中的代表，朝阳区在智慧旅游购物方面也走在了全市前列。辖区内有世贸天阶、蓝色港湾、朝阳大悦城、苏宁电器、燕莎商城等众多购物商城，对应专属的智能App和微信公众号等基本覆盖旅游购物决策和实际过程中的各种行为需求，成为北京市各城区中旅游购物企业智慧化建设典范。②

朝阳大悦城的运营管理以大数据为基础，所有的营销、招商、运营和活动推广都依据大数据的分析报告来进行。近200个客流监控设备被安装在朝阳大悦城商场的不同位置，企业和政府可以通过Wi-Fi站点的登录情况获知客户的到店频率；通过与会员卡关联的优惠券得知受消费者欢迎的优惠产品；通过基于POS机系统对销售收入的分析和基于CRM系统对商户的研究与消费者调研，得以掌握客群特质；对停车场进行了改造，增加了车辆进出坡道，升级了车牌自动识别系统，调整了车位导识体系并调整了停车场附近的商户布局，对车流数据进行采集分析和数据监测，提高了驾车客群的到店频率及用户黏性。在大数据工具的帮助下，朝阳大悦城得到了有效的商户评价，并以此指导运营方进行商户扶持、商户管理。③

① 见http://www.bjta.gov.cn/xxgk/zcwj/xybz/351024.htm。

② 参见《大悦城酝酿O2O截流大招：数据锻造生态链》，见http://www.ebrun.com/20140109/89503.shtml。

③ 参见《朝阳大悦城2013销售突破21亿　转型、探路体验式、做大数据显效》，见http://news.winshang.com/news-211297-2.html。

表 3—20 朝阳区智慧饭店建设情况（截至 2014 年 9 月）

	门户网站	预订支付	虚拟体验	微信平台	App 客户端
北京昆仑饭店	http://www.bjkunlunhotel.com/	支持	仅有图库	北京昆仑饭店 咨询及优惠信息	无
北京昆泰酒店	http://www.kuntaihotel.com/	支持	图片、视频客房呈现	北京昆泰酒店 主要餐饮优惠信息	无
北京日坛宾馆	http://www.bjritanhotel.com/	支持	图片展示	北京日坛宾馆 内容较少	无
千禧大酒店	http://www.millenniumhotels.com.cn/grandmillenniumbeijing/	支持	虚拟导览可实现酒店内部的直观呈现	无北京店微信号	无
北京五洲皇冠国际酒店	http://v-continent.com/	支持	仅图片	无此酒店微信号	无
北京帝景豪庭酒店	无	不支持	无	无	无
北京万达索菲特大酒店	http://bjcbd.wandahotels.com/	支持	360 度全景显示	无	万达酒店 可查询可预订
北京北辰洲际酒店	http://www.ihg.com/intercontinental/hotels/cn/zh/beijing/peghc/hoteldetail	支持	仅图片	北辰洲际酒店 咨询和预订功能	洲际酒店集团 可查询可预订
北京渔阳饭店	http://www.yuyanghotel.net/	支持	仅图片	北京蟹岛 以活动预告为主	无
北京盘古七星酒店	http://www.pangu7xhotel.com/	支持	无	无	无
喜来登长城饭店	http://www.starwoodhotels.com/sheraton/property/overview/index.html?propertyID=175	支持	图片及视频	无	喜来登集团 可查询可预订

续前表

	门户网站	预订支付	虚拟体验	微信平台	App 客户端
富力万丽酒店	http://www.fuliwanlihotel.com/	支持	无	无	无
北京顺景温泉酒店	http://www.shunjingwenquan.com/	支持	虚拟全景显示	走进顺景 官方微信	无
新云南皇冠假日酒店	http://www.crowneplazaxynhotel.com/	支持	仅图片	无	无
北京中国大饭店	http://www.chinaworldhotels.com/	支持	仅图片	无	无
北京海航万豪酒店	http://www.hnamarriotthotel.com/	支持	仅图片	北京海航大厦万豪酒店 餐饮及主题活动	万豪酒店 可查询可预订
凯宾斯基	http://www.kempinski.com/zh-cn/hotels/welcome/	支持	无	无北京店微信号	凯宾斯基 可查询可预订
凯迪克·北京格兰云天大酒店	http://www.kdkgrandskyligh.com/	支持	图片库	凯迪克·北京格兰云天大酒店 餐饮信息为主	无
北京中奥马哥博罗大酒店	http://www.marcopolohotels.com/zh/hotels/china/beijing/marco_polo_parkside/index.html	支持	无	无	无
北京康莱德酒店	http://conrad.hilton.com.cn/BJSCICI/	支持	客房预览图片和视频	无	无
长白山国际酒店	http://www.cbshotel.com.cn/cn/index.html	支持	图片展示	无	无
昆泰嘉华酒店	http://www.kuntairoyalhotel.com/	支持	客房图赏	北京昆泰嘉华酒店 主题活动为主	无
北京希尔顿酒店	http://www.hilton.com.cn/BJSHITW/	支持	房间预览 图片和视频	北京希尔顿酒店 相关资讯	希尔顿 可查询可预订

续前表

	门户网站	预订支付	虚拟体验	微信平台	App 客户端
北京国贸酒店	http://www. shangri-la. com/cn/beijing/china-worldsummitwing/	支持	影音之旅 呈现虚拟景观	无	无
北京名人国际大酒店	http://www. bjmingrenhotel. com/	支持	仅图片	无	无
北京朝阳悠唐皇冠假日酒店	http://www. ihg. com/crowneplaza/hotels/cn/zh/beijing/pegut/hoteldetail/	支持	仅图片	假日酒店 酒店最新优惠活动	假日酒店 可查询可预订
北京歌华开元大酒店	http://www. gehuahotel. com/	支持	仅图片	无	无
北京伯豪瑞庭酒店	http://www. radegasthotel. com/	支持	仅图片	有	无
JW 万豪酒店	http://www. marriott. com. cn/default. mi	支持	仅图片	万豪酒店	万豪酒店 可查询可预订
长富宫酒店	http://www. cfghotel. com/	支持	仅图片	无	无
康源瑞廷酒店	http://www. radegasthotel. com/ky（已无效）	不支持	无	无	无
北京嘉里大酒店	http://www. shangri-la. com/cn/beijing/kerry/	支持	图片与视频	无	无
北京东隅	http://www. east-beijing. com/sc/default. aspx	支持	图片、资料及平面图	无	无
鹏润国际大酒店	http://www. grandconcordia. com/	支持	仅图片	无	无
北京中航泊悦酒店	http://www. guohangwanlihotel. com/	支持	无	无	无
兆龙饭店	http://www. hotelsjianguo. com/zhaolong/	支持	仅图片	无	无
北京瑞吉酒店	http://www. beijingstregishotel. com/	支持	仅图片	无	无

续前表

	门户网站	预订支付	虚拟体验	微信平台	App客户端
泊悦酒店	http://beijing. park. hyatt. cn/zh-Hans/hotel/home. html	支持	提供酒店图库	无	无
北京丽丝卡尔顿酒店	http://www. ritzcarlton. com/zh-cn/Properties/Beijing/Default. htm	支持	仅图片	无	无
北京海德温泉酒店	无	不支持	无	无	无
长安大饭店	http://www. changangrandhotel. com/	支持	仅图片	无	无
华彬费尔蒙酒店	http://www. fairmont. cn/	支持	图片为主	无	无
国奥村花园酒店	无	不支持	无	无	无
新华联丽景湾国际酒店	无	不支持	无	无	无
北京丽都皇冠假日酒店	http://www. lidocrowneplaza. com/	支持	仅图片	假日酒店 相关客房及活动资讯	假日酒店 可查询可预订
国家会议中心大酒店	http://www. cnccgrandhotel. com/	支持	图片欣赏 视频欣赏	无	无
长缨酒店	http://www. bjcyjd. com/	支持	无	无	无
瑜舍酒店	http://www. theoppositehouse. com/	支持	图片呈现	无	无
北京紫檀万豪行政公寓	http://www. marriott. com. cn/hotels/travel/bjssw-the-sandalwood-beijing-marriott-executive-apartments/	支持	图片、资料及平面图	无	无
北京雅诗阁服务公寓	http://www. the-ascott. com/cn/china/beijing/ascott_beijing. html	支持	3D房型显示	无	无

续前表

	门户网站	预订支付	虚拟体验	微信平台	App 客户端
北京怡亨酒店	http://www. eclathotels. com/beijing/default-zs. html	支持	图片显示	无	无
绿城奥克伍德华庭服务酒店	http://www. oakwoodasia. com/cn/beijing/oak-wood-beijing. php	支持	图片廊、视频	无	无
8号温泉商务酒店	http://www. bj8h. com/8hwq/（存在问题）	不支持	无	无	无
金茂北京威斯汀大酒店	http://www. starwoodhotels. com/westin/property/overview/index. html? propertyID = 1967&EM = VTY_WI_1967_CHAOYANG_PROP_OVERVIEW	支持	图片	威斯汀酒店 主题活动资讯	威斯汀酒店 可查询可预订
紫玉山庄公寓	http://www. purplejade. com. cn/	支持	无	无	无
北京行宫国际酒店	http://www. goinnhotelbeijing. com/	支持	仅图片	无	无
京广中心公寓	无	不支持	无	无	无
京瑞温泉国际酒店	http://www. kingwing. com. cn/	支持	720度全景VR展示	京瑞温泉国际酒店微信公众号	无
工大建国饭店	http://www. bjut-hoteljianguo. com/	支持	无	无	无
日坛国际公寓	无	不支持	无	无	无
北京四季酒店	http://www. fourseasons. com/zh/beijing/	支持	无	四季酒店 相关主题活动	四季酒店 可咨询可预订

（4）朝阳区文化创意产业智慧化情况。

朝阳区在商务、休闲、科技、人文艺术等方面拥有着明显的优势，这给朝阳文化创意产业的发展和壮大提供了得天独厚的条件和支持。朝阳区文化创意产业在广播影视、动漫、传媒、音像、雕塑、视觉艺术、表演艺术等诸多具体产业内容上都有着相对成熟的体系建设和发展规模。

在区政府的组织下，朝阳区建立了“北京朝阳文化创意产业网”，既发布相关政策、动态的实时更新，也积极服务企业网上业务办理，如文化创意产业申报、集聚区申报、企业注册等具体服务（见图 3—27）。

图 3—27　北京朝阳文化创意产业网界面

文化创意产业集聚区智慧化建设：朝阳区文化创意产业在长期的发展过程中，逐步形成了诸多文化创意产业集聚区，如北京 798 艺术区、北京 CBD 国际传媒产业园、北京时尚设计广场、三里屯酒吧街、工体娱乐圈、朝阳公园、奥林匹克公园、北京欢乐谷生态文化园等。针对文化创意产业的特殊性以及区内产业空间分布和业务内容上的集聚特点，朝阳区打造了专属的移动智能平台，为市民和游客提供在线咨询、实时查询、实时导览，为企业提供产品在线展示、移动电子商务等实用功能，为区内文化创意产业的发展提供了重要支持与引导。并且 798 艺术区与 TouchChina 合作，打造专属的 798-App 客户端，为游客提供资讯查询、信息更新发布、交通导引、景区内部导览、室内虚拟体验等多种内容，立体化、多角度呈现出带有朝阳区特色的 798 艺术区智慧旅游风采（见图 3—28、图 3—29）。

图 3—28　798 艺术区智能导览

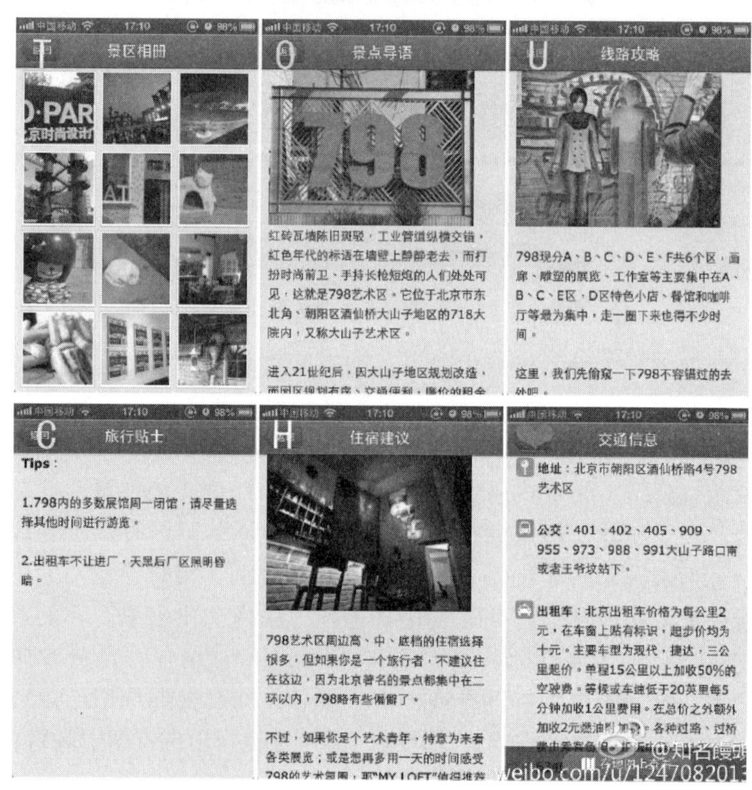

图 3—29　798 艺术区手机应用

（5）朝阳区商务旅游智慧化建设。

朝阳区有着全北京市乃至全国都首屈一指的CBD中心商务区，国贸地区的商务旅游智慧化建设在近几年里取得重要进步。朝阳区通过和中国移动朝阳分公司的积极合作，投入了199个无线网络热点，实现了CBD区域内的Wi-Fi全覆盖。

3. 朝阳区智慧旅游建设的分析与评价

在移动互联网迅猛发展的今天，朝阳区旅游发展委员会结合北京市旅游发展委员会提出的智慧旅游工作方针，积极筹划和推进本区的智慧旅游实践；立足游客需求，从政府和市场两个主体的工作入手，注重政企合作；按照智慧旅游建设标准，在智慧旅游公共管理与服务、旅游产业智慧化提升两个层面都进行了有益探索，初步形成了智慧旅游体系。

（1）朝阳区智慧旅游建设取得的成绩。

在智慧试点项目方面，由奥林匹克公园智慧城市创新展示中心、中关村电子城“移动谷”及物理网基础网络试点、CBD综合应用示范区等智慧基地，连同“国际智慧谷”共同形成一个“Z”形，辐射朝阳整个区域。这些区域将承载安全家居、环境监测、节能减排、商务应用等各类智慧试点项目。

朝阳区智慧城区建设在智慧城市运营管理方面、智慧旅游交通方面、智慧社区方面，为其智慧旅游建设奠定重要基础。朝阳区利用信息化手段积极促进CBD中心商务区、特色重点商业街区、旅游休闲景区、文化创意园区等公共基础设施建设与公共文化服务的发展。

智慧旅游政务管理与公共服务建设方面：完善了朝阳旅游信息网平台，推出了朝阳区信息化工作办公室的官方微博和微信公众平台，促进了朝阳智慧旅游线上线下共同发展。朝阳区公共基础设施建设相对完备，依托智慧城区建设，大力发展Wi-Fi覆盖及大数据应用项目建设，在各城区中占据领先地位。同时，朝阳区还推出了旅游电子商务平台“北京易途出行网”，整合朝阳区旅游资源和旅游产品，提供线上线下一体化电子商务平台。在智慧旅游公共信息服务体系中，发布了官方智慧朝阳App客户端，实现公共服务信息的多平台的实时传播。

在旅游产业智慧化方面：朝阳区内3A级以上（包括3A级）景区基本都完成了门户网站建设，积极开发旅游App、旅游微信公众号和官方微博，推广电子票务系统、虚拟导览平台和智能预警等智慧化应用。区内众多博物馆也进行智慧化升级，建设了虚拟地图导览系统、多样化展品陈列展示平台、全景虚拟体验系统等项目。朝阳区智慧酒店建设推进了官网智慧化升级工程，增加在线支付、比价和虚拟体验服务，加大了智慧客房系统的建设投资，开发酒店 App 客户端。在智慧购物方面增强了大数据的作用，实现商场内无线覆盖，开发 App 和微信公众号，建设智能停车场，为企业的经营活动和政府的监管活动提供支持。在文化创意产业集聚区智慧化建设上，朝阳区打造了专属的移动智能平台，为市民和游客提供全方位的旅游服务。

（2）朝阳区智慧旅游建设存在的不足。

朝阳区在智慧旅游建设上取得了相当突出的效果与成绩，但同样存在着一些相对需要改进和提升之处。

首先，目前，朝阳区智慧旅游建设主要遵循北京市智慧城市相关纲领、精神，缺乏适合本区内智慧旅游建设具体特征和具体需要的政策纲领和详细行动方案；公共管理与服务体系的基础设施建设有待提升，尤其是无线覆盖尚不能满足旅游者出行过程中的需求。

其次，智慧旅游的公共信息服务不够丰富，时效性、精细化有待提升。一方面，朝阳旅游微信公众号尚未开通，“智慧朝阳”APP 是针对游客的智能一体化应用，以生活资讯和周边检索为主要服务形式；缺乏更多朝阳专属信息文化类服务应用。另一方面，朝阳旅游虽然媒体形式相对多样，但在一些类型媒体上的信息更新、网站维护并没有做到位。例如“朝阳自助点读导览系统”，在 2012 年宣布竞标并顺利完成后，竟出现因企业资质问题而废标的情况，此后也是没有更新的报道出现，如同石沉大海，杳无音信。旅游公共信息服务供给与运营机制存在矛盾。而已经建立起来的旅游电子商务平台“北京易途出行网”，也在运行几年后不知何故出现域名问题，目前无法正常登录。

再次，智慧企业建设，尤其是智慧酒店的建设不足。在朝阳区有着众多的高星级旅游酒店和国际著名品牌的酒店集团，其中临近机场和 CBD 的酒店占据很大比例。但是大部分酒店并没有进行智慧化建设，智慧酒店的认同、支持和实践力量都显得非常薄弱。

总之，朝阳区智慧旅游建设得到政府的重视，在公共服务方面取得较为显著的成绩。但是在政务管理方面投入力度明显不够；监管和维护工作缺乏持久性、常态性；虽然试点示范相对较多，但是能够在全国乃至全球产生影响力的龙头智慧旅游企业和园区较少，试点示范的拉动力不足；在智慧旅游建设中，企业的参与力度不足，政企合作缺乏长效机制。这些问题与不足，还需要朝阳区旅游管理部门集合众多力量，一一面对和解决。

4. 朝阳区智慧旅游建设的意见和建议

朝阳区在大力发展智慧旅游的过程中，既取得一定成绩，也存在一些问题和不足。例如，朝阳区尚未出台智慧旅游具体纲领和详细行动方案，公共信息服务缺乏时效性、精细化，新媒体营销利用率有待提升，智慧酒店等智慧企业整体提升相对不足等。针对这些问题和不足，未来朝阳区智慧旅游发展需要从以下几个方面展开：

首先，制定朝阳区智慧旅游发展专项政策纲领与行动规划，例如《北京市朝阳区智慧旅游总体纲领》《北京市朝阳区智慧旅游行动三年（2014—2016）计划》，做好顶层设计。

其次，提高智慧旅游公共信息服务的时效性和精细化程度。加强综合服务平台的建设，提高信息处理效率，提高相关服务上线速度和运维力度。增强朝阳区旅游产品在新媒体平台的宣传推广力度，特别是在微信、微博等大众广为熟悉的社交平台的利用程度要提升。同时，朝阳区旅游发展委员会在原有的政务类的官方平台基础上，也应重视并加紧落实旅游资讯、服务类的公众平台的搭建。

再次，在旅游企业智慧化升级方面，特别是智慧酒店建设方面需要加强，注重酒店产品电子商务平台的搭建，以及各类平台与智能移动终端的结合，比如将客房控制、门卡系统等集成在现有的资讯类、预订类App之中，提高一体化程度。

最后，注重智慧旅游项目的运营与维护。在积极开展智慧旅游建设的同时，朝阳区应该注重已有成绩的巩固，保证智慧旅游运营的长效性和作用的实效性，杜绝设备闲置与资源浪费，形成长效运营管理机制。对此，朝阳区旅游发展委员会可以请专业技术公司负责运营，另外请专业监理公司负责监督，保证运维效果。

3.2.5　北京市丰台区智慧旅游建设实践

丰台区立足本区丰富的旅游资源，发挥高科技聚集区的区位优势，在智慧丰台整体部署下，启动了智慧旅游建设工程。

1. 丰台区公共管理与服务智慧化建设情况

（1）智慧旅游公共基础设施。

2012年3月，北京市提出《智慧北京行动纲要》。但是在智慧旅游方面，丰台区没有明确的行动纲领。丰台区智慧旅游公共基础设施建设依托“智慧丰台”基础平台，在“无线丰台”“数字丰台”等建设取得的成绩基础上打造Wi-Fi覆盖、城区客流监控与安全管理系统、智慧旅游交通等公共基础设施平台。

同时，按照北京市智慧旅游整体规划，北京A级景区和三星级以上饭店将开放无线上网系统。丰台区作为北京市的重要城区，也充分借助北京市智慧旅游的网络基础，提升其智慧旅游公共基础水平。

2013 年，卢沟桥文化旅游区整个景区实现了无线网络全覆盖，成为全市首个提供免费上网服务的红色旅游景区。游客进入景区，能够享受到一个小时的免费上网服务。[①] 通过 WLAN 的充分利用，景区的科技感、现代感更强，实现网络科技与红色旅游有机结合，形成了集历史、旅游、教育以及现代科技于一身的红色旅游景区。

（2）智慧旅游政务管理与服务。

智慧旅游政务是智慧旅游规划与建设的中枢指挥系统。丰台区旅游发展委员会牵头建设了政务网、丰台旅游宣传营销平台等平台，提升了丰台区旅游政务服务和管理的智慧化水平，提高了管理效率，更好地服务于丰台区旅游业健康快速发展。

1）丰台区旅游政务网。

丰台旅游政务网（http://ftly.bjft.gov.cn/index.html）主要包括政务资讯、旅游新闻、美丽丰台、乐游丰台、旅游线路、投资旅游、辖区企业介绍、旅游微博和纪检监察网等板块，能够介绍丰台区旅游政务信息，但是内容相对单一、陈旧，部分网页和内容空白、无法显示（见图 3—30）。内容的栏目框架如图 3—31 所示。

图 3—30 丰台旅游政务网首页

① 参见《卢沟桥文化旅游区实现无线网络覆盖》，载《丰台报》，2013-07-03，见 http://www.bjft.gov.cn/fengtaibao/html/2013-07/05/content_3_10.htm。

公告栏
法律法规
旅游微博
发展规划
领导信箱
监督投诉
意见征集
政务资讯
旅游新闻
美丽丰台
乐游丰台
吃 住 行 游 购 娱
旅游线路
热门线路 生态休闲 都市风光 文化休闲

丰台礼物
精彩瞬间
辖区企业介绍
酒店 景区景点 旅行社 特色餐饮 民俗旅游
旅游播客
热门榜单
旅游协会
机构职责 服务事项
丰台区旅游咨询服务中心
机构职责 服务事项

图 3—31 丰台旅游政务网网站地图

2）丰台旅游宣传营销平台。

丰台区旅游发展委员会通过创新宣传推介手段，推进景区升级改造，营造和谐旅游环境，克服后园博会时代区域旅游缺乏新热点、新亮点的不利因素，实现了旅游经济指标稳中有升。

当前，丰台区已经开通了“发现新丰台”旅游政务微博和微信公众号。截至2014年9月，“发现新丰台”共发布微博1 300余条、微信70余条，吸引了20余万粉丝的关注，转载读者超过30万人。在新浪网推出的政府微博排行榜上，“发现新丰台”政务微博位居第五，被评为最具潜力的政府微博之一。此外，丰台旅游宣传还充分利用电视和广播媒体、主流报刊、专业旅游网站、车身广告、景区展板等平台，实现线下宣传与线上宣传有机互补，共同开拓覆盖面更广的客源市场。

（3）智慧旅游公共信息服务体系建设。

丰台区智慧旅游公共信息服务作为其智慧旅游公共服务的重要部分，已成为丰台区智慧旅游的关注重点和建设重点。丰台区智慧旅游公共信息服务体系主要包括丰台旅游资源库、丰台旅游网、旅游移动应用、旅游电子宣传册以及丰台旅游委官方微博、官方微信等。

1）丰台旅游资源库。

丰台旅游资源库按照食、住、行、游、购、娱六大要素全面梳理了丰台旅游资源。丰台旅游资源库以“文字＋图片”手法详细介绍各类旅游资源的信息，针对具体的旅游景区景点、旅游购物场所、娱乐场所等旅游要素，不仅有服务内容的介绍，还提供地点、联系方式、乘车路线等信息，方便游客前往（见图 3—32）。同时，丰台旅游资源库构建了资源长期更新维护机制，保证旅游资源的实时更新。

图 3—32　丰台旅游资源库内容

2）丰台旅游网。

为了保证能够为公众提供丰富、灵活和实时更新的旅游资讯，满足游客互动、旅友空间以及电子门票等服务需求，同时为了更好地服务于第九届中国（北京）国际园林博览会（简称“北京园博会”）在北京举办，丰台区旅游发展委员会建立丰台旅游网（http://cyft.bjft.gov.cn/），按照食、住、行、游、购、娱六要素重新梳理丰台区旅游资源，并按照春、夏、秋、冬四季推荐旅游线路（见图 3—33）。同时，为方便游客购买旅行社产品，丰台旅游网还向游客推荐了有资质的诚信旅行社。

图 3—33　丰台旅游网首页

丰台旅游网是丰台旅游对外展示的窗口和提供服务的媒介。游客通过访问旅游信息网，获取各类旅游服务。

3）官方微博。

为了适应新的旅游宣传推广的需要，丰台区旅游发展委员会开通了2个新浪官方微博，用于介绍、宣传丰台区旅游资源与产品，树立区域大旅游形象，与市民和游客进行直接沟通（见图3—34）。

发现新丰台 V
北京，丰台区 http://weibo.com/faxianxinfengtai
北京市丰台区旅游发展委员会官方微博
关注 280 粉丝 20万 微博 2156
简介：北京丰台旅游官方微博
标签：北京生活 旅游 美图摄影

丰台区旅游发展委员会 V
北京 http://weibo.com/u/2095218191
北京市丰台区旅游发展委员会官方微博
关注 46 粉丝 2242 微博 318
简介：丰台区旅游委 丰台区旅游培训咨询服务中心
标签：丰台旅游
职业信息：丰台区旅游委

图3—34 丰台区旅游发展委员会新浪微博

4）微信公众号。

当前，丰台区旅游发展委员会尚未利用微信平台。搜索“丰台旅游”关键词，共4个微信公众号，其中2个为旅行社账号，1个为南苑旅游文化创意官方微信公众号，1个为“丰台旅游导航”，企业为用户提供景区景点导航服务（见图3—35）。

2. 丰台区旅游产业智慧化建设情况

（1）丰台区智慧景区（点）建设。

为推进“智慧旅游”建设，丰台区一批特色景区积极利用信息化手段提升游客体验，主要表现在门户网站、官方微博、微信公众号建设等方面，方便散客自助旅游（见表3—21）。

目前，卢沟桥文化旅游区电子导游系统、标识牌改造工程、数字化售检票系统、景区广播系统、标志性构筑物、电动门的改造工程、排水改造工程及游客中心升级改造等工程已经实现全面完工。

丰台旅游 × 搜索

关注微信公众号，获取更多服务和资讯

和平旅游旗舰店

【和平国旅.ubeijing.cn】中国和平国旅为您提供最新的旅游线路,出境游,台湾游,自助游...

南苑 Nanyuan

南苑旅游

由南苑乡文化创意产业办公室通过此公众号发布地区文化创意产业及旅游资讯，并提...

康祥国旅丰台营业部

010-51290570 13488746937集旅游度假、商务考察、涵盖全球旅游线路、也是...

丰台旅游导航

丰台旅游导航是为旅游丰台所提供的一个旅游景点导航，导航把所有风景名胜通过分...

图 3—35　丰台旅游微信公众号搜索截图

表 3—21　　丰台区部分旅游景区（点）智慧化建设情况

景区景点	门户网站网址	微博	微信
北京园博园	http://www.gardenexpo-park.com/	http://weibo.com/bjgardenexpo	有
卢沟桥文化旅游区	http://www.lugouqiao.org.cn/	http://weibo.com/u/1253099450	无
南宫温泉水世界	http://www.ngssj.com/	http://weibo.com/u/2269337337	有
世界花卉大观园	http://www.gowf.cn/	http://weibo.com/u/3573316335	有
青龙湖公园	http://www.bjqinglonghu.com/	http://weibo.com/u/1932508105	有
中华文化园	http://www.zhwhy.com/index.htm	无	无
大葆台西汉墓	无	http://weibo.com/u/2716061601	无
南宫国家森林公园	http://www.nangonglvyou.com/	http://weibo.com/nangonglvyou	无

续前表

景区景点	门户网站网址	微博	微信
万龙八易滑雪场	http://www.wanlongbayi.com/	http://weibo.com/wlbyski?sudaref=www.wanlongbayi.com	有
南宫世界地热博览园	无	无	无
中国人民抗日战争纪念雕塑园	http://www.bjmacp.gov.cn/cn/html/hsy/krzzjndsy.html	无	无
金中都遗址	无	无	无
金土城遗址	无	无	无
北京欢乐水魔方水上乐园	无	http://weibo.com/u/1649752432	有
中华名枣博览园	http://zhmzbly.idting.com/	无	无
千灵山风景区	http://www.qianlingshan.net/	http://weibo.com/u/2158958255	有
鹰山真人 CS 新基地	无	无	有
中国人民抗日战争纪念馆	http://www.1937china.com/zjbg/	http://weibo.com/kzg1937china	无
北京世界公园	http://www.beijingworldpark.com.cn/	无	有
北京汽车博物馆	http://www.automuseum.org.cn/	http://weibo.com/automuseum	有

（2）丰台区智慧酒店建设。

当前，丰台区智慧酒店尚处于起步阶段，区内酒店仅仅以开通微信公众号、开发酒店 App、设置电子触摸屏等形式进行智慧化建设，普及率不高且利用率比较低。

（3）智慧旅游购物。

2012 年 4 月 30 日起至 5 月 19 日，丰台区启用了“丰台智慧旅游促销平台”，并举行“旅游门票免费抢、优惠抢”活动。“丰台智慧旅游促销平台”是首个北京区旅游景区折扣票券管理平台。参与抢票的手机用户，须先用手机号码进行注册，选中感兴趣的活动抢票，如果抢票成功，系统会自动下发短信串码至抢订者的手机上，用户凭此消费串码在规定消费时间内前往消费即可。

未来，丰台区将继续完善丰台智慧旅游促销平台，增加手机支付功能和二维码验票功能，为丰台区旅游企事业单位结算及其精准营销提供有效保障，同时通过二维码验票，加快验票速度，提升消费者友好感知，助力丰台旅游产业的智慧化高发展，打造咨询及时、信息全面、操作便捷、用户体验度高的综合旅游促销服务体系。

（4）智慧旅游会议会展。

2013 年 5 月 18 日至 11 月 8 日，第九届中国（北京）国际园林博览会在北京市丰台区举办，这是继奥运会之后，首都北京举办的一次历时最长、规模最大的国家级、国际性盛会（见图 3—36）。2014 年 4 月 1 日，北京园博园经过休园调整，重新面向广大市民开放。

图 3—36　北京园博会门户网站

北京园博园门户网站采取虚拟技术，将园区内的景点以航拍形式全景展现在游客眼前，方便游客虚拟游园（见图 3—37）。

3. 丰台区智慧旅游建设成果评价

丰台区智慧旅游建设项目立足本区特色，以旅游者（尤其是散客）需求为出发点和落脚点，以政府工作为主要内容，注重政企合作，发挥企业力量，在智慧旅游公共管理与服务、旅游产业智慧化提升两个层面都进行了有益探索。

（1）丰台区智慧旅游建设取得的成绩。

通过对丰台区智慧旅游建设现状的梳理和分析可以看出，丰台区智慧旅

图 3—37　北京园博会虚拟体验网站

游建设依托北京市智慧城市的建设基础，利用信息化技术，提升游客体验，提高政府管理效率，加强政企沟通协同，强化宣传营销，提升特色产业水平，取得了阶段性的成绩，为后续发展奠定了基础。

首先，丰台区旅游发展委员会政务网、丰台旅游宣传营销平台的开发和建设，为智慧旅游管理与服务提供了平台支持，不但提升了政府管理效率，同时也创造了一种个性化、智能化的管理手段。

其次，在公共旅游信息服务方面，丰台区建立旅游资源库，系统梳理区内各类旅游资源，为后续智慧旅游应用的开发奠定基础。同时，开发建设了旅游资讯网——丰台旅游网，开通了“发现新丰台”政务微博和微信公众号，多渠道、多途径为游客提供全面系统的旅游信息服务。

再次，丰台区智慧旅游建设在产业化提升方面也取得重要成绩，区内众多景区都已经实现门户网站建设，开通官方微博，建立微信公众号，同时吸引众多企业参与景区的智慧化建设。

（2）丰台区智慧旅游建设存在的不足。

当然，丰台区在智慧旅游建设过程中也存在着诸多不足，主要有以下几点：

首先，丰台区智慧旅游建设处于零散状态，尚未形成一个系统化的整体，尤其缺乏顶层设计与领导纲领性文件。目前，丰台区的智慧旅游建设基本上处于自发式状态，缺乏高瞻远瞩的规划，导致整体建设缺乏系统性、联系性，容易造成资源浪费、效果不够明显等问题的出现。

其次，丰台区智慧旅游建设的基础和条件不足。丰台区虽然在无线网络覆盖建设方面已经取得一定的成绩，但是仅仅这些还很不够，智慧旅游建设不仅需要城市提供技术环境、设施设备环境，还需要有一定的人文社会环境和其他众多要素。丰台区在新技术应用与推广、旅游新设施设备应用与普及等方面与现实需求相比还存在很大差距。

再次，丰台区智慧旅游管理与服务体系不够健全。丰台区政务办公系统相对比较单一和陈旧，虽然建设了丰台旅游信息网政务版，但是信息更新速度还有待提升，没有实现每天更新。内部各部门之间以及丰台区旅游发展委员会与其他关联部门之间的沟通协作平台与机制尚未建设，严重阻碍了丰台智慧旅游的发展。

最后，旅游产业智慧化程度有待提升，智慧旅游企业建设特色不够突出。丰台区旅游资源丰富，旅游新业态与乡村旅游成为未来旅游业发展的重点之一，但是目前区内旅游企业的智慧化建设尚处于相对空白状态，智慧旅游产业的相关政策支持力度不够，市场化建设缺乏抓手，科技雄厚的优势没有很好发挥，缺乏领头智慧旅游企业，试点示范效益不明显。

整体而言，丰台区智慧旅游建设得到政府的重视，在智慧旅游政务管理与公共服务方面取得一定成绩，但是各个层面基础比较薄弱，试点示范尚不健全，企业的参与力度不足，政企合作缺乏长效机制。

4. 丰台区智慧旅游建设对策建议

为有效解决丰台区智慧旅游建设过程中存在的问题，弥补建设不足，未来丰台区智慧旅游需要着重从以下几个方面进行建设和完善：

（1）进行丰台区智慧旅游整体规划和顶层设计。编制丰台区智慧旅游建设纲领和阶段性实施计划，颁布纲领性文件，形成系统化的智慧旅游体系。将智慧旅游纳入智慧城市的一部分，在规划、政策、部门协作机制上为智慧旅游的建设奠定基础。

（2）加强丰台区智慧旅游公共基础设施条件的建设。依托“无线城市”“智慧城市”基础支撑，着力建设智慧旅游的基础层面，尤其注重城市公共设施设备与服务的完善，为智慧旅游的后续建设奠定良好的基础。

（3）加强旅游政府部门与关联部门之间的沟通协调，建立联动机制。例如，建立大型活动合作机制，积极做好与区委宣传部、文化委、体育局等相关部门的沟通与协调；加强政府与企业的合作，扶植智慧旅游企业的发展，培育区内智慧旅游大型企业。

（4）加强智慧旅游宣传营销力度，创新营销手段。充分利用微信、微博等新媒体平台，面向游客提供定制化服务。建设丰台区旅游发展委员会官方微信公众号，实现门户网站、微信公众号、官方微博信息同步与实时更新。

（5）加强丰台区旅游产业智慧化建设，调动企业积极性。继续鼓励和推行智慧旅游企业试点示范建设，鼓励和奖励智慧酒店建设，培育和宣传优质丰台礼物，宣传旅游会议会展服务。充分利用政策支持和市场培育相结合的机制提高企业参与智慧旅游建设的积极性，营造健康、有序、生动、活泼的智慧旅游产业发展环境，形成全社会共同发展智慧旅游的良好局面。

3.2.6 北京市石景山区智慧旅游建设实践

对应智慧旅游体系，从智慧旅游公共管理与服务体系、旅游产业智慧化提升体系两个层面对石景山区智慧旅游的建设成果进行系统化的梳理，为归纳总结其有益经验和找出现存的不足奠定基础。

1. *石景山区智慧旅游公共管理与服务体系*

在“智慧石景山”和“北京智慧旅游”建设的基础上，石景山区智慧旅游公共管理与服务建设已经起步，门户网站群、微博微信公众号等应用已经投入使用。

(1) 智慧旅游政策纲领。

2011年，根据《智慧北京发展纲要》，石景山区为进一步开展“智慧石景山”建设，深化信息化与社会经济的全面融合，深入推进国家服务业综合改革试点区、国家可持续发展实验区、中关村国家自主创新示范特色区建设，加快向“智慧石景山”转型发展，提出了《关于推进智慧石景山建设的实施意见》(简称《意见》)。《意见》提出，“智慧石景山”是“数字石景山”的延续与高级发展，是未来十年石景山区信息化发展的主题，到2015年石景山区信息化建设的发展目标是：初步建成泛在、融合、智能、可信的信息化基础设施条件，形成比较完善的信息化体系，智能应用全面普及，信息化整体发展达到世界主要城市的一流水平；形成一批高端产业集群，形成一批新兴服务产业，培育出一批重点企业；建成国际领先、国内一流的信息化基础设施，家庭用户网络固定接入速率能力达到100兆，社区和商务楼宇网络固定接入速率能力达到1 000兆，高清交互数字电视接入率达到90%以上，3G、WLAN无线宽带网络100%覆盖。

2013年4月，石景山区旅游发展委员会在旅游发展大会上发布了《关于加快石景山区旅游业发展的实施意见》和《石景山区旅游发展领导小组机构及职责》，为石景山区智慧旅游的发展奠定了机制保障。

(2) 智慧旅游公共基础设施。

2011年，石景山区实施了北京市首个政府引导建设的“高带宽无线城市”项目，即“无线城市·智慧石景山WLAN应用示范工程”，为建设有中国特色的世界城市，提升区域公共环境软实力开拓了新的思路，也为石景山区开展基于互联网和物联网政务执法、城市管理、智能交通、数字社区、智慧旅游、安防监控等各个领域的信息化建设奠定了基础。

(3) 智慧旅游政务管理与公共信息服务体系。

当前，石景山区旅游发展委员会正式构建了“一网两微”旅游自媒体平台。“一网”即区域旅游门户网站——北京CRD旅游网，“两微”即石景山旅游官方微博、微信公众号两个新媒体平台。石景山区旅游发展委员会将两个微平台与区域门户网站进行充分结合，优势互补，从三个方面做好区域旅游资源推广、旅游资讯发布。第一，加大旅游资讯发布频次，区域内重大旅游项目新闻、旅游活动资讯等信息第一时间通过各网络自媒体平台发布。第二，加强旅游资源专题策划，以专题策划、主题营销的方式向游客进行有针对性的宣传推广。第三，加大游客互动及参与力度，与旅游企业、旅游协会会员单位联合营销，增设互动项目，提高游客参与度。

北京CRD旅游网（http://lyj. bjsjs. gov. cn/）：2011年，北京CRD旅游网正式上线，成为石景山旅游服务的主要窗口（见图3—38）。

图3—38　北京CRD旅游网首页

北京CRD旅游网主要包括旅游政务、玩转CRD、CRD主题游、旅游服务、公众参与五大板块，网站综合利用科技手段，利用文字、图片、视频等多种信息展现方式，为游客提供全面详尽的旅游资讯；创新旅游产品和旅游服务模式，提升石景山旅游公共信息服务能力。

官方微博：石景山区旅游发展委员会于2013年4月2日正式开通新浪官方微博（见图3—39），微博的主要功能有介绍石景山景区、旅游路线、旅游攻略及优惠活动等，对全区特色旅游产品、精品线路、新型业态、特色饮食、深度自驾攻略、主题活动等进行深入宣传。截止到 2014 年 9 月 1 日，石景山区旅游发展委员会新浪官方微博共有 7 328 个粉丝，发表微博 544 篇，尚未开通腾讯官方微博。

图 3—39　石景山区旅游发展委员会新浪微博（截至 2014 年 9 月 1 日）

微信公众号：2014 年 7 月，石景山区旅游发展委员会官方微信公众号，即“石景山旅游”正式上线运行（见图 3—40）。“石景山旅游”主要功能包括：石景山区旅游品牌塑造；石景山区最新旅游政策发布；石景山区旅游资讯发布；四季旅游活动实时发布；宾馆、餐饮、商业等营销信息官方发布；公益服务；等等。

图 3—40　石景山区旅游发展委员会微信公众号

此外，通过认证的石景山区旅游微信公众号还有“石景山旅游导航”“众信旅游石景山店”“绿色石景山”“北京石景山游乐园”“石景山区有线电视”“神舟国旅石景山门市”“北京市石景山区商业联合会”“北京石景山万达广场”等。

(4) 智慧石景山旅游公共信息服务平台。

由北京市石景山区商务委员会主办的智慧旅游生活信息服务平台(石景山)(http://www.bjcrdtour.com/index.aspx)整合了区内旅游景点、酒店、餐饮、交通等方面的信息,平台包括“景区景点”“餐饮美食”“酒店住宿”“历史文化”“旅游购物”“休闲娱乐”和“公共服务”等栏目,为游客提供触手可得的信息服务,目前平台正在逐步推进中(见图3—41)。

图3—41　智慧旅游生活信息服务平台(石景山)

(5) 旅游咨询服务中心。

石景山区旅游咨询服务中心位于石景山路22-8号,为辖区内旅游企业及旅游者服务。旅游咨询服务中心服务内容包括:

问询功能:为旅游者免费提供有关北京主要旅游景区、旅游产品、交通线路、北京的饭店、餐饮场所的信息,提供旅游行业政策法规查询服务等;

展示功能:服务站内设有展示架、电子触摸屏、电视录像等展示设备,为旅游者免费提供北京各驰名的文化古迹和风景名胜介绍,推荐旅游新产品、新线路、新景点、餐饮娱乐场所,向游客展示旅游纪念品等;

代理服务功能:代理酒店、旅馆、旅行社部分产品,代理飞机、火车、旅游专线车票务,代售景点门票、旅游纪念品等;

投诉接待功能:接待旅游者对本市各类旅游及相关机构或事件的投诉。

(6) 石景山区虚拟博物馆。

石景山区博物馆资源并不丰富,只有两座,分别是北京田义墓博物馆和中国第四纪冰川遗迹陈列馆。两个博物馆都没有建设门户网站，在虚拟博物馆建设领域更是处于空白状态。

2. 石景山区旅游产业智慧化建设与提升

在智慧旅游产业化提升层面，石景山区着重在景区和 CRD 首都文化娱乐休闲区方面加强智慧化建设。

（1）石景山区智慧景区建设。

石景山区尚未统一部署智慧景区建设，一些景区景点结合自身需求，开展智慧旅游尝试。

石景山游乐园：石景山游乐园积极利用科技手段开发建设门户网站——http://www.bjsjsyly.com/，帮助游客实现网上资讯获取、门票信息查询、交通指南、酒店查询和门票网上预约。但是现在游乐园官网正在进行升级改版，暂时不能使用。同时，石景山游乐园充分借助北京旅游网、携程网、去哪儿网等第三方平台进行宣传营销，提供数字二维码确认短信验证快速入园。石景山游乐园的新浪微博“北京石景山游乐园”（http://weibo.com/hlwxb-jsjsyly）和微信公众号“北京石景山游乐园”（已经认证）都已经开通，为游客提供更加全面的实时信息服务（见图 3—42）。

图 3—42　石景山游乐园门户网站、新浪微博

八大处公园：石景山八大处公园已经开发建设了门户网站“八大处公园”(http://www.badachu.com.cn/)，帮助游客实现网上资讯获取、景区门票信息查询、交通指南、酒店查询和门票网上预约。其中，“进入动画”“虚拟旅游”“智能导游”“网上商城”等板块让游客眼前一亮。八大处公园已经开通新浪微博“八大处公园”(http://weibo.com/badachu) 和微信公众号“北京市八大处公园”(已经认证)，为游客提供更加全面的实时信息服务（见图 3—43)。

图 3—43　八大处公园门户网站、新浪微博

石景山万达广场：石景山万达广场积极建设门户网站 (http://sjs.wanda.cn/)，为顾客提供方便，网站提供 360 度虚拟导览、广场探索等服务，更有 App 下载、电影网上选座等贴心服务。石景山万达广场已经开通新浪微博“北京石景山万达广场” (http://weibo.com/sjswanda) 和微信公众号“北京石景山万达广场”(已经认证)，为游客提供更加全面的实时信息服务(见图 3—44)。

图 3—44　石景山万达广场门户网站、新浪微博

（2）石景山区智慧酒店建设。

截至 2014 年 9 月 1 日，石景山区共有二星级以上（包括二星级）酒店 102 家（根据去哪儿网 2014 年 9 月 1 日数据统计），其中五星级酒店 4 家，四星级酒店 4 家，三星级酒店 10 家，二星级酒店 84 家。酒店信息化建设相对滞后，仅 3 家五星级酒店在基础设施、门户网站、微信公众号、官方微博等方面投入建设（见表 3—22）。

表 3—22　　石景山区酒店智慧化建设情况

酒店	网址	功能	微博	微信
北京合众建国饭店（五星级）	http://www.hotelsjianguo.com/uljghotel/	信息咨询、快速预订	—	合众建国饭店
北京华北宾馆（五星级）	http://www.huabeihotel.cn/	信息咨询、快速预订	—	—
北京万达嘉华酒店（五星级）	http://bjsjs.wandahotels.com/sourcefiles/html/zbpt/list.shtml	信息咨询、快速预订、360 度全景展示	http://weibo.com/pullman-bjwestwanda	北京万达嘉华酒店

（3）世界旅游城市体验中心建设。

世界旅游城市体验中心是由世界旅游城市联合会和石景山区人民政府共同打造的一个全新旅游项目，它不仅是国际旅游行业之间资源共享的平台，是首都休闲娱乐新平台，更是旅游产业聚集的一个承载体。体验中心坐落在石景山区的北京国际雕塑公园内，紧邻长安街西延长线，守着地铁1号线，交通非常便利，占地面积近36.9万平方米。体验中心利用4D、三维动漫等高科技手段，实现场景转换，以实体和人机互动形式展示世界旅游城市联合会会员城市的自然景观、风土人情，使游客用科技手段感受环游世界的魅力，进而激发本国游客走出国门、看遍世界的激情。

2014年8月29日，坐落在石景山区北京国际雕塑公园的世界旅游城市体验中心正式对外开放，市民和游客可通过直接购买联票的方式，参观体验中心多个体验场馆，体验几十个高科技人机互动旅游项目。该项目不仅是北京首个以世界旅游城市为展示主体的高科技旅游体验项目，也是全国首个旅游科技体验项目。在先进的科技手段帮助下，市民和游客可身临其境地领略世界各地城市风光，体验旅游、科技、文化相融合的城市魅力。

（4）CRD首都文化娱乐休闲区建设。

石景山区将旅游休闲产业作为五大支柱产业之一，以打造“首都旅游创新发展区”为战略目标，利用智慧旅游手段，全面推进西山八大处文化景区建设、首钢工业文化旅游区建设、数字动漫功能区建设。世界旅游城市体验中心的正式对外开放，为石景山区乃至北京市旅游业的发展注入了一股强有力的新生力量。与世界旅游城市体验中心相望，在北京国际雕塑公园北区还将建设世界旅游城市联合会总部基地。和体验中心的互动式体验方式不同，总部基地将吸引国内外会员城市、航空公司、有实力的旅行社设立代表处，构建世界旅游城市之间的交往交流中心、旅游交易中心、宣传推介中心、文化体验中心、旅游休闲中心，搭建各会员城市多元化、多角度的展示平台。

2008年5月22日，北京市石景山区第十四届人民代表大会常务委员会第十一次会议通过《北京市石景山区首都文化娱乐休闲区（CRD）建设行动规划》，着手打造集文化创意、休闲娱乐、商务金融、高新技术、旅游会展等功能为一体的首都文化娱乐休闲区。北京市石景山区按照三年（2008—2010）打基础、五年（2011—2015）大建设、五年（2016—2020）大发展的“三步走”实施。经过8年的发展，到2015年，CRD首都文化娱乐休闲区实现全区网络覆盖，WLAN无线网络覆盖也在积极建设中。

3. 石景山区智慧旅游建设成果评价

通过系统化地梳理石景山区在智慧旅游方面的工作可以看出，在“智慧石景山”的基础上，石景山区在旅游公共服务和旅游产业智慧化提升领域取得一些成绩，例如，全区3G无线网络覆盖率已达90%，微博、微信等新媒体在旅游宣传中得到有效利用等。但与海淀区、朝阳区、东城区等北京市智慧旅游建设较为先进的区相比，石景山区智慧旅游建设还存在较大差距。

（1）石景山区智慧旅游建设取得的成绩。

在2011年开始着手准备智慧旅游建设之前，石景山区已经在信息化建设方面取得一定的基础，尤其表现在城市网络覆盖、微博微信平台建设等公共服务方面，以及CRD首都文化娱乐休闲区等智慧景区建设等方面已经取得一定成绩。

首先，智慧旅游发展的规划系统、目标明确。石景山区为系统推进智慧旅游建设，制定专项规划，即《关于推进智慧石景山建设的实施意见》，提出“智慧石景山”是“数字石景山”的延续与高级发展，是未来十年石景山区信息化发展的主题，并提出明确2015年预期发展目标，为其智慧旅游建设指明方向。

其次，智慧旅游基础网络设施建设取得突出成绩。石景山区开通了本市首个政府引导建设的“高带宽无线城市”项目——“无线城市·智慧石景山WLAN应用示范工程”，并于2011年11月29日投入使用，为智慧旅游其他建设打好基础，做好铺垫。

再次，智慧旅游公共服务体系相对健全，并发挥重要作用。新浪微博“石景山旅游”和微信公众号“石景山旅游”已经开发并投入使用，并且效果良好。石景山区充分顺应游客对于新媒体需求日益旺盛的趋势，能够为游客提供丰富多样的信息服务。

最后，智慧旅游产业化提升特色鲜明。CRD首都文化娱乐休闲区建设成果显著，牵引智慧旅游产业化发展新方向。石景山区充分结合自身旅游资源特色，将休闲娱乐作为主要旅游产业形态之一重点发展，积极建设商圈娱乐休闲场所，在Wi-Fi覆盖、门户网站、微信公众号等领域积极建设，招揽更多高端游客。

（2）石景山区智慧旅游建设存在的不足。

虽然石景山旅游业在网站集群、微博微信领域有所涉及，但整体而言，石景山区智慧旅游建设尚处于初级阶段，缺乏系统性和整体性，呈现相对分散与零星状态。

石景山区智慧旅游建设缺乏详细的行动指南和标准规范，《关于推进智慧石景山建设的实施意见》针对智慧旅游提出阶段性目标，但是并未对石景山区智慧旅游行动提出具体方案，更没有专项的标准规范智慧旅游建设主体的活动，提供必要的指导。

其次，智慧旅游公共服务体系建设缺乏系统化、全面性，尚处于初级阶段。石景山区虽已有门户网站集群、微信微博、基础性信息服务内容，但是存在严重的信息滞后，没有实现实时更新，网站利用率低。例如，“石景山旅游”微信平台的运营维护不是很到位，微信尚未申请认证，微信主页还没有菜单栏供粉丝查询（微信粉丝推送数量宣传效果无从得知）。微信公众号的每日推送也不及时。这一方面造成资源浪费；另一方面，游客信息需求和企业网上办理业务的需求得不到满足，满意度低。同时，各平台之间的资源对接与信息共享有待提升，而一些能够增强游客体验的智慧旅游公共服务尚处于空白状态，例如，石景山区尚未建设虚拟博物馆和旅游 App，这方面亟待加强。

再次，智慧旅游产业化建设尚存很大的发展空间。一方面，石景山区智慧酒店、智慧景区信息化水平明显落后于其他区，不能满足现实需求，仅部分旅游企业建设了门户网站，能够实现线上信息查询和在线预订服务。智慧旅行社、虚拟体验、智慧营销等领域还存在较大空白。另一方面，作为区域特色的 CRD 首都文化娱乐休闲区在基础网络领域虽有一定基础，但是缺少智慧化运作，基本采取传统的旅游开发与建设模式，在建设、宣传营销和电子商务领域均未得到有效满足。

4. 石景山区智慧旅游建设对策建议

针对石景山区在智慧旅游建设领域存在的问题与不足，提出以下对策和建议：

首先，编制《“十三五”期间石景山智慧旅游顶层设计》。为了更好地响应国家对旅游信息化建设的要求和号召，落实石景山区打造首都文化娱乐休闲区的战略定位，石景山智慧旅游建设首先应该制定《“十三五”期间石景山智慧旅游顶层设计》，提出智慧旅游建设的整体规划和实施方案，并列出逐年行动计划。

其次，加强智慧旅游基础设施建设。智慧旅游建设离不开数据存储及服务器资源、Wi-Fi 网络、多媒体触摸屏等智慧旅游基础设施。智慧旅游基础设施的建设应该采取资源共享和自主建设相结合的方式。石景山区智慧旅游基础设施建设过程中，可以使用云端资源与其他相关的行业或者应用共享数据及服务器资源。同时，吸引更多主体参与智慧旅游建设，推广 BOT 等多种运营模式，如在进行 Wi-Fi 网络搭建时，更多鼓励电信运营商共同合作。

再次，加大智慧旅游移动端应用的建设运营力度。2014 年，中国的移动互联网用户数已达 8.75 亿人，每三个中国人里就有两个人在使用智能手机等设备访问移动互联网。2014 年中国移动互联网用户数量较 2013 年增加了 7 000 万，手机网民占网民总数超 80%，手机和移动设备成为互联网的第一入口。2014 年，中国已建成世界最大的 4G 网络，用户数量居世界第二位，中国手机用户人均使用流量达到200兆/月。作为国内用户数最多的社交移动应用，微信拥有5亿活跃用户。2015年中国的移动互联网继续迅猛发展，4G网络用户突破3亿，成为世界第一。

为了适应移动应用的新趋势，石景山区智慧旅游应该加快基于移动互联网、html5及LBS位置服务等技术开发，提供适配于不同移动终端的移动微门户，为游客提供资源展示、资讯发布（官方推荐）、位置服务、行程规划、在线电商、住宿预订、社交分享、游客互动、投诉咨询等服务，通过满足游客随时随地的需求，延长游客在石景山停留的时间，增加游客旅游次数，增加旅游收入，提高游客满意度，提升石景山旅游知名度，树立石景山首都文化娱乐休闲区品牌形象。

最后，注重智慧旅游建设成果运营。在智慧旅游建设过程中，往往存在重硬件轻软件、重建设轻运营的问题。石景山智慧旅游建设过程中，应该加强对系统运营服务的重视，保证信息发布的及时性、游客服务的实时性，为智慧旅游建设成效的发挥提供保障。

3.2.7　北京市昌平区智慧旅游建设实践

北京市昌平区全面投入到智慧旅游建设的工作中，截至2015年底，昌平区已经实施了360度实景导览系统、众多景区的虚拟旅游系统、旅游政府门户网站、旅游微博、微信公众号、旅游App的建设与开发等众多项目。为充分掌握昌平区智慧旅游发展现状，下面从智慧旅游公共服务与管理、旅游产业智慧化提升两个层面对昌平区智慧旅游建设进行分析总结。

1. 昌平区智慧旅游公共服务与管理体系

（1）智慧旅游政策纲要。

为助推昌平旅游转型升级，加快推进城乡一体化建设，促进社会资源的旅游化利用，增强旅游管理人员的创新发展意识，打造“爱上昌平”京郊旅游新品牌，昌平区遵循《北京“智慧旅游”行动计划纲要（2012—2015）》的指示进行智慧旅游建设，但是尚未制定本区智慧旅游政策纲领和行动计划。

（2）昌平区旅游业现状。

昌平区自然资源丰富，共有文物保护单位78处，其中国家级重点文物保护单位4处，市级重点文物保护单位5处（见表3—23、表3—24）。2015年，昌平区旅游业实现收入104.3亿元，同比增长5.6%；接待旅游人数1 549.6万人次，同比增长10.7%；旅游收入稳居北京郊区首位，排在收入前三位的分别是旅游商业、住宿业和旅游餐饮，合计收入79.8亿元，占全部旅游收入的 76.5%，拉动旅游收入增长 3.4 个百分点。①

表 3—23　　昌平区全国重点文物保护单位一览

名称	时代	地址	公布时间
十三陵	明	昌平区十三陵镇	1961 年 3 月 4 日
居庸关、云台	元、明	昌平区南口镇居庸关村	1961 年 3 月 4 日
银山塔林	金、元	昌平区延寿镇湖门村	1988 年 1 月 13 日
万里长城北京段	明	昌平区流村镇长峪城村	2008 年 6 月

表 3—24　　昌平区北京市文物保护单位一览

名称	时代	地址	公布时间
朝宗桥	明	昌平区沙河镇	1984 年 5 月 24 日
白浮泉遗——九龙池、都龙王庙	元创建，明建	昌平区城南街道办事处化庄村东	1990 年 2 月 23 日
巩华城	明	昌平区沙河镇	1995 年
和平寺	清	昌平区南口镇花塔村	1995 年
五街清真寺	清	昌平区城北街道办事处五街社区	2003 年 7 月 28 日

（3）昌平区智慧旅游基础设施建设。

截至 2009 年末，昌平区公路里程达 1 884.1 公里，其中高速公路里程 95.5 公里。截至 2008 年底，城市道路里程 218 公里。

2016 年 5 月，北京市昌平区旅游发展委员会发布提升景区及新业态公共基础设施（实事工程）新建、更新八大业态企业及民俗村的全景牌或导游标志设施及 27 家旅游景区（点）安全警示标识牌建设公开招标公告。

（4）昌平区智慧旅游政务管理与服务。

随着智慧旅游建设的不断发展，昌平区已经逐渐完成了昌平旅游网、昌平区旅游发展委员会“爱上昌平”官方网站以及其他网站的建设，并开通了昌平区旅游官方微博、微信公众号，全面实现智慧旅游政务管理与服务，为人们提供更为便利的服务。

1）北京市昌平区旅游发展委员会门户网站——“爱上昌平”（http://www.iscp.com.cn/）。

“爱上昌平”网站共分为“感受昌平”“昌平咨讯”“游记攻略”“景区”“智慧导览”以及“交互系统”六个部分，对昌平区的旅游信息进行了全面的

① 见 http://www.bjchp.gov.cn/tjj/tabid/626/InfoID/342159/frtid/438/Default.aspx。

展示。网站主页布局简单，文字性内容较少，主要将昌平区的特色旅游资源以图片的形式进行推荐（见图3—45）。主页侧面为在线客服，点开客服可以与工作人员进行实时对话，增强双向沟通，使游客在第一时间咨询到较为感兴趣的问题。网页下方为昌平区近期旅游资讯快报，按时间顺序排列，清晰明了地展示了昌平区的旅游大事记。同时，网站还可以直接连接昌平区旅游官方微博，实现门户网站与微博平台的无缝连接（见图3—46）。

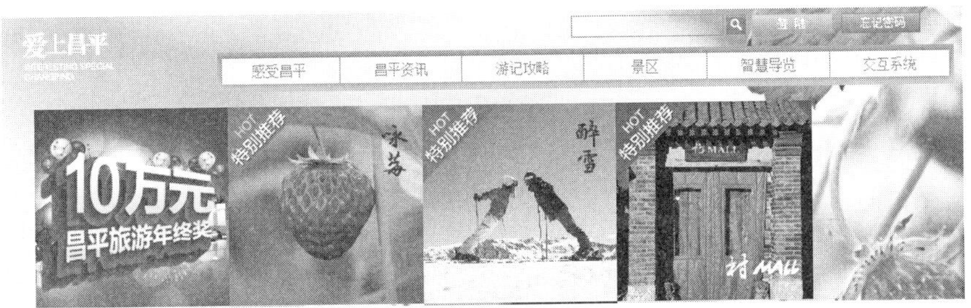

图3—45 昌平区旅游发展委员会门户网站

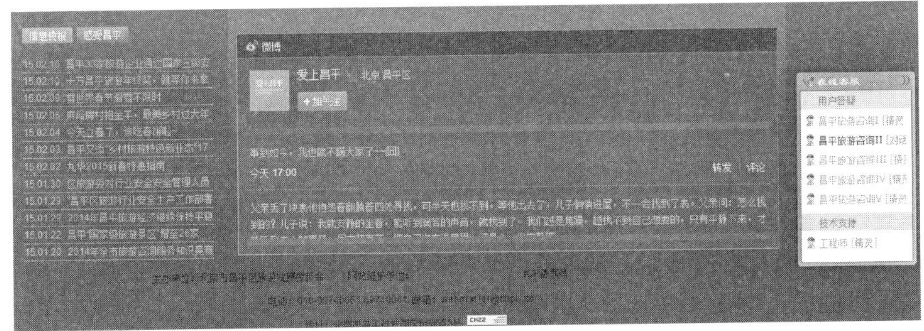

图3—46 昌平旅游局官网在线咨询、微博连接

2）昌平旅游网（http://www.chply.com/）。

昌平旅游网是展示昌平区旅游资源、旅游特色以及旅游事迹等相关信息的官方平台，网站致力于让浏览者全方位了解昌平区旅游业的发展状况，不仅包括旅游咨询及推荐，还包括昌平区旅游业收入的数据统计、昌平区旅游组织机构等相关信息。

昌平旅游网共分为“首页”“政务公开”“在线办事”“公众参与”“旅游服务”“旅游手册”“便民服务”以及“爱上昌平”八个部分，可以与“爱上昌平”网站实现无缝转换，便于两个网站之间的资源共享与信息传播（见图3—47）。

昌平旅游网将昌平区特色主题旅游产品分为九大类，方便旅游者根据自己的偏好进行针对性选择（见图3—48）。同时，昌平旅游网主页上还设有北京市其他区旅游网站的链接，使网站之间的跳转简捷化、资源共享最优化。

图 3—47　昌平旅游网首页

图 3—48　昌平旅游网旅游指南

昌平旅游网旅游指南分别从食、住、行、游、购、娱六方面对昌平区旅游资源进行阐述，网站还设有旅游常识与温馨提示，为游客提供旅游小技巧和旅行中的注意事项等（见图 3—49）。

图 3—49　昌平旅游网主题旅游

3）昌平区智慧旅游实景导览系统（http://map.iscp.com.cn/）。

昌平区智慧旅游实景导览系统（见图 3—50）共分为一日游、两日游以及经典路线推荐三个类别。进入系统后，游客可以看到昌平区重要旅游景点的立体分布图，其动态效果十分逼真，让游客足不出户就能享受到昌平区风景的视觉盛宴。游客如果点击相应景区，就会进入该景区的导览模式，随着鼠标的移动可以看到对应景区的 360 度实景，通过点击不同的按钮来切换场景，一览景区全貌，真正实现景区的虚拟旅游（见图 3—51）。

图 3—50　昌平区智慧旅游实景导览系统主页

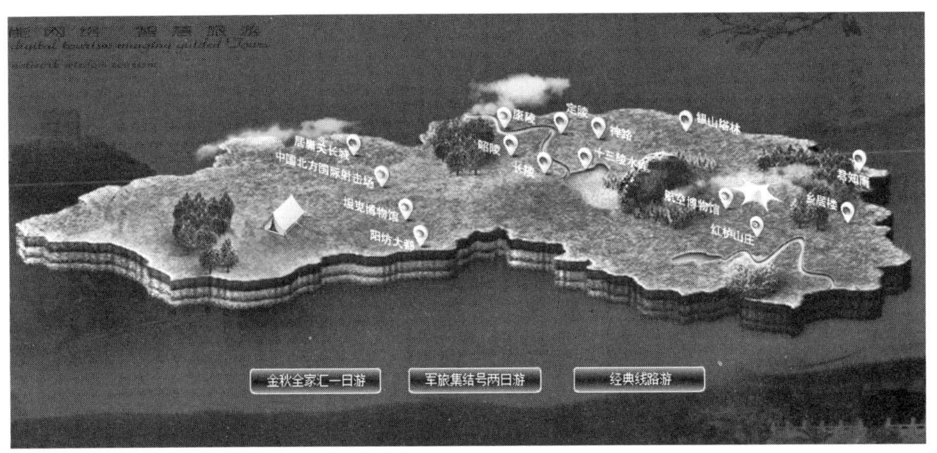

图 3—51　昌平导览系统——景区分布三维图

在导览系统的右上角，分别有周边信息、访问官网、简要概况、在线咨询以及在线预订标签。通过标签可以浏览景区周边信息推荐、景区的历史梗概、文化信息等，全面了解景区的文化。

4）昌平区魅力乡村交互系统（http://vidio. iscp. com. cn/）。

昌平区魅力乡村交互系统不仅包括昌平区著名景点，还包括许多温泉、会议中心、射击场等休闲娱乐场所，更加具有娱乐性、休闲性，丰富了昌平区旅游资源的内涵。

昌平区魅力乡村交互系统的虚拟视角一般为俯视，相较于昌平区智慧旅游实景导览系统，其视野更为广阔，操作方面也更为简捷，减少了景区概况以及场景切换等功能，只有方向按键、放大缩小以及抓取功能，使虚拟旅游的浏览效果更为突出，主题更为明确。但由于不能进行场景切换，因此也存在一定的局限性，只能浏览从一个出发点所能看到的360度的实景，细节化的处理还不够完善（见图3—52）。

图3—52 “爱上昌平”魅力乡村交互系统界面

5）官方微博（http://weibo. com/ischp）。

“爱上昌平”官方微博于2011年3月21日正式开通，3月25日发表了第一条微博。截至2015年11月27日，“爱上昌平”官方微博共发布微博12 843条，拥有粉丝108 088个（见图3—53）。

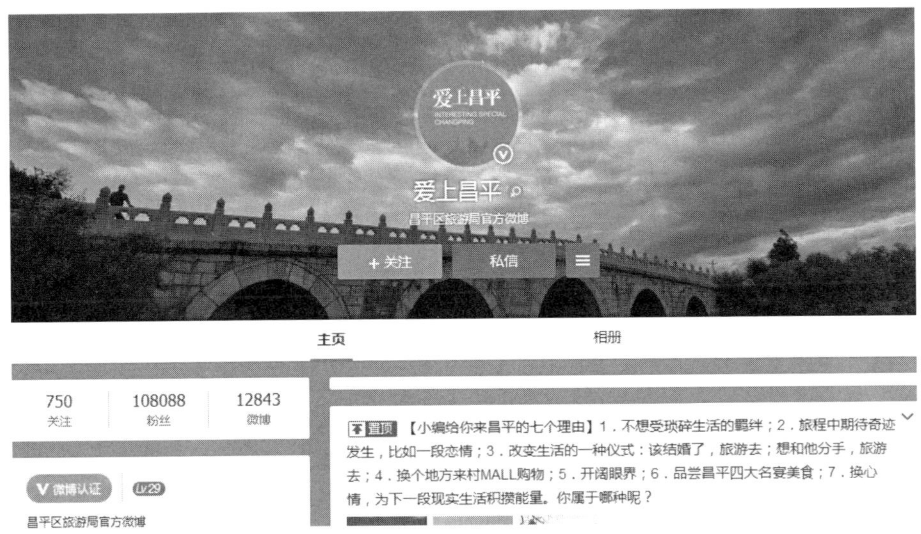

图 3—53　“爱上昌平”官方微博主页（截至 2015 年 11 月 27 日）

“爱上昌平”作为北京市昌平区旅游发展委员会的官方微博，主要为广大浏览者展示昌平区的旅游资源、美食资源及出行线路，以“让所有人爱上昌平”为宗旨，微博为大家提供昌平区相关旅游资源信息及相关新闻等。每天都能维持在 10 条的更新量，着重展示昌平区旅游、美食、节庆活动、历史文化常识等相关信息，并且有许多评论参与抽奖的活动，互动性强、维护比较完善（见图 3—54）。

图 3—54　昌平旅游官方微博页面

游客直接点击“爱上昌平”首页滚动图片可以进入昌平区旅游局官方网站，同时在微博左侧友情链接部分可以链接到昌平区其他官方旅游网站、政务网站等，实现资源共享。

6）微信公众平台。

游客在微信公众号中输入关键词“昌平”，可以搜到昌平区官方微信公众平台 4 个，分别是“爱上昌平”官方微信、“北京昌平”政务平台、“网聚昌平”以及“昌平范儿”。其中，“爱上昌平”为昌平区旅游发展委员会认证的官方微信公众号，定位于为游客提供服务咨询以及提供旅游咨询；“北京昌平”为中国共产党昌平区委认证用于公布官方政务信息的渠道之一（见图 3—55）。另外还有两个微信公众号为私营企业公司认证，主要为游客提供本地区内吃喝玩乐的信息。

图 3—55　昌平区相关官方微信公众平台搜索截图

通过“爱上昌平”微信公众号的链接，游客可以直接进入“爱上昌平”微官网，昌平区旅游资源分类信息、相关节庆活动咨询等都会在微官网上有所呈现，点击电话图标还可以直接进行电话咨询（见图 3—56）。

相对于官方的景区介绍、区新闻，“网聚昌平”及“昌平范儿”更为亲民，更侧重于展示昌平区美食攻略、游玩路线推荐与社区服务等，让当地居民以及游客更加全面地了解昌平、认识昌平（见图 3—57）。

图 3—56　“爱上昌平”微信

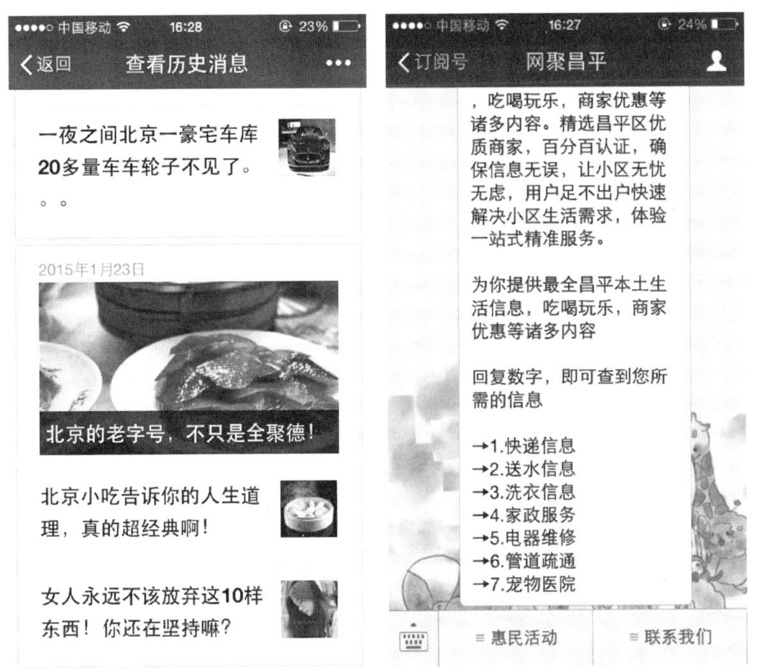

图 3—57　“网聚昌平”微信

2. 昌平区旅游产业智慧化提升体系

(1) 昌平区智慧景区建设。

“智慧景区”是“数字景区”的完善和升级，能够实现景区可视化管理和智能化运营。“智慧景区”是科学管理理论同现代信息技术高度集成，实现人与自然和谐发展的低碳智能运营景区。这样的景区能够更有效地保护生态环境，为游客提供更优质的服务，为社会创造更大的价值。

昌平区许多景区已经开始投入了智慧化因素的建设。而虚拟旅游是旅游景区智慧化建设的一项重要组成部分，在昌平区的景区建设中尤为突出。

1) 明十三陵景区。

明十三陵坐落于北京市昌平区天寿山麓，总面积 120 余平方公里，是全国重点文物保护单位、世界文化遗产、国家 5A 级旅游景区 (见图 3—58)。

自永乐七年 (1409 年) 五月始作长陵，到明朝最后一位皇帝崇祯葬入思陵止，其间 230 多年，先后修建了 13 座皇帝陵墓、7 座妃子墓、1 座太监墓。共埋葬了 13 位皇帝、23 位皇后、2 位太子、30 余名妃嫔、两位太监。

图 3—58　明十三陵神路

图片来源：http://baike.so.com/doc/6642388_6856203.html。

在北京旅游网的官方网站上可以看到明十三陵的虚拟旅游系统。跟随系统，游客可以在家中一睹十三陵的风采。系统通过 360 度实景浏览以及语音导航，给游客一种身临其境的感觉，仿佛置身于十三陵中移步换景。通过景区导览图中的不同位置，游客可以点击进入相应的景区，每个景区中有不同的语音讲解以及场景切换（见图 3—59、图 3—60）。

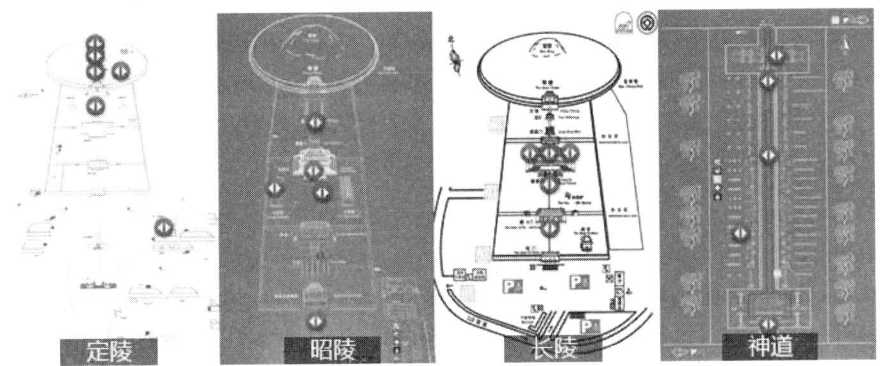

图 3—59　明十三陵虚拟旅游系统景区导览图

图 3—60　明十三陵虚拟旅游系统界面截图

如果认为导览图的方式不够清晰简捷，在系统的右上方还有景区文字标签，游客通过点击下拉菜单可以看到景区的全部景点，点击相应标签即可切换场景（见图 3—61）。

2）居庸关长城。

居庸关是京北长城沿线上的著名古关城，国家级文物保护单位，位于北京市昌平区，属太行余脉军都山地。居庸关与紫荆关、倒马关、固关并称明朝京西四大名关，其中居庸关、紫荆关、倒马关又称内三关。

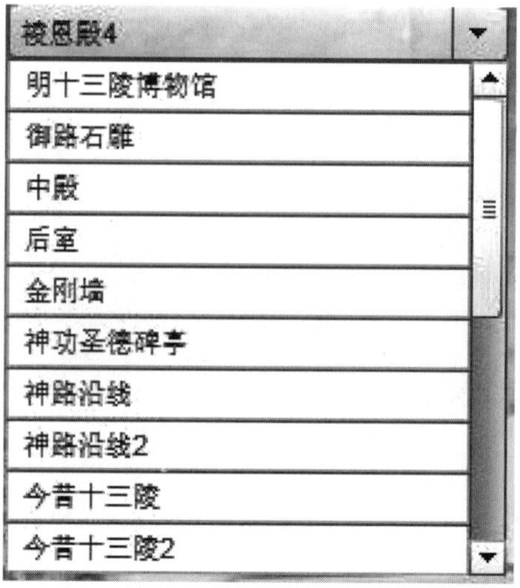

祾恩殿4
明十三陵博物馆
御路石雕
中殿
后室
金刚墙
神功圣德碑亭
神路沿线
神路沿线2
今昔十三陵
今昔十三陵2

图 3—61　明十三陵虚拟旅游系统景点文字标签

居庸关长城景区门户网站的组织结构分别为：首页、长城景区、长城动态、长城景点、长城图库、长城历史、长城文化以及旅游服务和虚拟景区。网站对于景区相关信息的展示较为全面，景区开放时间及淡旺季售票时间等信息都在网页较为显著的位置。同时，居庸关长城景区门户网站提供在线预订门票、周边酒店推荐及预订等服务，大大地方便了旅游者的出行（见图 3—62、图 3—63）。

图 3—62　居庸关长城门户网站

图 3—63　居庸关长城图库

3）温都水城。

作为以休闲旅游为主要特色的昌平区，温泉自然是必不可少的元素，在昌平区遍布着不同种类、不同特点的温泉，其中温都水城的知名度最高。

温都水城，即宏福·温都水城，位于北京紫禁城以北龙脉的 20 公里处，是距北京城区和奥运村最近的五星级综合型国际酒店。温都水城是集大型水上娱乐、温泉理疗、观光旅游、商务会议于一体，以“水”为亮点，以温榆河生态旅游为依托，整体占地面积近万亩的绿色休闲旅游胜地。

温都水城是昌平区集酒店住宿、美食餐饮、养生会馆、康体娱乐为一体的大型温泉度假村，其地理位置优越，交通环境便利，受到众多旅游消费者的青睐。其门户网站提供温都水城各类信息咨询、行车路线、服务设施介绍等，为前往温都水城的游客提供便利（见图 3—64）。同时，温都水城门户网站上，游客可以通过扫描二维码关注其微信公众号。此外，温都水城与各大旅游电子商务平台合作，通过多种渠道进行门票销售，用户在网站上购买门票以后，只需要出示验证码即可进入温都水城。

（2）昌平区智慧酒店建设。

根据去哪儿网统计，截至 2015 年 11 月 27 日，昌平区共有酒店 801 家，其中五星级酒店 11 家，四星级酒店 23 家，三星级酒店 40 家，二星级酒店及

图 3—64　温都水城官网截图

其他宾馆共计 727 家。由此可见，昌平区旅游接待资源较为丰富，基本可以满足旅游需求。但酒店在微信公众号建设方面较为落后，许多星级酒店并没有开通微信公众号。表 3—25 针对昌平区五星级酒店的官网、网站功能、微博、微信公众平台进行分析。

表 3—25　　昌平区五星级酒店智慧酒店建设情况一览表

酒店	星级	网址	功能	微博	微信
北京伯纳会所酒店	5	http://www.jmlhotel.com/skin_index_50101451_4	信息咨询、快速预订	无	无
北京华彬庄园绿色休闲健身俱乐部	5	http://www.reignwood.com/cn/pine_valley.asp	信息咨询	http://weibo.com/u/2296654041	华彬高尔夫庄园
北京龙城丽宫国际酒店	5	http://www.jmlhotel.com/skin_index_50101080_4	信息咨询、快速预订	http://weibo.com/loongpalace	无
北京国际温泉酒店	5	http://www.bjwqjs.com/	信息咨询、路线导览	http://weibo.com/u/3579358211	无
北京龙城华美达酒店	5	http://www.niuhuhu.com/gh/t6pti82t.action?id=37869	信息咨询、快速预订	http://weibo.com/ramadabeijingnorth	无
北京中国石化会议中心	5	http://www.hotel021.com/ghv502/t6pti82t.action?id=377063	信息咨询、快速预订	http://weibo.com/u/2266902987	无
北京九华山庄	5	http://www.jiuhua.com.cn/	信息咨询、在线服务	http://weibo.com/u/1919229737	九华山庄

续前表

酒店	星级	网址	功能	微博	微信
北京阳光温泉度假村	5	http://ygwq.idting.com/	信息咨询	无	无
北京保利会所	5	http://www.baoli-club.cn/	信息咨询、快速预订	无	无
北京拉斐特城堡酒店	5	http://www.bjlaffitte-hotel.com.cn/	信息咨询、快速预订	http://weibo.com/laffittehotel	北京拉斐特城堡酒店
北京阳坊胜利饭店	5	http://www.yfsl-hotel.com/	信息咨询、快速预订	无	阳坊胜利饭店

3. 昌平区智慧旅游建设成果评价

昌平区旅游资源种类十分丰富，无论是农业休闲，还是泡温泉、滑雪、采摘、节庆等活动都是昌平区的旅游吸引物。经过对昌平区智慧旅游建设进行系统的分析梳理可以看出，昌平区智慧旅游发展已经取得了十分显著的成绩，无论是在基础服务设施建设，还是在智慧酒店、智慧旅游交互系统、360度全景导览系统以及景区虚拟旅游系统等方面都已经建设得十分完善。昌平区旅游发展委员会的官方网站以及相关微博、微信也都建设得十分完善，并且各网络平台之间能够无缝转换，实现资源共享。

（1）昌平区智慧旅游建设的发展成就。

昌平区响应国家旅游局“2014智慧旅游年”的号召，充分发挥主观能动性，建设“爱上昌平”智慧旅游项目，推动昌平区智慧旅游的发展。

首先，昌平区智慧旅游系统的建设成果十分突出，360度实景导览系统以及魅力乡村交互系统都已经全面上线并有序运营，为前往昌平区的游客提供了十分显著的便利。

其次，昌平区旅游发展委员会门户网站以及旅游微博、微信平台的建立工作也取得一定成绩，昌平区各独立的旅游网络平台之间的相互跳转较其他区较为突出，帮助游客免去了各网站逐一登录、分别浏览的麻烦，使旅游信息的传播更为有效，资源的利用达到了最大化。

最后，智慧民俗游成为新型特色旅游产业形态，引领着昌平区智慧旅游产业化发展新方向。昌平区充分利用自身旅游资源特色，将生态旅游作为主要旅游产业形态之一重点发展，积极建设旅游接待设施，全面发展康复疗养、温泉滑雪、乡村旅游、农业观光等多种主题游，在Wi-Fi覆盖、门户网站、微信公众号等领域都开始积极建设，来提升旅游品牌的认知度。

（2）昌平区智慧旅游建设存在的不足。

第一，缺乏专业、统一的组织机构领导昌平区智慧旅游建设。昌平区智慧旅游的发展已经开展并取得成绩，但缺乏专业的组织领导，处于无统一领导的状态。因此，智慧旅游建设与规划没有系统性的指导。昌平区旅游发展委员会对于智慧旅游的重视和管制力度尚显不足，影响智慧旅游的投入以及企业对于智慧旅游的建设热情。另外，昌平区智慧旅游建设虽然比较完善，但缺乏新意，建设思维较为陈旧。

第二，智慧旅游的宣传力度不足，品牌意识薄弱。昌平区旅游资源种类繁多，但没有形成品牌形象。宣传促销的力度需要加大，宣传的范围需要扩大，不仅仅是在昌平区辖区内，在北京的其他区甚至中国的其他城市也要加大宣传，使昌平旅游的品牌打响，拥有更大的受众面。旅游推介活动较少，文化节等活动要多举办，大力开展旅游推介会、旅游交流会等，增加各地区之间的旅游项目交流，从而宣传地方旅游文化。

第三，缺乏专业从业人员。目前，我国智慧旅游的发展十分迅猛，造成旅游专业人才面临紧缺的状态，尤其是技能型人才，在经济社会发展过程中从事一线生产、管理与服务，具备熟练的岗位操作技能和突出的专业技术水平的人员未来需求数量巨大，但目前社会上各行各业的人才储备极少。智慧化旅游行业对于技能型专业化人才的要求越发严格，造成如今在岗人员专业素质缺乏、供不应求的局面。旅游行业从业人员大部分没有接受过正规的职业培训；接受过正规培训的人员在日益专业化的旅游市场，也越来越跟不上旅游建设的进程。

第四，民俗旅游类产品不规范。民俗旅游类产品是昌平区主题旅游产品中所占比重较大的旅游产品，是昌平区旅游产业链中十分重要的一环。在旅游建设方面，昌平区农村产业结构与发展规划不够规范，总体呈零散状态，没有指导性计划文件加以控制。农家乐产业管理不够严格，有许多私人营利性农家院非法进行旅游商业交易，造成民俗类旅游市场鱼龙混杂，难以评判与辨别。正规民俗旅游接待服务配套设施不完善，有大量不合标准的民俗旅游产品，侵害了旅游消费者的基本权益。

第五，旅游市场安全性问题。旅游市场涵盖内容广泛，与之关联的行业繁杂，在监管问题上较其他行业更为困难。非法一日游、非法私人酒店、虚假旅游医疗疗养类产品等层出不穷，使旅游市场的安全性受到威胁。市场整顿力度不够，没有有效的反不正当交易管理机制，使非法商贩有可乘之机。

4. 昌平区智慧旅游建设的对策及建议

（1）加强组织建设，强化政府职能和作用。

加强组织机构的建设，提高驾驭全局的能力。结合昌平旅游业发展实际，用科学发展观统领旅游业发展大局，用理论指导实际工作，进一步增强组织机构的凝聚力，真正做到团结，使其形成驾驭全局的战斗力。

加强调查研究，提高昌平区旅游发展委员会及其他参与主体在智慧旅游建设中的开拓创新能力，针对行业发展中存在的问题，及时有效地提出整顿措施。撰写具有指导意义的调研报告，用适度超前的思维方式、创新的工作能力服务于旅游行业的健康持续发展。

（2）加大促销宣传力度，强化品牌宣传意识。

加大在全国范围内的旅游客源地市场旅游品牌的促销宣传，定期组织昌平区旅游企事业单位赴北京周边省区的重点旅游城市开展丰富多样的促销宣传活动，并采取传统的方法与现代创新手段相结合的模式，利用网络及其他客户喜闻乐见的方法，采取“走出去”宣传和“请进来”推介，多做实效性工作，以推介旅游产品并形成品牌意识。多多开办旅游分享会、旅游推介会，积极举办各类旅游宣传活动，打响品牌。

（3）加强旅游从业人员培训工作。

定期进行旅游从业人员职业素质培训，建立培训机制，系统培训旅游行业在岗人员，提升其专业技能与职业素质，以适应智慧发展新要求。

聘请专业培训机构，注入新鲜思想、新鲜力量，优化旅游从业人员的专业技能，内容涉及：科技化智慧旅游系统的操作、维护和更新技术的掌握，基本职业技能的提升，旅游接待服务质量的提升，等等。

（4）规范民俗旅游业发展，构建和谐新农村。

开展“乡村酒店”试点，使其成为昌平区乡村旅游品牌产品。加大民俗旅游交易的监管力度，建立监管机制和评价标准，对不符合标准的旅游接待商进行整治或查封。帮助民俗村在春秋季及重大节庆活动中组织策划各种旅游活动，以活动扩大宣传影响，促进农民收入及接待能力的提高。建立“昌平乡村旅游网”，为昌平区民俗户建立网页，加大乡村旅游网络宣传力度。网站建成后，指派民俗村网络管理员，及时发布更新村、户信息，规范行业发展。

（5）加大旅游市场整治力度，强化旅游安全，规范市场行为。

“市场整治，强化安全”是落实奥运旅游行动计划的重要内容，只有创造和谐的旅游市场环境，旅游行业才能发展下去。集合有关职能部门加大非法一日游打击力度，在检查时间、地点、手段等方面，采取多种形式严厉打击违法违规经营行为，严格规范旅游市场秩序，协助北京旅游集散中心搞好运营。进一步加强市场整顿力度，坚决贯彻执行北京市旅游发展委员会下发的反不正当交易工作方案，在执法和为旅游企业服务过程中不与任何旅游企业搞权钱交易或不正当交易，特别是防止出现商业贿赂问题，坚持原则，永葆正气，为净化旅游市场环境从自身做起。对各企业进行分类分级管理，使其可以达到安全管理、诚信经营。

3.2.8　北京市门头沟区智慧旅游建设实践

1. 门头沟区智慧旅游公共管理与服务体系建设情况

在“智慧门头沟”和“北京智慧旅游”建设的基础上，门头沟区智慧旅游公共管理与服务建设已经起步，其中门头沟旅游资讯网、虚拟现实3D漫游、应急救援系统、智慧景区信息化管理系统、门头沟旅游综合管理应用系统已投入使用，并取得良好效益。

（1）门头沟区智慧旅游公共基础设施。

作为北京市远郊区的门头沟区由于辖区面积较大，且山区所占比例高，因而在智慧旅游公共基础设施方面起步较晚，水平相对较低。

1）无线网络建设情况。

因为地形和面积的原因，门头沟区网络覆盖率和网络速度都有所欠缺。2014年10月，门头沟区双峪路两侧实现免费Wi-Fi网络覆盖，市民和游客可在此随时免费使用便捷、安全的无线网络。未来，门头沟区将可以采取“交通线路＋景区＋居住区”的形式进行网络铺设，采取点线面的综合布网。

2）A级景区配备语音讲解器。

北京市旅游发展委员会为门头沟区12家A级景区配备了由天津恒大生产的语音讲解器。游客可以在景区管理处申请该设备，游客戴着耳机就能听见导游的讲解词，既能保证讲解质量，又能不影响其他游客的游览，游客可以免费使用该设备，使用后交还即可。

3）与银行合作安装POS机。

为了方便游客服务，门头沟区旅游发展委员会与多家银行合作，为区内旅游企业、民宿旅游接待户免费安装银行POS机，既便于游客刷卡支付，又有利于旅游企业财务统计。

（2）门头沟区智慧旅游政务管理与服务。

1）门头沟旅游政务网。

门头沟区旅游发展委员会建设了门头沟旅游政务网（http://www.mtgtours.com/export/zw/），用于政务公开、政民互动、在线办事等（见图3—65）。

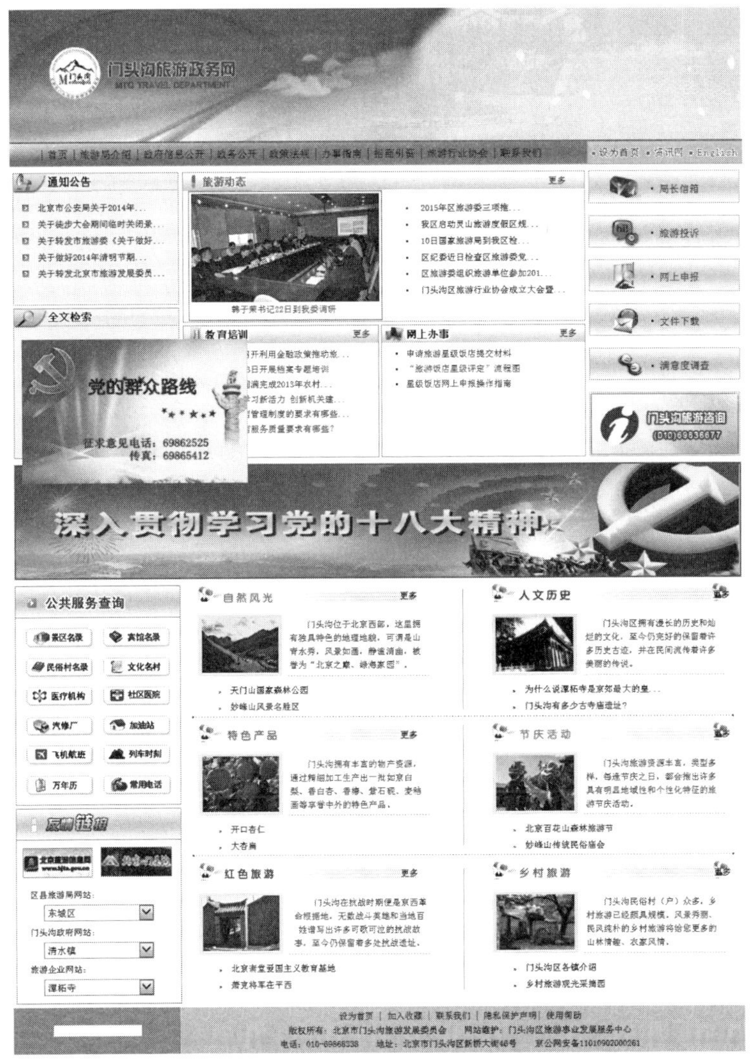

图 3—65 门头沟旅游政务网

2）面向山区旅游的应急救援系统。

近年来，山地探险成为一种热门旅游活动，每年吸引着众多探险爱好者来到门头沟。由于山区环境复杂、地势险要，门头沟区景区的安全问题尤为突出，旅游者迷路走失情况时有发生，亟须景区管理部门和门头沟旅游政府管理部门采取必要的措施。门头沟区山地面积占全区面积的 98.5%，山地面积巨大给户外救援工作带来较大困难，故开发建设应急救援系统平台势在必行。

门头沟区旅游应急救援系统包括搜救人员定位、指挥调度、预警信息发布、报表等功能，截至2014年底，已经完成了潭柘寺、双龙峡、爨柏、黄芩仙谷、灵山、小龙门6个景区的应急救援示范工程。

3）旅游资源普查管理系统。

门头沟旅游资源普查管理系统帮助门头沟下属镇、旅游景点等普通用户实现对旅游资源的上传操作，以及门头沟区旅游发展委员会对普通用户的旅游资源管理。针对用户上传的旅游资源，门头沟区旅游发展委员会组织专家进行打分，打分之后将旅游资源进行入库，而入库的旅游资源可以实现实时管理和查询。根据《门头沟区旅游资源基础资料》，截至2014年底，门头沟旅游资源普查管理系统共计入库393条旅游资源信息。

4）旅游产业项目管理系统。

旅游产业项目管理系统实现了门头沟区旅游发展委员会对涉及旅游业的贷款贴息项目、蓝皮书项目和产业项目的在线管理，包括旅游项目的注册、申报、审核、统计分析、查询、导出、打印等功能。

5）门头沟旅游综合管理应用系统。

门头沟旅游综合管理应用系统是一款集旅游资源和信息的采集、传输、存储、管理、发布于一体的综合管理应用系统，该系统充分整合门头沟区现有的旅游和信息化资源，覆盖全区主要景区和旅游服务设施的基本信息、气候环境、视频图像、景区天气变化情况等方面的内容，实现信息采集、信息分析、智能决策、监测数据、统计分析、科学管理、精准宣传、优化服务。

（3）门头沟区智慧旅游公共信息服务体系建设。

1）门头沟旅游资讯网。

门头沟旅游资讯网（http://www.mtgtours.com/export/zxw/）主要为游客提供门头沟旅游资讯服务，包括“青川古韵”“乡村旅游”“旅游活动”“旅游线路”“餐饮住宿”“娱乐购物”“电子地图”“旅游杂谈”等栏目（见图3—66）。

2）门头沟旅游资讯网英文版。

为了更好地服务境外游客，门头沟区旅游发展委员会开通了旅游资讯网英文版（http://www.mtgtours.com/export/entour/），从吃、住、行、游、购、娱等方面向境外游客展示门头沟的特色旅游资源（见图3—67）。

3）门头沟区旅游发展委员会官方微博。

门头沟区旅游发展委员会现已开通新浪官方微博，通过新媒体平台将门头沟区的旅游资讯和通告第一时间与游客分享，并以官方形式就游客普遍关心和感兴趣的问题进行统一答复（见图3—68）。

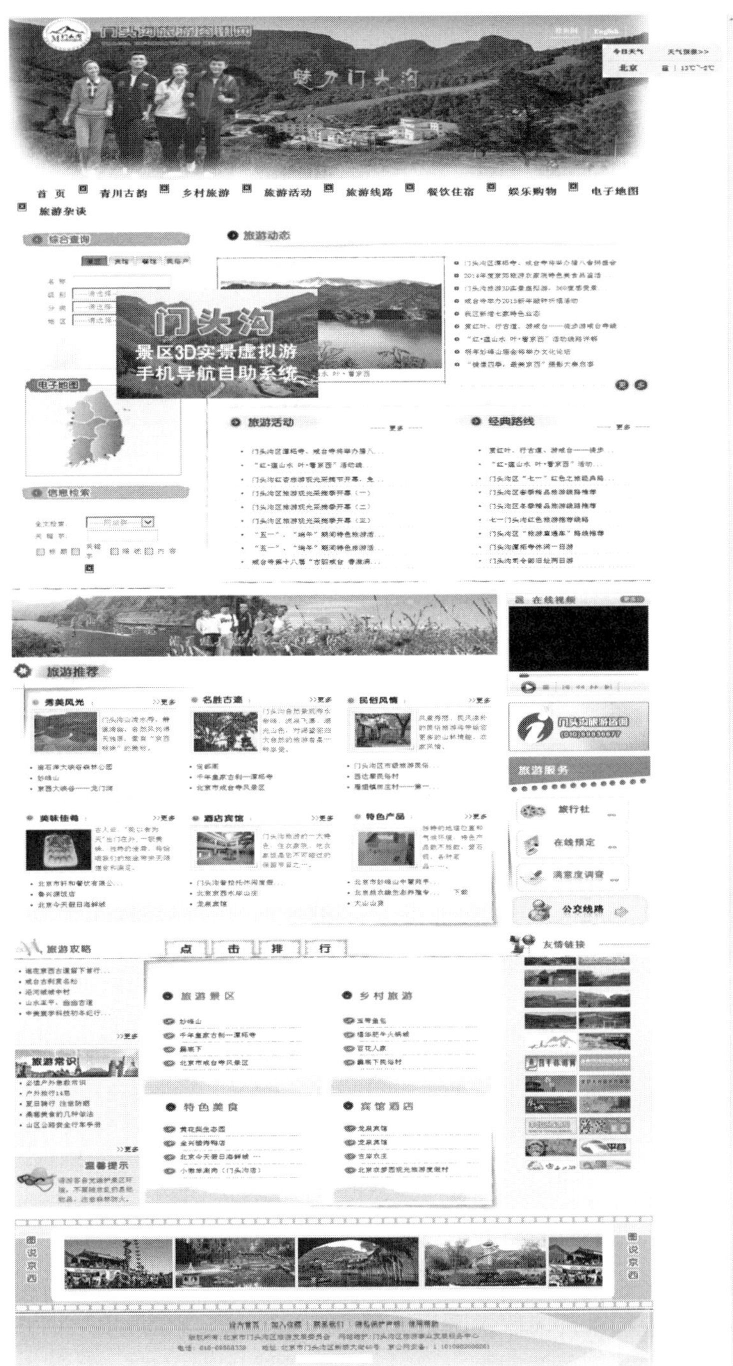

图 3—66 门头沟旅游资讯网

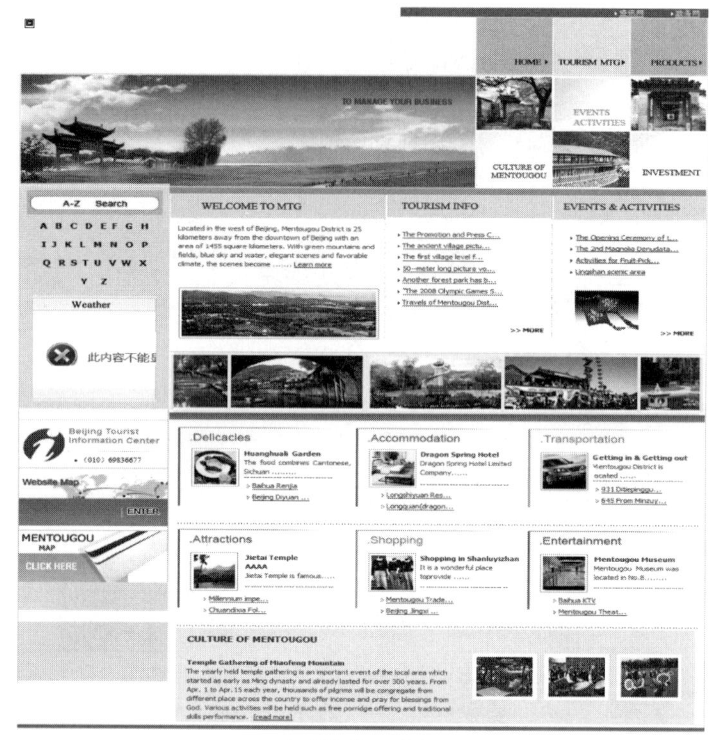

图 3—67　门头沟旅游资讯网英文版

图 3—68　门头沟区旅游发展委员会官方微博

4）设立“畅游门头沟”微信公众号。

随着微信等自媒体的快速发展，微信公众号已经成为旅游宣传营销必不可少的媒介，门头沟区旅游发展委员会也开通了“畅游门头沟”官方微信公众号，推广门头沟旅游资源。

目前，通过官方认证的门头沟旅游微信公众号主要有：“门头沟区旅游委”官方微信（见图3—69）、“京西门头沟”微信公众号（见图3—70）和知名论坛网站“门头沟论坛”的微信公众号。

图3—69　“门头沟区旅游委”微信公众号

图3—70　“京西门头沟”资讯界面

5）门头沟旅游网。

由宁国景程旅行社有限公司承接开发建设的门头沟旅游网（mentougou.com）立足游客需求，设立了首页、新闻、旅游、黄页、房产、活动、招聘、抢购、商城、论坛等专栏，为游客提供了丰富而便捷的旅游资讯服务（见图3—71）。

图 3—71　门头沟旅游网首页及分类

6）其他门头沟旅游相关 App 客户端建设。

截至 2014 年底，门头沟区尚未进行旅游 App 的开发。而其发布的一款名为“门城生活”的综合生活服务类应用中既包含了面向本地居民的生活缴费、便民服务类内容，诸如“水电电视”“金融地产”“医疗康复”“教育培训”等，也包含了很多面向本地及外地游客的休闲娱乐服务内容，比如“旅游采摘”“餐饮美食”“宾馆会所”“综合购物”“花鸟文玩”等（见图 3—72）。

图 3—72　门头沟综合类 App——门城生活

7）门头沟区 360 全景虚拟景区建设。

在科技企业的帮助下，门头沟区旅游发展委员会建设 360 全景虚拟景区以及 A 级景区智能导游系统。2013 年 6 月，门头沟区上线了 360 全景虚拟景区应用（见图 3—73）。门头沟区 3D 旅游虚拟现实建设基于图像拼接、全景视图、三维建模、虚拟现实等多种技术，实现了门头沟 A 级以上旅游景区的全景视图漫游系统；门头沟景区现阶段已经拥有 3D 景区场景缩略图、地图导航图、语音导航、图片、文字、虚拟漫游等虚拟景区效果。截至 2014 年底，门头沟区虚拟旅游景区涵盖了区域内潭柘寺、戒台寺、妙峰山、十八潭、爨柏景区、双龙峡、黄芩仙谷 7 家 3A 级以上旅游景区。游客可以通过访问门头沟区旅游发展委员会门户网站或指定景区的网站进行景区 3D 虚拟旅游体验。同时，门头沟区旅游发展委员会制作了门头沟旅游景区的宣传片，以及潭柘寺和戒台寺 3D 宣传片。

图 3—73　360 全景虚拟景区网站页面

门头沟区虚拟旅游建设同时能够为旅游企业、旅游者提供及时的旅游信息和服务，增强旅游者对旅游景区的认知感和网络体验，提高景区的知名度，对传播旅游文化具有较强的产业化示范作用和良好的社会经济效益。

8）门头沟 GPS 手机智能导游系统。

2013 年，门头沟区旅游发展委员会开发了一款“GPS 手机智能导游系统”，希望能够为广大游客提供智能且贴心的旅游服务。游客可以在手机应用商店自助下载安装智能导游服务软件。只需提前下载对应内容资源包，游客即可享受手机导航导游、与景区互动通信、景区移动管理、移动电子商务等服务（见图 3—74）。

门头沟 GPS 手机智能导游系统具备精准 GPS 定位、优美语音解说、清晰地图、完整城市攻略等功能，可为游客提供高质量的自助语音、景区导航、

图 3—74　门头沟 GPS 手机智能导游系统

旅游推荐等服务。凭借该软件，游客到达潭柘寺、戒台寺、妙峰山、双龙峡、黄芩仙谷和爨柏等景区后可获得全程“手机导游”陪同服务。游客还能够在手机智能导游服务软件中实现每个兴趣点（POI）的 GPS 自动触发半径，为游客提供景区内不同的旅游服务资源（如周边景点）和公共服务设施（如游客中心、咨询中心、特色餐馆、礼物商店等），为游客提供极大的便利。

总体来讲，门头沟 GPS 手机智能导游系统的应用体现出了便捷性和整体化优势，此类应用还是需要下载资源包，对于没有提前做好准备的游客来讲，此类应用不可利用。对此，建议能够和主流电子地图、导航系统、地理信息系统软件方合作，在一定程度上更好地增强游客使用智慧旅游应用的体验。

（4）门头沟区主要博物馆虚拟旅游建设。

近年来，门头沟区博物馆的各类展览中充分应用科技手段，增强展览的生动性和互动性。例如，在《纪念抗日战争胜利 65 周年——平西抗战组歌》展览中设有抗战知识触摸显示屏，观众通过显示屏获得与平常观看展览时不一样的新奇感，特别有利于满足青少年的好奇心和求知欲。门头沟区博物馆先后被评为“北京市科普教育基地”“北京市优秀科普场所”“区爱国主义教育基地”“北京市中小学生校外大讲堂”等。然而除了区博物馆，门头沟其他博物馆并没有进行智慧化建设，这主要与门头沟旅游资源禀赋情况相关，门头沟的自然旅游资源丰富，游客多以欣赏自然风光、体验民俗休闲旅游为主，因而作为人文旅游的博物馆智慧化建设相对不足。

2. 门头沟区旅游产业智慧化建设情况

（1）门头沟区智慧景区建设。

门头沟区辖内共有国家 4A 级景区 2 家，国家 3A 级景区 3 家，国家 2A 级景区 4 家，1A 级及以下景区 3 家。表 3—26 将从门户网站、移动 App、微

表 3—26　门头沟区智慧景区建设情况（截至 2015 年 2 月）

	AAAA 级		AAA 级			AA 级					A 级	无评级
	潭柘寺	戒台寺	妙峰山	十八潭	爨柏景区	百花山	灵山	小龙门	珍珠湖	龙门涧	八奇洞	双龙峡
门户网站	无	戒台寺—首页 http://www.jietaisi.net/	无	首页—京西十八潭 http://www.jxsbt.com.cn/	北京爨柏景区管理中心 http://www.cuanbai.com/	无	无	无	无	无	无	无
移动APP	无	无	无	无	无	无	无	无	无	无	无	无
官方微博	http://weibo.com/tanzhesi001	http://weibo.com/u/3008095881	http://weibo.com/u/2261338891	无	http://weibo.com/u/3289619411	http://weibo.com/u/2261338895	http://weibo.com/bjlsli	无	无	无	无	http://weibo.com/u/2776341995
微信平台	潭柘寺	戒台寺景区	北京妙峰山风景区	无	无	百花山旅游	无	无	北京珍珠湖自然风景区	无	无	无
第三方门票销售	支持	支持	不支持	支持	支持	支持	支持	支持	支持	不支持	不支持	不支持
电子门票	支持	支持	不支持	不支持	不支持	支持	支持	不支持	不支持	不支持	不支持	不支持
电商平台	无	无	无	无	无	无	无	无	无	无	无	无
虚拟体验	无	图片及文字介绍	无	独具特色的“景区四季”功能	图文资料	—	—	—	—	—	—	—
智能预警	支持	支持	支持	支持	—	支持	支持	不支持	不支持	不支持	不支持	不支持

博微信平台、第三方门票销售、电子门票、虚拟平台、智能预警等多个角度进行研究和分析。

门头沟区还建立了景区管理平台——门头沟智慧景区信息化管理系统，该系统以二维码为基础，实现景区管理、景区导游、游客管理、智能导游、数据统计分析等功能，促进旅游景区健康有序发展。

（2）门头沟区智慧酒店建设。

由于门头沟区地理环境与旅游经济发展的客观条件不足的限制，区内的酒店业主要以农家客栈和景区度假村形式出现，呈现出整体分布零散、局部集聚的特点，酒店规模较小，游客消费档次较低（见图3—75）。智慧酒店建设着力点在搭建中小智慧酒店资源平台工作上，为区内酒店提供统一的平台，出台规范标准，营造良好的智慧化升级环境。

图3—75　门头沟区民俗住宿接待

（3）门头沟区智慧旅游购物建设。

门头沟区以民俗旅游产品和农副产品为主要旅游购物产品。目前游客通过门头沟旅游咨询网站、微信公众号、微博等新媒体平台可以获取门头沟区旅游购物产品分门别类的推介信息，包含“唯一性农产品”“特色产品”“商场超市”等列别，各列别内部包含旅游产品的文字介绍、图片展示以及旅游购物店的联系方式、地址等内容（见图3—76）。

图 3—76 门头沟特产微店

3. 门头沟区智慧旅游建设成果评价

门头沟区旅游发展委员会遵循北京市智慧旅游工作方针，积极推进本区域内的智慧旅游建设实践工作。在智慧旅游建设标准下，将智慧旅游公共管理与服务、旅游产业智慧化提升两个方面都作为重点，全面探索门头沟区智慧旅游的发展道路，坚持发展门头沟特色智慧旅游，取得的成绩和存在的不足如下：

(1) 门头沟区智慧旅游建设取得的成绩。

门头沟区作为北京五个生态涵养发展区之一，旅游产业是其主导产业之一。在门头沟区旅游发展委员会的重视和支持下，门头沟区智慧旅游建设在旅游资讯发布、虚拟现实、语音讲解、手机自助导游等智慧旅游公共服务方面，以及景区信息化管理、应急救援等智慧管理方面已经取得了一定的成绩。

第一，重视智慧旅游基础设施建设。

门头沟区 12 家 A 级景区增设供游客无偿使用的语音讲解器，政府牵头与银行合作为景区免费安装 POS 机等基础设施的建设都为门头沟区智慧旅游的建设发展提供了基础。

第二，针对门头沟山区特色建设智慧应急救援系统。

为了提升旅游景区安全管理工作，最大限度地预防各类突发事件，坚持预防与应急相结合，做好应对突发事件的各项准备工作，门头沟区旅游发展委员会开发了景区应急救援管理平台，视频监控与超短波无线通信系统解决了旅游委对各级景区看不见、听不到、找不到的问题，提高了门头沟区旅游委应急管理能力和救援指挥调度能力。

第三，整合社会资源，提升旅游服务水平。

门头沟智慧旅游建设不仅依托政府提供的专项资金，还灵活地利用各类社会资源，例如与北京创艺丰通信息技术有限公司（全景客）和北京古游文化发展有限公司（古蛙旅游网）合作推出了针对门头沟10家景区的360全景虚拟景区建设项目和区内3A级景区的“GPS手机智能导游系统”，提升游客体验。

第四，智慧产业化提升特色鲜明。

门头沟智慧旅游建设紧紧围绕“文化引领、文游合一、农游合一”的发展思路，积极利用智慧旅游的手段促进京西休闲度假和乡村旅游的发展，推进农业与观光休闲旅游业的融合，打造北京周边高端休闲游目的地。

（2）门头沟区智慧旅游建设存在的不足。

虽然门头沟区智慧旅游在基础设施、应急救援、产业提升等领域有所涉及，但是整体而言，门头沟区智慧旅游建设尚处于初级阶段，缺乏系统性和整体性，呈现分散与零星状态。

首先，门头沟区智慧旅游建设缺乏详细的行动指南和标准规范，也没有针对智慧旅游提出阶段性目标和具体行动方案，更没有专项的标准规范进行指导。

其次，智慧旅游公共服务体系建设缺乏系统化、全面性，门头沟区智慧旅游公共服务体系建设尚处于初级阶段。门头沟区虽已建成门户网站（含英文版）、微信、微博等基础性信息服务平台，但是这些平台存在一个普遍问题，就是严重的信息滞后造成平台利用率低。同时，各平台之间的资源有效对接与信息共享有待提升。另外，门头沟区在智慧景区建设方面存在较大发展空间，比如在线票务系统、景区内信息的移动推送、智慧导览导游应用等应用尚未实现。

再次，智慧旅游产业化建设尚存在很大的发展空间。门头沟区智慧酒店、智慧景区的发展水平明显落后于其他区和现实需求，区内仅部分景区建有门户网站，为游客提供信息查询和在线预订服务，而旅游企业的虚拟体验、导游导览、智慧营销等领域还存在较大空白。

4. 门头沟区智慧旅游建设对策建议

针对门头沟区智慧旅游建设现状和不足，结合门头沟区建设“文化引领、文游合一、农游合一”的整体定位，从智慧旅游建设整体策略和微观对策两方面提出建议。

（1）门头沟区智慧旅游建设整体策略。

第一，完善本区智慧旅游顶层设计。

在深入调研分析门头沟旅游资源特色和旅游发展定位的基础上，结合北京市智慧旅游建设总体要求，制定《门头沟智慧旅游顶层设计》和《门头沟智慧旅游实施方案》，为门头沟智慧旅游的建设提供整体规划和依据，保证项目建设整体性、规范性和旅游信息资源的标准化。在规划的基础上，还应该提出智慧旅游建设考核标准，便于对建设成果进行考核。

智慧旅游总体规划应该从智慧服务、智慧管理和智慧营销的角度出发，明确相应的机制体制、信息系统、运营模式，遵循整体规划分步实施、政府主导企业参与、建设运营并重的原则开展。

第二，明确建设主体和科学分工。

智慧旅游的建设不仅需要政府的支持与引导，客观上还需要市场参与，尤其是企业积极投身建设，成为推动智慧旅游发展的主力军。因此，在门头沟区智慧旅游建设过程中，应该充分发挥各类旅游企业、科技企业、金融企业、文化企业等旅游关联企业的力量。将政府放置在发挥引导、规范作用的角色上来，依靠企业，形成全社会共同建设的局面。

第三，创新本区智慧旅游的建设和运营模式。

国内外智慧城市相关的建设模式主要包括两种。方式一：政府直接投资，以公开招标的方式确定合格的建设供应商，建成后政府购买由专业团队提供的技术和内容运营服务；方式二：采用政府主导、企业投资、市场规律运营收回成本的模式（见图 3—77）。

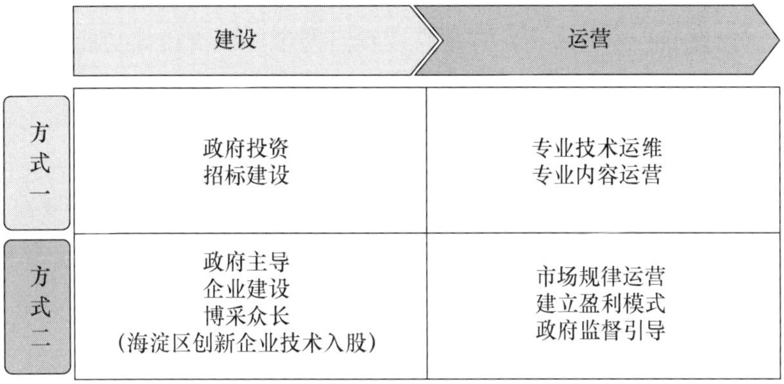

	建设	运营
方式一	政府投资 招标建设	专业技术运维 专业内容运营
方式二	政府主导 企业建设 博采众长 （海淀区创新企业技术入股）	市场规律运营 建立盈利模式 政府监督引导

图 3—77　智慧旅游建设模式

门头沟区智慧旅游建设应该采取“政府主导、企业建设、博采众长、市场运营”的模式，将市场化资金进行合理调配，以政府财政资金作为杠杆撬动市场资金，充分发挥各类企业在智慧旅游建设中的活力。

（2）门头沟区智慧旅游建设微观建议。

从微观对策层面讲，门头沟区智慧旅游的建设应该从智慧服务、智慧管理、智慧营销三个角度出发，满足游客在出发前、旅途中、抵达后三个阶段的不同需求，真正实现“以人为本”的智慧旅游。

首先，智慧服务方面。充分运用大数据、云计算、移动互联先进的信息技术为游客和旅游企业提供智慧化的服务。例如，整合门头沟区旅游发展委员会、旅游相关政府部门（园林局、文化委、商务委等）、旅游企业（景区、酒店、旅行社等）以及在线旅游企业（百度地图、携程、去哪儿、马蜂窝等）等的服务，为游客提供“一站式”旅游服务。

其次，智慧管理方面。在门头沟区智慧旅游管理建设过程中，旅游企事业单位部门的智慧管理政府在制定统一标准的基础上，由各单位根据自身实际情况进行开发建设。旅游业的快速发展离不开政府主管部门和旅游企业的共同努力。为了更好地提升政府对旅游企业的管理和服务水平，建议门头沟区旅游发展委员会开发建设旅游企业综合管理平台（含 App 版），实现随时随地的信息共享和智慧管理。

再次，智慧营销方面。门头沟区旅游资源丰富，但是知名度有待提升，如今，微信公众号和微商等平台已经成为旅游宣传营销的必要途径，门头沟区也应及时抓住机遇，满足游客的浏览、消费习惯，进一步加强门头沟区旅游资源在新媒体上的宣传推广。

此外，门头沟区旅游产业的智慧化提升还有待于进一步完善，区内酒店可以与具有影响力的旅游电子商务平台开展合作，鼓励农家乐积极开展网络营销，完善自身的线上信息，实现在线预订乃至在线支付等功能。旅游度假村等则可以通过与导航导览软件的合作，丰富客房、服务、交通等的详细信息，实现客房全景虚拟预览等对客服务。鼓励更多有特色的旅游购店录入和完善信息，并同地理信息系统合作，实现“按图索骥”的呈现方式，拓展移动端服务。积极同主流的景区导览软件或交通导航应用合作，扩大受众面。

3.2.9 北京市房山区智慧旅游建设实践

1. 房山区公共管理与服务智慧化建设情况

在智慧旅游方面，房山区没有明确的行动纲领，与公共服务纲领相关的有：2012 年 2 月，房山区完成了《房山区公共服务设施详细规划（自驾车旅游综合服务体系规划）》。与智慧城市相关的纲领是长阳镇在建设新型城市的同时，率先在全区提出了“无线城市，智慧长阳”的发展战略，研究制定了《2013—2020 智慧长阳建设总体规划》，而经住房和城乡建设部综合评审，长阳镇被确定为 2013 年度国家智慧城市试点，成为北京市第一个县镇智慧城市试点。

（1）智慧旅游公共基础设施。

1）网络覆盖。

早在2012年，房山区就计划在全区基本实现宽带升速光纤改造全面覆盖，实现宽带网络接入能力的突破性提升，为“智慧房山”的建设奠定基础。房山区长阳镇作为房山区智慧城市建设的领先者，以无线智慧城市为发展目标，推出“无线城市智慧长阳”发展战略，这是继北京市提出《智慧北京行动纲要》后，率先推进“智慧城市”建设的城镇之一。截止到2014年初，长阳县已经实现了全城公共区域80%无线网络覆盖。

2）公共安全及预警机制。

2012年7月21日，中国大部分地区遭遇暴雨，其中北京及其周边地区遭遇61年来最强暴雨及洪涝灾害。[①] 房山区25个乡镇（街道）均不同程度受灾，受灾面积基本覆盖全区，灾情严重地区近千平方公里，受灾人口达到80万人。此次特大暴雨造成的直接经济损失超过50亿元。区内有关部门还成功处置了一批社会关注的突出险情，如救助青龙湖镇上万村少年军校百余名受困师生、城关东关村百名群众、大石窝镇数百名受困群众和游客等。房山区十渡镇受灾人数达2 300户、8 200人，经济损失惨重，全镇经济损失5.79亿元，给房山区旅游业带来重创。为应对突如其来的灾害，将损失降到最低，房山区十渡景区积极进行防洪预警建设。同时，房山区修订旅游突发事件应急预案，在体制机制上做好充分的准备。

（2）智慧旅游政务管理与服务。

智慧旅游政务是智慧旅游规划与建设的中枢指挥系统。房山区旅游发展委员会牵头建设了房山旅游资源库、房山旅游信息网政务版、基于多媒体的房山旅游宣传营销平台等项目，通过房山区旅游政务服务和管理的智慧化建设，提升了政府管理效率，为其更好地服务于房山区旅游业健康快速发展提供有利条件。

1）房山旅游信息网政务版。

房山旅游信息网是一个综合性网站，2011年进行改版建设。其中，政务版是房山区旅游发展委员会面向企业提供政务信息和在线办事的主要渠道，由北京农业信息技术研究中心提供技术支持，主要包括“政务公开”“政策法规”“发展规划”“统计资料”“教育园地”“项目推介”“应急机制”“网上投诉”等板块，满足房山旅游委政务公开、企事业单位在线办事以及政民互动

① 参见《7・21北京特大暴雨》，见 http://baike.baidu.com/link?url=U_Z5jIMFuRvHN9cjC3e2-FmwdkcYHcR5h5VFFA1Wz3ZPj3hZvmj-MhAC5QLkeofXpcTfdUXeIfpGuth_rbsPm_。

需求（见图3—78、图3—79）。

图3—78　房山旅游信息网政务版首页

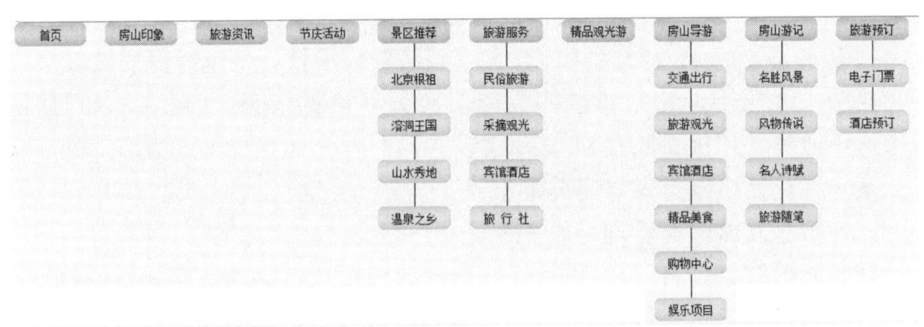

图3—79　房山旅游信息网政务版框架

2）基于多媒体的房山旅游宣传营销平台。

以走进房山世界地质公园为主题，房山区先后策划推出了国际长走大会、云居寺浴佛节、琉璃河牡丹文化节、圣莲山老子文化节等4大类24项特色旅游活动；在北京电视台、《北京日报》、《旅游》杂志以及人民网、搜狐网、新浪网等媒体进行了50余期专版专题宣传。

房山区加强了出版物制作，完成了公园宣传片、微电影、4D影片等，建设了电子导览图，推广应用电子笔，并在房山世界地质公园的解说系统和出版材料中广泛应用二维码技术。

（3）智慧旅游公共信息服务体系。

房山区智慧旅游公共信息服务作为其智慧旅游公共服务的重要部分，主要包括房山旅游资源库、房山旅游信息网商务版、房山旅游委官方微博、旅游微信公众号等。

1）房山旅游资源库。

房山区共有 8 大类、28 个亚类的历史、文化、地质旅游资源。房山旅游资源库全面而系统地梳理了房山旅游资源，是旅游服务、旅游管理和旅游营销的基础数据来源，也是房山区旅游信息网的后台支撑。

房山旅游资源库的建设强调三大概念：第一，强调“全面性”的概念，将政策法规、发展规划、旅游项目、应急机制、投诉信息等旅游政务信息纳入其中，以促进房山区旅游业健康有序地发展。第二，强调“多样化”的概念，房山智慧旅游整体要求指导下建设的资源库包含了文字、语音、视频、地图信息等多元的目录，不仅为游客提供方便的服务，同时也为区旅游发展委员会行业管理、产业促进提供了便捷的数据支撑。第三，强调“精细化”的概念，在旅游资源大类的基础上，设立子类别，例如“房山导游”栏目中设置食、住、行、游、购、娱六大板块。各个板块的内容再分类，进行更加详细的介绍。房山旅游资源库构建了资源长期更新维护机制，保证旅游资源的实时更新。

2）房山旅游信息网商务版。

房山旅游信息网商务版是房山区旅游发展委员会面向游客提供旅游资讯与服务的门户。房山旅游信息网商务版在风格上与其政务网保持一致，由北京农业信息技术中心承担技术支持。商务版主要包括“房山印象”“旅游资讯”“节庆活动”“景区推荐”“旅游服务”“精品线路”“房山导游”“房山游记”和“旅游预订”九大频道，涵盖游客在房山的食、住、行、游、购、娱各个方面的咨询、预订、购买等需求（见图 3—80、图 3—81）。

图 3—80　房山旅游信息网商务版首页

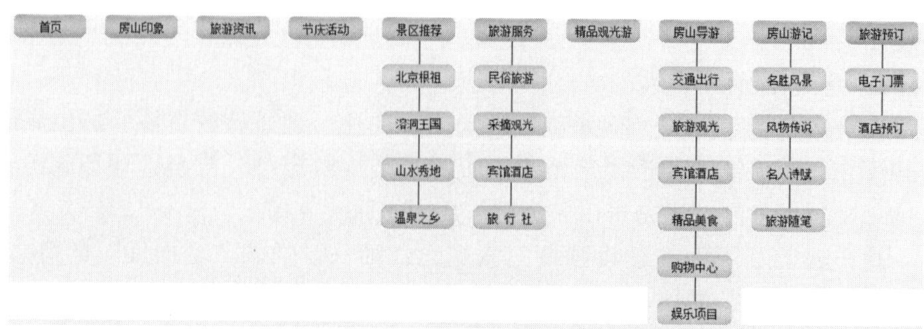

图 3—81　房山旅游信息网商务版框架

3）房山旅游委官方微博。

为了适应旅游宣传推广的需要，房山区旅游发展委员会开通了新浪官方微博，用于介绍、宣传房山区旅游资源与产品，树立区域大旅游形象，与市民和游客进行直接沟通（见图 3—82）。截至 2015 年 2 月 16 日，房山区旅游发展委员会新浪微博共有粉丝 65 151 人，发表微博 8 048 篇。

图 3—82　房山区旅游发展委员会新浪微博截图

4）旅游微信公众号。

房山区各类机构和组织充分利用微信平台，建设微信公众号，用于推荐本区旅游资源，发布旅游节庆资讯等，为游客提供丰富多彩、全面系统、适时准确的信息服务（见图 3—83）。

截至 2015 年 2 月，房山区旅游发展委员会尚未开通官方微信公众号，而一些企业承担起房山旅游微信公众号的重任。例如，“房山旅游”微信公众号由中科东盛（北京）电子出版技术研究院开发建设，主要为游客提供旅游咨询、旅游线路推荐、旅游文章欣赏等服务（见图 3—84）。

图 3—83　部分房山旅游微信公众号截图（截至 2015 年 2 月 21 日）

图 3—84　“房山旅游”微信公众号截图

2. 房山区旅游产业智慧化建设情况

截至 2014 年底，房山区共有旅游企事业单位 304 家，其中旅游景区 65 家，A 级景区达到 23 家（4A 级 5 家，3A 级 10 家，2A 级 7 家，A 级 1 家）；住宿业 214 家，其中星级饭店 42 家（四星 4 家，三星 14 家，二星 20 家，一星 4 家），社会旅馆 172 家；旅行社及分社 25 家。全区旅游直接从业人员 1 万人，带动间接就业人员 5 万人。

（1）房山区智慧景区。

为推进“智慧旅游”建设，房山区一批特色景区积极利用信息化手段提升游客体验，主要有 A 级景区无线覆盖、实时监控和预警系统的开发与应用、电子门票及配套设备安装与使用、景区 App 软件开发与利用等应用的开发与建设，方便散客自助旅游。其中，2012 年房山区十渡风景区与巅峰美景公司达成战略合作意愿，齐心协力共创智慧旅游示范景区。

表 3—27　房山区部分旅游景点智慧化建设情况

景区景点	网址	微信	微博
百花山	无	有	http://weibo.com/u/2261338895
东湖港	http://www.donghugang.com.cn/	有	http://weibo.com/u/2104772244
白草畔	http://www.baicaopan.com/	无	http://weibo.com/u/2260603343
青龙湖	无	无	无
仙栖洞	http://www.xianxidong.com/	无	无
上方山	无	无	http://weibo.com/u/2260603347
圣莲山	无	有	http://weibo.com/u/3516897413
十渡	http://www.shidu.com/index.html	有	http://weibo.com/u/5056701857
石花洞	无	有	http://weibo.com/bjshihuadong
云居寺	http://www.yunjusi.com/	有	http://weibo.com/yunjusiwenhuajingqu
周口店北京人遗址	http://www.zkd.cn/IBS/?	有	http://weibo.com/u/2554421194
金陵遗址公园	无	无	无

当前，云居寺的门户网站已经实现实景游览、数字云居等特色智慧化旅游服务，周口店北京人遗址公园网站开发了中文、英文和日语三个语言版本，实现网上订票、电子商城、互动体验等服务；周口店北京人遗址景区还开发了人类进化游戏，将旅游资源宣传介绍与网游结合，更加吸引游客兴趣。

（2）房山区智慧酒店。

截止到 2015 年 2 月 21 日，从携程旅行网上搜集房山区酒店关键词（包括星级酒店、民俗、接待处、农家院等各类住宿设施设备）共计 125 个。截至 2014 年底，房山区共有住宿企业 214 家，能够借助第三方平台线上预订购买的占到总体的 58.4%。

当前，房山区智慧酒店尚处于空白状态，绝大多数酒店还没有建设门户网站，部分酒店仅仅开通微信公众号，而酒店 App、电子触摸屏等智慧化建设更距离遥远，普及率不高且利用率非常低。

（3）房山区虚拟博物馆。

2006 年 9 月 17 日，联合国教科文组织正式批准中国房山世界地质公园并授牌。公园的申报成功，为北京增加了一处以自然景观为主的科技型世界地质公园，也使北京由此成为世界上第一个拥有“世界地质公园”的首都城市，而这也是华北地区两省市三区创建的第一家世界地质公园。为了保护、宣传和展示地质公园独特资源，房山区专门建设世界地质公园博物馆，在旅游信息网上专门开辟“房山世界地质公园博物馆”“中国房山世界地质公园”（网站：http://dzhgy. bjfsh. gov. cn/index. asp，微博：http://weibo. com/fsdz-gybwg），专门服务于房山世界公园智慧化建设。

在世界地质公园博物馆之外，房山区还有西周燕都遗址博物馆等十余家博物馆，这些博物馆基本已经实现网站建设，但是网上虚拟体验的覆盖度还不足，新技术在博物馆中的应用有待提升（见表 3—28）。

表 3—28　　房山区部分博物馆网站建设情况

博物馆名称	网址	是否有网上虚拟体验
西周燕都遗址博物馆	http://www. yanduyizhi. com/	无
周口店遗址博物馆	http://www. zkd. cn/IBS/?	无
房车博览中心	http://www. dazhongsi. org/cszl/index. htm	无
房山世界地质公园博物馆	http://www. jb. mil. cn/	无
岩溶博物馆	http://www. cnmuseum. com/	无
贾岛纪念馆	http://airandspacemuseum. buaa. edu. cn/	有
袜文化博物馆	http://museum. chinatelecom. com. cn/	无
国瓷会馆	无	无
圣莲山地址博物馆	无	无
猿人展览馆	无	无
日盛袜文化博物馆	http://www. chemmuseum. com/Default. aspx	无

（4）智慧旅游购物。

为了推广房山旅游特色纪念品，房山区旅游发展委员会大力开发“房山礼物”，开发了堇鼎系列、石经系列、“北京人”头像系列、编织系列、绿色农产品等具有房山特色的旅游纪念品，积极塑造“房山礼物”品牌。其中，“旅行两用按摩枕”和“菊花白酒礼盒”分别获得 2014 第十一届“北京礼物”旅游商品大赛科技主题和北京老字号主题铜奖。未来，房山区将大力开发“房山礼物”，坚持市场化运作，开发具有民俗和区域特色的创意旅游商品，积极塑造“房山礼物”品牌。

（5）智慧旅游新业态。

房山旅游资源丰富，养生山吧、乡村酒店、采摘梨园、休闲农庄等 7 类 48 家新型业态企业蓬勃发展；成立了房山区首家民俗旅游专业合作社——九渡山水民俗旅游专业合作社，积极推动民俗村服务标准化、规模化、规范化建设。

3. 房山区智慧旅游建设成果评价

房山智慧旅游建设项目立足本区特色，借助和突出本区资源优势，以旅游者（尤其是散客）需求为出发点和落脚点，在智慧旅游公共管理与服务、旅游产业智慧化提升两个层面都有关注和探索，尤其在旅游新业态的智慧化方面属于创新发展与应用。

（1）房山区智慧旅游建设取得的成绩。

通过对房山区智慧旅游建设现状的梳理和分析可以看出，房山区智慧旅游建设依托北京市整体利用信息化技术，提升游客体验，提高政府管理效率，加强政企沟通协同，强化宣传营销，提升特色产业水平。房山区智慧旅游建设实践取得了阶段性的成绩，为后续发展奠定了基础与条件。

首先，智慧旅游建设在房山区已经成为智慧城市的一部分。城市网络覆盖、公共安全与视频监控等基础设施设备的建设与普及为房山区智慧旅游建设奠定重要基础。

其次，面向散客的智慧旅游的公共信息服务系统初步建立。通过房山旅游资源库、房山旅游信息网商务版、房山区旅游发展委员会官方微博、微信公众号等项目的开发和建设，房山区实现了一系列以“游客”服务为核心的智慧旅游服务。除了房山区政府之外，一些企业也加入智慧旅游建设的行列，开发建设与推广一系列智慧旅游服务工程，多渠道、多样式为游客提供随时随地的旅游资讯和旅游接待服务。

再次，通过房山旅游信息网政务版、基于多媒体的房山旅游宣传营销平台的开发和建设，为智慧旅游管理与服务提供窗口，不但提升了管理效率，同时也创造了一种个性化、智能化的管理平台。房山旅游信息网是房山区旅游发展委员会面向旅游企事业单位提供服务管理的重要窗口。

最后，房山区智慧旅游建设在产业化提升方面也取得重要成绩，众多自然和人文景区都已经实现网站建设与相互链接，开通官方微博，建立微信公众号，同时吸引众多企业参与智慧旅游建设。在房山旅游信息网上还专门开设中国房山世界地质公园和房山世界地质公园博物馆两个网页，通过文字、图片、视频等多样化手段介绍公园和博物馆的相关信息，普及博物馆知识。“房山礼物”、智慧旅游新业态（尤其是“智慧旅游乡村”）发展迅速，成为旅游产业智慧化提升的重要牵引。

（2）房山区智慧旅游建设存在的不足。

当然，房山区在智慧旅游建设过程中也存在着诸多不足，主要有以下几点：

首先，房山区智慧旅游建设处于零散状态，尚未形成一个系统化体系，缺乏顶层设计与领导纲领性文件。虽然智慧旅游是智慧城市的一部分，但是房山区的智慧旅游建设基本上处于自发式建设，缺乏高瞻远瞩性的规划，有些盲目。这必然会导致智慧旅游整体建设缺乏系统性、联系性，也容易造成资源浪费、效果不够明显等问题的出现。

其次，房山区智慧旅游建设的基础条件有待提升。房山区虽然在网络覆盖和公共安全与预警机制方面已有成绩，但是智慧旅游建设还需要有更加丰富和充分的条件作为支撑。如房山区新技术推广环境尚未营造起来。

再次，房山区智慧旅游管理与服务体系不够健全。房山区政务办公系统相对比较单一和陈旧，虽然建设了房山旅游信息网政务版，但是信息更新速度还有待提升。对内办公系统以及房山区旅游发展委员会与其他关联部门之间的沟通协作平台和机制尚未建设，阻碍房山智慧旅游的发展。

最后，房山区旅游产业智慧化程度有待提升，智慧旅游建设特色不够突出。房山区旅游资源丰富，旅游新业态（尤其是乡村旅游）是其未来旅游业发展的重点产业之一，但是目前其智慧化建设尚处于相对空白状态。房山区智慧旅游产业层面建设还不够有力，科技雄厚的优势没有很好发挥，缺乏领头智慧旅游企业，试点示范效益不明显。

整体而言，房山区智慧旅游建设得到政府的重视，在智慧旅游政务管理与公共服务方面取得一定成绩。但是各个层面基础比较薄弱，试点示范尚不健全，企业的参与力度不高，政企合作缺乏长效机制。

4. 房山区智慧旅游建设对策

针对房山区智慧旅游建设存在的一些问题与不足，未来，房山区智慧旅游建设需要注重以下几点：

（1）制定房山区智慧旅游整体规划和顶层设计。编制房山区智慧旅游建设纲领和阶段性实施计划，颁布本区智慧旅游纲领性文件。将智慧旅游纳入智慧城市的一部分，在规划上、政策上、政府部门协作机制上为智慧旅游的建设奠定基础。

（2）加强房山区智慧旅游公共基础设施条件的建设。依托“无线城市”“智慧城市”建设，着力打造智慧旅游的基础层面建设，尤其注重城市公共基础与服务的完善，为智慧旅游的后续建设奠定良好的公共基础。

（3）突出长阳镇的示范带动效果，加强以点带面，树立典型示范。加强旅游政府部门与关联部门之间的沟通协调，建立联动机制。加强政府与企业的合作，扶植和推动智慧旅游企业的发展，培育区内智慧旅游大型企业。

（4）加强智慧旅游宣传营销力度，创新营销手段。充分利用微信、微博等新媒体平台，开展定制化服务，让游客自己决定所需要的信息资源。开发建设房山区旅游发展委员会官方微信公众号，实现门户网站、微信公众号、官方微博信息同步与实时更新。

（5）深入挖掘和打造智慧旅游新业态，尤其是“智慧旅游乡村”，形成特色智慧旅游产品品牌。

3.2.10 北京市大兴区智慧旅游建设实践

1. 大兴区公共管理与服务智慧化

(1) 智慧旅游公共基础设施。

1) Wi-Fi 覆盖。

北京大兴信息网（www.bjdx.gov.cn）数据显示，2012 年 8 月大兴区移动宏蜂窝基站近 700 个、微蜂窝基站近 500 个，室外 Wi-Fi 热点约 400 个，室内 Wi-Fi 约 30 处。联通、移动大兴分公司在大兴新城已实现 Wi-Fi 无线上网 100 余处。企业和政府用手机链接政务办事窗口，就能实现足不出户办理业务，市民和游客可以在重点区域实现高速无线上网。

2) 公共安全及视频监控。

打造监控“天网”，保障公共安全。“十二五”时期，大兴区深入推进公安科技信息化建设，积极搭建图像监控系统，充分整合社会电子监控信息资源，为强化全区社会治安防控、维护安全舒适环境提供有力支撑。2011 年大兴区共有各类视频监控系统 2 000 多个，前端监控探头 10 200 多个，视频监控系统建设已经初具规模，在公共安全管理中发挥了不可替代的作用。“十二五”时期，大兴区将现有系统进行升级，进一步完善两级监控平台，大力增加前端布点建设，整合社会图像资源，全力打造监控“天网”。除了增加前端监控探头的数量和覆盖面，大兴公安分局还计划将原有的社会面视频监控资源整合起来，实现资源共享，从而进一步扩大了视频监控的覆盖面。

健全安全监管系统，夯实旅游安全管理基础。目前，大兴区旅游行业安全管理体系基本健全，各镇、街道严格落实旅游安全属地管理职能；明确各星级宾馆、饭店、A 级景区、社会旅馆、民俗村（户）安全责任人，明确责任分工，加大安全管理培训力度，严格落实旅游安全职责；基本完成安全标准化建设工作。据统计，2014 年，大兴区联合区内旅游企事业单位组织旅游安全应急预案演练活动 6 次，参加演练 600 余人次。2014 年 6 月为“安全生产月”，当月开展星级饭店等级景区和民俗村（户）、观光园区安全应急培训 2 次，参与培训旅游企业从业人员 150 多人次。2014 年 11 月 28 日，大兴区旅游发展委员会组织全区 300 多名旅游行业从业人员参加“2014 大兴旅游行业安全技能大赛”，取得了显著效果。

设置并开通公共自行车及公共自行车站监控系统。公共交通安全是公共安全的重要组成部分。为进一步缓解公共交通拥堵、减少公共交通隐患，大兴区设置并开通了大兴区公共自行车及公共自行车站监控系统。为了实现对监控点进行全方位的监控以及对安防信息的及时反应，大兴区对相关设备进行集中监控、集中维护和集中管理。其运营原理是利用通信网络信号，通过站点控制器将站点运营信息上传到管理中心服务器，管理人员利用互联网调取服务器中的站点信息，从而实现管理中心对全城各个站点的整体管控。

3）规范旅游标识系统和服务设施。

规范旅游标识系统。为强化区内各旅游景区景点、宾馆、酒店、农业观光园的旅游标识，进一步推进民俗旅游村（户）旅游标识系统建设，大兴区投资 500 多万元，为主要干道安装旅游标识牌 280 块，为中外游客提供更为便捷的服务。2014 年 11 月，经北京市旅游发展委员会现场验收，完成了园区环保厕所、标识牌的建设项目。

完善服务配套，提升景区服务水平。大兴区在争取“景区提升公共服务设施建设”项目中，争取市级专项资金 722 万元，用于农业观光园和景区的木屋式厕所配备、停车场修建、标识牌安装及垃圾箱配备等基础建设，有力提升了大兴区旅游公共服务的水平。

（2）智慧旅游政务管理与服务。

1）大兴旅游政务网。

大兴旅游政务网（www. xingchuang. com. cn/web/lyw/lydt/445225. htm）的内容包括：政务之窗、景区景点、乡村旅游、工业科技游、节庆旅游、宾馆饭店、大兴礼物、旅游行业协会等（见图 3—85）。但部分具体信息仍存在发布不够及时的缺点。

图 3—85　大兴旅游政务网

2）大兴旅游数据管理统计平台。

2014 年初，大兴区旅游发展委员会联合区信息中心建立了大兴旅游数据管理统计平台，2014 年 3 月份该平台正式启用。通过完善旅游数据平台的建设和利用，大兴区形成了准确、及时、高效的旅游数据上报机制，逐步实现了“每月有报表、季度有分析、半年有报告”的一整套体系。旅游统计分析资料为各级领导科学评判各镇旅游形势、发现问题、科学决策提供参考依据。

旅游统计体系包括：旅游假日监测系统、旅游景区管理系统、全区旅游企业统计与财务系统和国民经济旅游统计系统四大系统，涵盖了全区全部的旅游生产经营单位与个人。通过科学合理应用这四大统计系统平台和大兴区旅游发展委员会的短信交流平台，实现了全区旅游统计的网络化与信息化，使全区的旅游发展情况及时、全面地反馈到各级领导与相关部门，促进了全区旅游产业又好又快的发展，实现了“健康、安全、秩序、质量”四统一的目标。

（3）智慧旅游公共信息服务体系。

1）大兴区旅游发展委员会官方微博与微信公众号。

目前，大兴区旅游发展委员会已经开通了官方微博。截至 2015 年 3 月 5 日，粉丝数量已经达到 77 967 个（见图 3—86）。

图 3—86　北京市大兴区旅游发展委员会官方微博（截至 2015 年 3 月 5 日）

当前，大兴区旅游发展委员会已经建设了大兴区旅游微信公众号——大兴旅游，其功能主要为大兴旅游资源、特色产品、节庆活动宣传推介。旅游微信公众号与大兴区旅游发展委员会官方新浪微博链接，实现信息同步发布与更新。

2）爱我大兴社区网及其微博、微信平台。

爱我大兴社区网（www.25dx.com）是大兴区信息服务的门户网站之一，其内容涵盖社区论坛、大兴公交、惠民信息、线上活动、线下活动、QQ群等（见图3—87）。爱我大兴社区网实时发布大兴区的各类信息，以服务新区发展、服务新区百姓为发展方向，通过爱我大兴社区网及微信公众号广泛征集网民意见，组织开展丰富多彩的网络文化活动，满足微粉、网友们的业余文化需求，也在一定程度上满足了游客的旅游需要。

图3—87　爱我大兴社区网

截至2015年3月8日，爱我大兴社区网官网微博粉丝数量已达到19 668个，发布微博信息3 339条（见图3—88）。

当前，微信已经成为人们沟通交流、获取信息的重要途径，也是商家进行产品宣传推广的又一重要平台。它以高效便捷、娱乐互动的特征吸引着众多网民。爱我大兴社区网微信公众号是爱我大兴社区网的一个基于移动端的社区网络平台。自2013年4月开通以来，爱我大兴社区网微信公众号每天都发布有关大兴地区的最新新闻。截至2013年9月，爱我大兴社区网微信公众号已经有超过4万的粉丝点击关注，而90%以上的粉丝都是大兴本地居民。爱我大兴社区

图 3—88　爱我大兴社区网微博（截至 2015 年 3 月 8 日）

网微信公众号以“关注民生、服务大兴”为宗旨，凭借强大的采编力量和社区网友资讯，将大兴的大事、小事、身边事，美食、娱乐、电影、运动，交通、医疗、各种折扣信息快速、准确地分享给大众，已成为大兴区影响力最大、覆盖面最广、最贴近百姓、最便捷的生活服务指南平台（见图 3—89）。

图 3—89　爱我大兴社区网微信公众平台

3）“大兴这些事儿”网站、微博及微信公众平台。

除了大兴区旅游发展委员会官方微博、微信平台和爱我大兴社区网之外，“大兴这些事儿”也成为大兴区市民及外来游客的信息服务的主要平台（见图 3—90、图 3—91、图 3—92）。

图 3—90　“大兴这些事儿”网站

图 3—91　“大兴这些事儿”微博

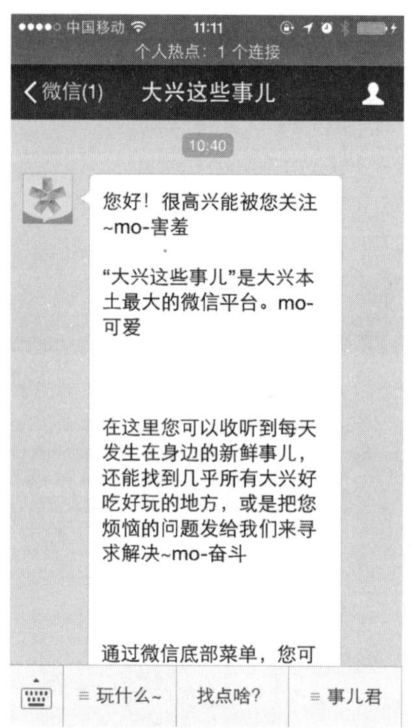

图 3—92 “大兴这些事儿”微信公众平台

4）旅游咨询语音和短信门户热线。

2012 年 3 月，大兴区旅游发展委员会联合中国移动北京公司大兴分公司在全市率先启动 4001678809 统一语音和 1065016 统一短信旅游宣传服务平台，开启了一个新的官方旅游服务板块。大兴旅游咨询语音热线涵盖大兴区域主要旅游咨询站、观光采摘园、民俗村户、景点景区、旅游商品、工业企业、酒店餐饮等 9 个分类 100 多家服务机构。在大兴西瓜节期间，平台每天的咨询量达到十几个小时。

游客除拨打 4001678809 语音号码外，还可以通过手机发送短信“dxly”到 1065016，1065016 平台接收到游客短信咨询后，自动将大兴的手机旅游网页推送到游客手机上，游客通过手机即可查询到大兴旅游相关信息。两大平台的搭建推动了大兴区旅游公共服务的整体升级，并且在行业内具有很好的示范、推广作用。

5）虚拟博物馆。

大兴区有中国西瓜博物馆、中国印刷博物馆、中国葡萄博物馆、北京南海子麋鹿苑博物馆、北京建筑大学大兴校区建筑博物馆、可口可乐博物馆等6个博物馆。其中只有中国印刷博物馆、北京南海子麋鹿苑博物馆设有自身网站，开通网上虚拟体验馆的博物馆则只有中国印刷博物馆（见表3—29）。

表3—29　　大兴区博物馆网站建设情况

博物馆名称	网址	是否有网上虚拟体验
中国西瓜博物馆	无	无
中国印刷博物馆	http://www.chnpm.org/	有
中国葡萄博物馆	无	无
北京南海子麋鹿苑博物馆	http://www.milupark.org.cn/	无
北京建筑大学大兴校区建筑博物馆	http://lib.bucea.edu.cn/	无
可口可乐博物馆	无	无

2. 大兴区旅游产业智慧化建设情况

（1）智慧景区。

大兴区在智慧景区建设方面相对比较薄弱，仅在景区门票线上销售以及游客评价等方面有内容。例如，北京大兴野生动物园的门票在北京旅游网、携程旅行网、去哪儿网、驴妈妈旅游网、途牛旅行网等第三方平台上有销售，而大众点评网和蚂蜂窝网站上有游客的评价和攻略。

（2）智慧酒店。

大兴区根据自身及酒店特色，制作了适合外宾在宾馆酒店观看的开机短片、三分钟推介宣传片等视频资料，这些视频资料主要有《城南绿海、生活大兴》中英文版大兴旅游宣传册等。同时。大兴区还规范酒店的旅游标识系统，完善酒店的软环境建设。为推进旅游标识系统的建设，大兴区拿出专项资金用于强化酒店宾馆的旅游标识，为游客提供了更为便捷的服务。

（3）智慧旅游购物。

在推进大兴旅游商品体系建设过程中，大兴区旅游发展委员会不仅积极组织区内产品参与市级旅游商品大赛和国际旅游商品博览会，还大力支持和鼓励旅游商品研发设计工作。2013—2014年，大兴区共争取市级旅游商品创新研发奖励补贴资金626万元，为梦狐竹纤维、金丝岩彩画、黑陶等18种旅游商品向研发生产规模化、经营销售规范化的转化提供了支持。2014年4月，大兴区举办了“赏梨花、听古琴、观月季、品春茶”春季旅游文化节，邀请浙江省丽水市百山牌老字号茶叶走进大兴，带动大兴旅游商品的宣传推广，受到市民和游客的普遍欢迎。

3. 大兴区智慧旅游建设成果评价

（1）大兴区智慧旅游建设取得的成绩。

第一，在智慧旅游公共基础建设方面，大兴区在智慧旅游公共基础设施建设方面推广 Wi-Fi 覆盖，市民和游客可以在重点区域实现高速无线上网；打造监控“天网”，保障公共安全，健全安全管理系统，设置并开通了大兴区公共自行车及公共自行车站监控系统。这些工作为大兴区建设智慧旅游奠定重要基础。

第二，在智慧旅游服务方面，大兴区旅游发展委员会积极建设智慧旅游公共服务系统，尤其对旅游公共信息服务平台进行了多样化的打造，如建设了大兴区旅游发展委员会官方微博、大兴旅游微信公众号，并实现官方微博与微信公众号的直接链接，开通旅游咨询语音和短信门户热线，基本搭建起了一套健全的智慧旅游服务体系，为向游客提供全面而及时的旅游信息服务提供保障。

第三，在智慧旅游管理方面，大兴区建设了大兴旅游政务网。作为大兴区旅游发展委员会的门户网站，大兴旅游政务网成为政务办事的主要线上渠道。大兴区旅游发展委员会还联合区信息中心建立了大兴旅游数据管理统计平台，旅游统计分析资料为各级领导科学评判各镇旅游形势、发现问题、科学决策提供参考依据。

第四，在智慧旅游营销方面，大兴区创新宣传手段，充分利用微信、微博、大兴旅游信息网宣传推介平台；丰富宣传渠道，加强与市区各类媒体合作；完善旅游咨询服务，通过手机、网络、咨询站等多种方式服务游客。目前，大兴旅游在宣传部支持下，将推介工作覆盖了报纸、电视、广播、地铁、网络、手机等传统媒体和新兴媒体，实现了宣传的全方位、立体化。此外，大兴区对旅游标识系统的规范化进行管理，强化区内各旅游景区景点、宾馆、酒店、农业观光园的旅游标识，进一步推进民俗旅游村（户）旅游标识系统建设，通过标识系统宣传大兴区旅游资源。

（2）大兴区智慧旅游建设存在的不足。

第一，大兴区智慧旅游建设规划相对欠缺。虽然大兴区在智慧旅游建设中已经取得显著成绩，但是现有的智慧化旅游项目相对零散，缺少统一的规划和部署。

第二，智慧旅游公共基础设施不完善。随着智慧化技术的发展，大兴区近些年开展了 A 级旅游景区公共场所无线网络建设，但 Wi-Fi 覆盖尤其是 4G 网络覆盖率还不够高，A 级旅游景区公共场所无线网络建设进度较缓。

第三，旅游网站定位不清晰，界定不清楚。目前大兴区的旅游公共信息网有大兴旅游信息网、大兴旅游政务网。两个网站内容均涵盖大兴区政务动态，旅游动态，各景区、景点、酒店相关信息及旅游路线等，信息较为全面，但内容相似，存在定位不清晰、界定不清楚的问题。政务网的内容应侧重于体现在旅游行业管理和监督方面。现有大兴旅游政务网的内容比信息网的内容更全面，包括政务之窗、景区景点、乡村旅游、工业科技游、节庆旅游、宾馆饭店、大兴礼物、旅游行业协会等，既包括政务信息，还涉及旅游资讯服务。此外，网站的具体动态信息仍存在发布不够及时、不够准确的缺点。

第四，智慧景区建设匮乏。大兴区智慧景区建设项目基本处于空白状态，景区对于智慧化建设认识不足，需要端正认识，加强建设的动力。

4. 大兴区智慧旅游建设对策与建议

（1）加强大兴区智慧旅游建设规划的编制。

大兴区应依据《北京智慧旅游行动纲要》《大兴城南新兴产业休闲旅游功能区规划》《乡村民俗旅游产业发展规划》和《农业观光园区旅游产业发展规划》的相关要求，结合大兴区信息化建设现状及对智慧旅游建设的需求，编制《大兴区智慧旅游建设规划》，从时间和空间上更好地规划和布局大兴区智慧旅游建设，指导全区旅游业的智慧化，为智慧旅游项目的开展提供依据。

（2）定位大兴区旅游网站，明确分工与协作。

大兴区的部分旅游网站建设存在定位不清晰、与其他网站内容雷同等现象，例如大兴区旅游政务网和大兴区旅游信息网存在着内容相似的问题，需要重新对两个网站进行服务对象和服务内容的界定，并加以区分，同时加强两个网站之间的相互协作与支撑，加强协作。

（3）加强智慧景区建设。

在现有数字景区的基础上，大兴区旅游发展委员会需要分步骤有序推出一批智慧景区项目，实现景区的可视化管理和智能化运营。如在北京野生动物园、团河行宫遗址公园、半壁店森林公园运用智慧化技术，促进景区资源的合理安排、整合协调、动态监管，可以实施的项目有：旅游电子商务平台和电子门禁系统、在物联网基础上建设景区智能监测系统、高峰期游客分流系统、LED信息发布系统、游客自助导览系统等。建议大兴区选取部分智慧景区项目分步骤有序推进智慧化景区建设工作，提高智慧化管理水平，改善游客旅游体验。

3.2.11 北京市通州区智慧旅游建设实践

1. 通州区智慧旅游公共管理与服务建设情况

为推进旅游业健康发展，践行“智慧旅游”的号召，通州区在智慧旅游公共管理与服务建设方面积极探索。

（1）智慧旅游公共基础设施。

在智慧旅游公共基础设施建设上，通州区通过开展光纤宽带普及提升和宽带改造工程，实现了全区所有社区和行政村的光缆通达，光纤接入网覆盖率达到 99%，家庭接入互联网带宽能力超过 20 兆，基本建成高速宽带骨干网络；目前，通州第二代（2G）、第三代（3G）移动通信网络已较为完善，第四代移动通信系统（4G）也在高速发展，在此基础上，区政府进一步扩大了公共无线网络覆盖范围，为公众提供更多的公益性无线宽带接入。

（2）智慧旅游政务管理与服务。

为提高政府管理和服务效率，通州区旅游发展委员会建设了通州旅游信息网，作为对公众及企业政府管理与服务的线上渠道。

通州旅游信息网（http://tzly.bjta.gov.cn/）包括“通州概述”“旅游委”“旅游动态”“政务之窗”“旅游招商”“畅游通州”“公众参与”“旅游质量”“联系我们”等几个栏目。通州旅游信息网经过一次改版，改版后的网站为宽屏显示，适应主流的显示器分辨率，由于集政务版和资讯版为一体，内容较为齐全，网站设计规整，为典型的政府官方门户网站（见图 3—93）。而改版前的网站，则出现部分网页和内容空白、无法显示的情况（见图 3—94）。

图 3—93 通州旅游信息网（改版后）

图 3—94　通州旅游信息网（改版前）

（3）智慧旅游公共信息服务体系。

智慧旅游公共信息服务体系是智慧旅游建设的核心内容，也是解决和满足游客海量个性旅游需求的必然选择。在旅游需求日益大众化、个性化的趋势下，构建智慧旅游公共信息服务体系势在必行。目前，旅游主管部门常用的智慧旅游公共信息服务手段包括：官方的旅游网站、微信、微博、多媒体宣传营销系统、旅游信息指示系统、旅游信息咨询系统等。通州区旅游发展委员会在智慧旅游公共信息服务体系方面的建设集中在通州旅游信息网的旅游资讯板块、通州区旅游发展委员会官方微信公众号和官方微博。

1）官方资讯网站。

通州旅游委官方门户网站——通州旅游信息网，包含了政务办事的内容及区内旅游资源的资讯，形成两个独立又相互联系的板块，突破传统的以平面媒体静态宣传为主的推介方式，引入旅游电商开展线上活动，实现通州旅游宣传整体面貌的焕然一新（见图 3—95、图 3—96、图 3—97）。

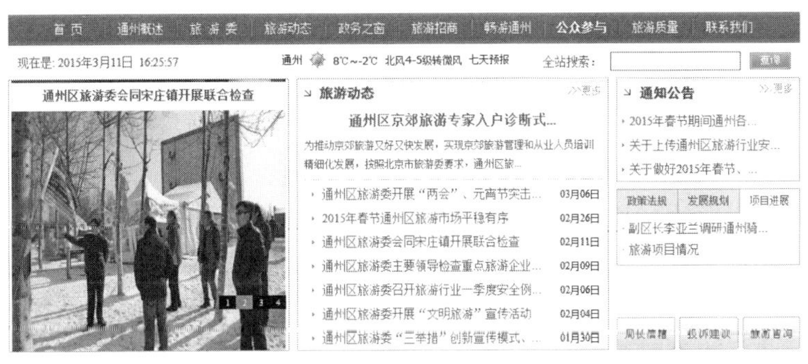

图 3—95　通州旅游信息网政务内容板块

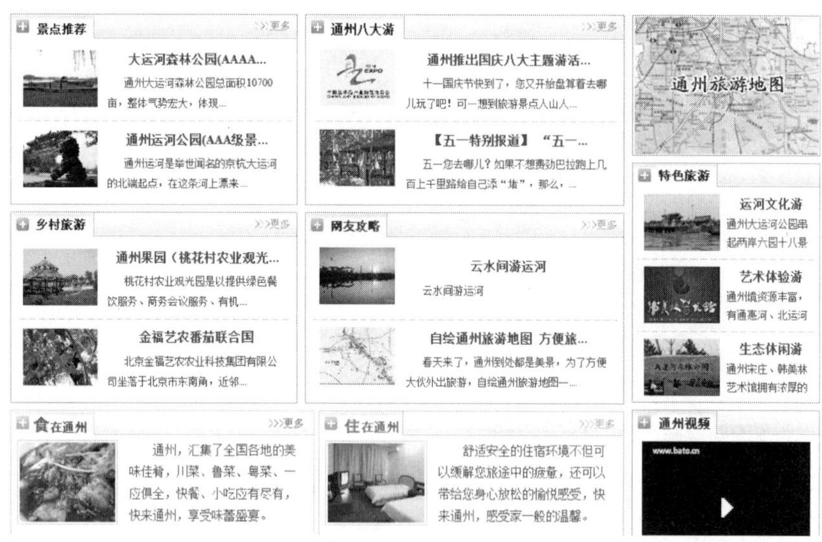

图3—96 通州旅游信息网旅游资讯板块（1）

图3—97 通州旅游信息网旅游资讯板块（2）

2）官方微信平台。

在微信中使用“通州旅游”作为关键字搜索，查找到3个与通州旅游相关的微信公众号，其中通州旅游发展委员会官方微信公众号1个，为游客提供官网旅游资讯；旅行社账号1个，为游客提供热门的旅游攻略和丰富的行程路线；北京雕刻时光广告有限责任公司推出的“乐享通州”，为游客提供吃、喝、玩、乐各行业优质商家，免费发放热门电子优惠券（见图 3—98）。

图 3—98　微信平台搜索“通州旅游”截图

为加强宣传推介，拓展旅游客源市场，通州区建设了官方旅游微信平台　　通州八大游，围绕“通州八大游”，全方位展示通州“都市休闲”旅游整体形象，为游客推介通州区各类旅游景点攻略，美食、工艺品和民间文化、风土人情（见图 3—99）。官方微信公众号包括通州旅游、旅游攻略和旅游服务 3 大菜单，包含丰富的功能和资讯。其中，通州旅游栏目包含通州主要景点、酒店、美食、购物和农庄的介绍；旅游攻略栏目包括最新资讯、360 实景旅游、经典路线、节庆活动和通州故事；旅游服务由北京城市副中心、旅游咨询、文明出游、通州旅游信息网四大功能组成（见图 3—100）。

“通州八大游”微信公众平台成效明显。首先，坚持原创。2014 年前三季度，“通州八大游”微信公众平台共发布通州各类旅游攻略、游记等内容 210 期，刊登稿件 500 余篇，发展粉丝 3 000 余人，回复微信网友疑问 200 余条，最高一期累计阅读者 20 000 人次，大量原创的通州旅游攻略、图片被各大主流媒体、自媒体关注和转载，形成良好的网络媒体互动传播局面。

其次，精心策划选题，借助媒体助推旅游市场。在元旦、春节、清明、五一、端午、十一等重要节假日到来之前，通州区旅游发展委员会策划并推

图 3—99　通州旅游官方微信号

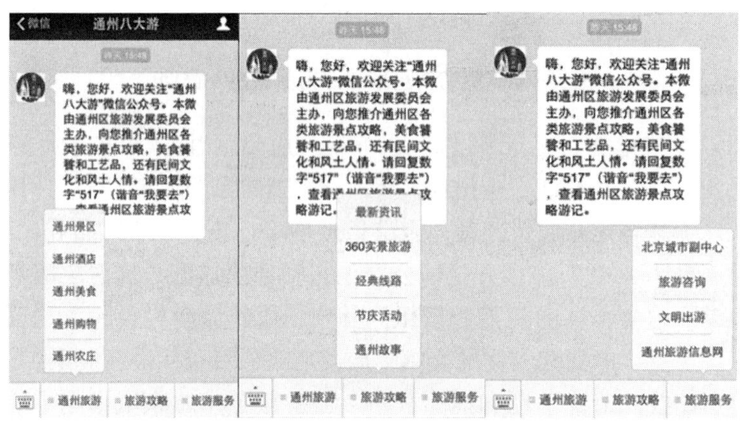

图 3—100　通州旅游官方微信号主功能界面

出了运河公园冰雪季、运河庙会、通州十大年货、吃艺术——宋庄 10 家艺术餐厅攻略、“五一”休闲到通州、八大景点来“过节”、“中国旅游日”通州景点送大礼、国庆八大主题游等 20 余个主题，并通过报纸、网络、自媒体等宣传造势；通州区还与天津卫视合作拍摄栏目《行走京津冀》，录制播出京津两地关于运河文化、景点、通州三宝的旅游节目；加强活动效果跟踪和节假日统计，在五一、端午小长假期间，对全区 18 家重点旅游企业（酒店 7 家，景区 3 家，休闲农业园 8 家）进行了监测，活动效果明显，餐饮消费成为主要的旅游收入。

3）微博平台。

当前，通州区旅游发展委员会尚未充分利用微博新媒体平台。在新浪微博等主流新媒体平台中，以“通州”为关键字能搜索到与通州旅游相关的其他机构运营的微博账号有“通州全攻略”“乐活通州”“活力通州”等，主要关注通州区的吃喝玩乐信息，粉丝数均在 1 万以上（见图 3—101）。

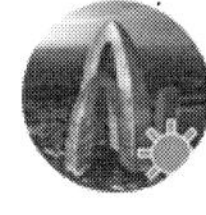

图 3—101　通州旅游相关微博账号

4）通州区虚拟博物馆。

从广义博物馆的角度来说，通州仅有博物馆 3 家——通州博物馆、韩美林艺术馆以及中国民兵武器装备陈列馆，其中仅韩美林艺术馆在智慧旅游方面建设有所作为，不仅建设了官方的门户网站，还实现了虚拟艺术馆、艺术馆的在线参观预约及艺术品的在线交易（见图 3—102）。

图 3—102　韩美林艺术馆官网截图

2. 通州区旅游产业智慧化建设情况

截至2014年底，通州区共有重点景区12家（4A级景区2家，3A级景区2家），重点文物古迹8家，民俗旅游点23家；从通州旅游信息网上公布的数据来看，宾馆酒店共30家，其中星级酒店7家（四星3家，三星3家，二星1家）；旅行社及分社45家。

（1）通州区智慧景区（点）建设。

通州区在智慧景区（点）方面的建设相对北京其他区较为落后。从景区的官方网站和微信微博等公共平台来看，通州区2家4A级景区和2家3A级景区中，4A级景区通州大运河森林公园建有官方微博，微博粉丝数为1 273；4A级景区韩美林艺术馆建有门户网站和官方微博，微博粉丝数为3 349（见表3—30）。

表3—30　　　　通州区重点景区（点）智慧旅游建设情况

景区景点	等级	门户网站网址	微博	微信
通州大运河森林公园	4A	无	http://weibo.com/canalforestpark	无
韩美林艺术馆	4A	http://www.hanmeilin.com/museum_b.php	http://weibo.com/u/2609988380	无
通州运河公园	3A	无	无	无
中国民兵武器装备陈列馆	3A	无	无	无
西海子公园	2A	无	无	无
蒙牛乳业（北京）有限公司	全国工业旅游示范点	蒙牛公司官网	无	无
宋庄文化创意产业集聚区		无	无	无
CKC国际宠物公园		http://www.ckcchina.com.cn/	http://weibo.com/u/2247927625	无
布拉格农场		http://www.praguefarm.com/	http://weibo.com/beijingpraguefarm	无
北京国际图书城		无	无	无
三庙一塔景区		无	无	无
台湖国画院		http://www.thghy.com/	无	无

（2）通州区智慧酒店建设。

截止到2015年2月21日，以“通州区酒店”为关键词，在携程旅行网上共搜集到通州区住宿设施（包括星级酒店、民俗、接待处、农家院等各类住宿设施设备）共计166家，在一定程度上，说明通州区住宿企业能够借助第三方平台实现旅游宣传、游客线上预订和支付。

从酒店自身的建设情况来看，通州区内星级酒店中4家建有门户网站，2家利用官方微博进行宣传营销，1家开通了微信公众号（见表3—31）。另外，北京阳光国际会议中心、亚太花园酒店、运河源温泉酒店实现了在线预订服务。北京阳光国际会议中心、亚太花园酒店实现了中文、英文两个语言版本，北京阳光国际会议中心更是实现了三维的360度全景展示等特色的智慧化建设。快乐源农庄在官网中实现了在线留言、在线咨询系统。

表3—31　　通州区酒店智慧旅游建设情况

星级酒店				
酒店名称	星级	门户网站网址	微博	微信
月亮河温泉假日酒店	四星级	http://www.moonriver.com.cn/	http://weibo.com/moonriverweibo	有
亚太花园酒店	四星级	http://www.apghotel.com	http://weibo.com/u/3240359142	无
运河苑温泉度假村	四星级	http://www.yunheyuandujiacun.com/	无	无
东方宾馆	三星级	无	无	无
运河源温泉酒店	三星级	http://www.hotels010.com/hotel/theme/?hotelid=5433	无	无
正运通酒店	三星级	无	无	无
红旗宾馆	二星级	无	无	无
其他				
北京阳光国际会议中心		www.siccb.com	无	无
快乐源农庄		http://www.klynz.cn/	http://weibo.com/u/2275541663	无

总体来看，通州区智慧酒店的建设情况并不乐观，部分酒店开始利用门户网站及微博微信等平台来促进自身的发展，但不管是从软件系统，还是从智能硬件的配置方面来说，与真正的智慧酒店相差甚远。

3. 通州区智慧旅游建设成果评价

（1）通州区智慧旅游建设取得的成绩。

通过对通州智慧旅游建设现状的梳理和分析可以看出，通州区不管是旅游主管部门还是旅游企业在智慧旅游建设方面都有关注和探索，通州区旅游发展委员会通过几大举措创新宣传模式、推进智慧旅游平台建设，取得了一定的成绩。

第一，强化“微营销”。完成通州旅游官方微信“通州八大游”全面改版升级工作，开发微信自定义菜单功能，新增通州旅游、旅游攻略、旅游服务三大板块。运用最新科技手段把360度全景展示与微信相关功能完美结合，在全市率先开通手机微信版的360全景旅游展示系统，定期推送通州各景区的360度微全景展示，为游客带来了更多的互动体验以及更多的浏览乐趣。

第二，注重“官网站”。全面改版升级通州旅游信息网，突破传统的以平面媒体静态宣传为主的推介方式，集政务信息与旅游资讯于一体，为智慧旅游管理与服务提供窗口，政务办事内容提升了管理效率，同时，丰富的旅游信息也形成了为公众服务的信息平台，实现通州旅游宣传整体面貌的焕然一新。

第三，着力“全媒体”。加强媒体战略合作，营造旅游氛围，与全市报纸、广播、电视、互联网、杂志、手机等40多家媒体保持密切合作，对通州区旅游资源、城市形象等进行深入宣传报道。挖掘和征集通州人文历史、旅游元素，以游客视角展示通州旅游的独特之处。

第四，创新“传信息”。在智慧旅游的带动下，提供的旅游公共信息越来越丰富、宣传方式越来越创新，通州旅游关注度明显提高。在“通州八大游”宣传过程中，注重传统方式上的创新，成效明显。微信平台坚持文字、图片原创，粉丝发展迅速，受到各大主流媒体、自媒体的关注和转载，网络媒体互动传播宣传效果突出。

（2）通州区智慧旅游建设存在的不足。

通州区立足本区的旅游资源优势，根据本区旅游特色，进行了一系列智慧旅游建设，取得了一定的成绩，但仍然存在一些不足之处。

首先，“智慧旅游”已滞后于“智慧通州”的规划与建设。作为“智慧通州”重要组成部分的“智慧旅游”，已滞后于“智慧通州”的规划与建设。目前，为努力建成与首都城市副中心发展相适应的“智慧通州”，通州区牢牢把握政府服务、经济支撑、民生保障等重点方向，进一步加快推进信息化应用，充分释放信息化的巨大能量。在信息化基础设施建设上，光纤接入网覆盖率达到99%，并且进一步扩大了公共无线网络覆盖范围，为公众提供更多的公益性无线宽带接入。在产业信息化建设上，通州始终坚持工业化与信息化融合发展的原则，出台了《关于加快通州区电子商务发展的意见》等一系列文件，不断加快推进产业信息化进程；并推出了《通州区智慧社区建设指导标准（试行）》，积极推进智慧社区基础设施建设以及智慧社区服务体系建设。作为通州经济发展重要组成部分的通州旅游，“智慧旅游”项目工程建设时不我待。

其次，与北京其他区相比存在着较大的差距。北京市各地区纷纷出台相关的专项政策及总体规划，并以此为指导全面投入到开展智慧旅游建设的工作中，推进区域旅游的发展。如东城区出台“智慧东城”行动计划（2011—2015年），海淀区、房山区等都编制了智慧旅游总体规划，作为智慧旅游建设的总体指导，并取得了不俗的成果。作为“首都城市副中心”的通州，在旅游产业中加大科技含量，建设“智慧旅游”，来提升整个旅游产业链，更显得非常紧迫。

再次，旅游信息化水平滞后于通州旅游业发展的需要。通州建有通州大运河森林公园、韩美林艺术馆、通州运河公园、中国民兵武器装备陈列馆等多个高品质景区和世界顶级的主题公园。虽然在旅游信息化方面进行了有效的探索，但通州区旅游信息化建设总体水平偏低，信息化建设滞后于通州旅游业发展的需要。具体表现为：旅游企业信息化应用层次低，信息产业链条不完善；信息化基础设施薄弱，信息服务功能差；发展水平不均衡，信息孤岛严重；信息资源零散，共享性差。为此，迫切需要“智慧旅游”来支撑通州旅游建设的发展需要。

4. 通州区智慧旅游建设对策

针对通州区智慧旅游建设中存在一些问题与不足，现提出通州区智慧旅游建设的意见和建议。

第一，加快编制智慧旅游专项政策与规划。

编制通州区智慧旅游整体规划和顶层设计是通州区智慧旅游建设工作开展的前提。智慧旅游顶层设计是用系统论的方法，对智慧旅游建设的各个方面、各个层次、各种参与力量、各种正面的促进因素和负面的限制因素进行统筹考虑，理解和分析影响智慧旅游建设的各种关系，从全局的视角出发，对智慧旅游的基本问题进行总体的、全面的设计，确定长期的建设目标，制定实现目标的路径和战略战术，并建立智慧旅游建设发展的保障措施，将建设的风险降至最小。顶层设计关系旅游业全局，是方向性的举措。

如果没有一种整体性的顶层设计推进通州智慧旅游，不可避免地会陷入各个部门各自为政、条条林立、信息孤岛的怪圈。当前通州区的智慧旅游建设较为零散，没有形成系统全面的建设思路。迫切需要通州区旅游发展委员会基于通州区的旅游基本情况，编制准确完整的整体规划和顶层设计，不遗余力地提升通州旅游的功能和品质。

第二，完善智慧旅游公共信息服务体系，提升旅游服务品质。

旅游公共信息服务是满足旅游者游前、游中以及游后的信息需求的一项服务。对通州旅游公共信息服务体系的改造与完善主要包括以下方面：一是建立旅游资源数据库，打造智慧旅游体系的支撑平台。二是建立旅游公共信息网络，对现有本区旅游网站进行重新规划定位，在初步实现在线游览、在线预订、在线互动等功能的基础上，进行深度功能开发。三是建立旅游信息咨询系统，为游客提供直接的咨询服务。四是建立面向公众的旅游 App，满足游客在旅行中对旅游信息的需求。

第三，积极推进前端应用体系建设。

积极推进通州区移动前端应用体系建设，具体包括：一是游客应用系统。游客可通过手机移动终端、多媒体触摸屏等多种方式接入并访问智慧旅游系统。二是酒店应用系统。酒店应用系统提供酒店信息查询服务、住房饮食预订服务等基本服务和评论打分、服务投诉、服务对比等扩展服务。三是政府部门应用系统。主要包括在线信息服务、中小企业旅游营销、智慧行政办公、应急指挥等几方面。

第四，继续保持利用新媒体进行宣传方式的创新。

“通州八大游”微信公众号是通州区在全市率先推出的移动新媒体推广手段。在“通州八大游”宣传过程中，注重传统方式上的创新，成效明显。微信平台坚持文字、图片原创，粉丝发展迅速，受到各大主流媒体、自媒体的关注和转载，已形成了良好的网络媒体互动传播趋势。通州区应继续保持利用新媒体的力量，在此基础上开通官方微博，加强宣传营销，提高通州旅游关注度。

第五，加强智慧景区试点建设。

智慧景区的建设能更有效地保护旅游资源，为游客提供更优质的服务，实现景区环境、社会和经济的全面、协调、可持续发展。智慧景区的建设包括景区硬件设施的建设，诸如传感网、物联网、通信网等，以及景区软件设施的建设，诸如应急指挥系统、共享服务平台（云计算）、综合决策支持系统等。通州区可选取本区的重点景区单位作为智慧旅游建设试点单位，在已有建设的基础上进行完善，对景区的安全、生态环境和游客在景区游览的体验进行全程智能化管理，尤其是电子票务子系统、旅游资源子系统、客流趋势与预警子系统、基于位置与身份识别旅游服务等景区应用系统。

3.2.12 北京市顺义区智慧旅游建设实践

顺义区深入贯彻落实科学发展观，以《2016—2020 年首都信息社会发展战略》《智慧北京行动纲要》为指导，紧紧围绕“打造临空经济区，建设世界空港城”的目标，以信息资源整合为重点，大力推进电子政务建设，促进行政效率和公共服务水平提高，促进城市管理精细化，不断提升服务经济发展的能力，为建设“国际枢纽空港、高端产业新城、和谐宜居家园”提供有力支撑。

“十二五”时期，顺义区电子政务建设的总体目标是：围绕城乡发展一体化、经济发展多元化、社会管理精细化、党建工作科学化总体思路，大力推进“电子”与“政务”融合发展，基本建立起信息社会管理和服务的基础环境，提升电子政务服务公众的能力、服务政府的能力和服务经济的能力，推进城市运行智能化，推进社会管理精细化，推进重点产业高端化，推进数字生活普及化和推进政务管理集约化。电子政务成为转变经济发展方式、构建服务型政府的重要支撑。

1. 顺义区智慧旅游公共管理与服务体系

随着北京市对智慧旅游的大力推进，顺义区的智慧旅游体系建设也在逐步发展，顺义区旅游门户网站、顺义网城、官方微博、官方微信等公众平台已经陆续开通，为当地居民和游客提供便利与服务。

（1）顺义区智慧旅游基础设施建设。

截至2015年底，顺义区已达到通讯电话以及光纤网络全面覆盖，全区有线电视入户率达90%以上，区内马可汇、华英园社区数字电视入户率达96%。区内的9个村光纤入户率达89%、社区光纤入户率达98%。同时，顺义区还建设了完备的、高标准的教育、医疗卫生、文化、体育、社会福利等公共服务配套设施和完善的城市市政公用服务体系。酒店的智慧系统建设、景区的智慧服务系统建设全面启动。顺义区大力发展以养生为特色的大型综合性医疗机构、综合性社区服务中心，致力于打造以休闲、娱乐、疗养、观光为特色的智慧旅游新城市。

为实现智慧旅游新城市，截至2015年底，顺义区一直在着力打造“智慧村镇”，3D网格化城市管理平台基本框架已搭建完成。正在进行人口电子户籍、土地精细管理、视频监控、楼宇管理、应急指挥、社会治安等应用系统对接。试点村信息录入227户3 849人；政府办公楼、中学、小学、幼儿园、卫生院、天博中心等重点商务办公楼已实现无线网络全覆盖。

（2）顺义区智慧旅游政务管理与服务。

截至2015年底，顺义区旅游发展委员会已启动使用OA办公平台、AM即时通讯系统，短信平台也已经建成并发送社保、党建等信息累计16万余条，安装电子显示屏6块。

顺义区已经完成了旅游政务网、顺义网城以及其他门户网站的建设，开通了顺义区旅游发展委员会官方微博、微信公众号，全面实施智慧旅游政务管理与服务。

1）顺义区旅游政务网（http://www.lyw.bjshy.gov.cn）。

顺义区旅游发展委员会官方网站主要分为11个板块，分为食、住、行、游、购、娱六大旅游资讯，包括顺义区旅游信息、旅游地图、咨询投诉以及在线视频。但是，官方网站存在一些问题，主要表现为：首页页面布局较紧凑，缺乏美感；信息不完善，页面图片滚动区域无内容显示，使页面呈现一种未维护的状态。旅游相关信息的展示虽然比较全面，但布局较为凌乱，不能迅速找到所需的对应信息（见图3—103、图3—104）。

图3—103　顺义区旅游委官方网站

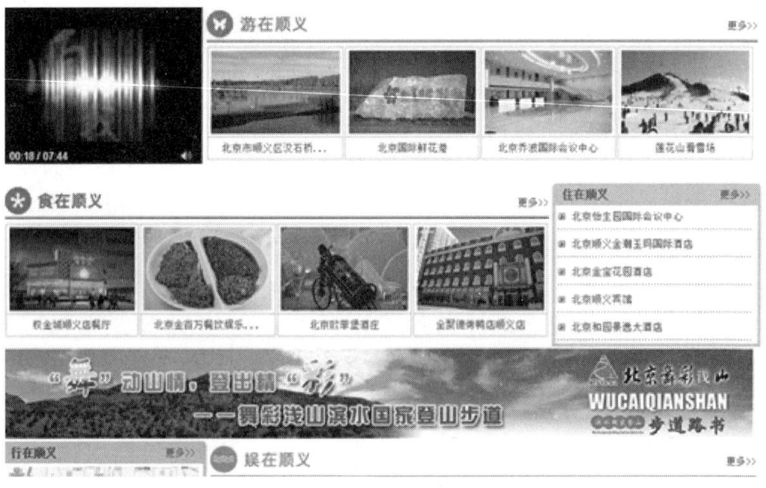

图3—104　顺义区旅游委官网首页布局

在食、住、行、游、购、娱的旅游信息子页面上，相关信息的展示不全面，大部分只有一页的信息量，不能全面展现出顺义区的旅游资源，娱乐方面也只列举了关于采摘的相关旅游产品，而滑雪、温泉等旅游资源的信息未展现（见图 3—105）。视频在线界面处于空白状态。

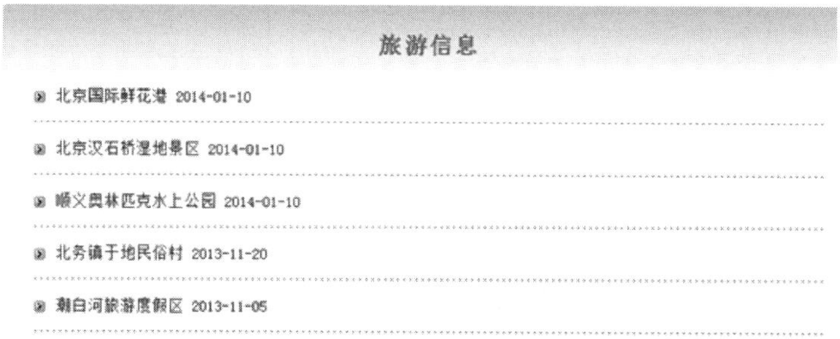

图 3—105　顺义区旅游委官网旅游信息页面

总体来说，顺义区旅游发展委员会门户网站信息的更新与完善不够及时，许多页面处于空白状态；对于区内旅游资源的介绍也不全面，需要进行进一步维护与提升。一个网站只有进行及时的更新与维护，才能发挥其应有的功能与效应。因此，不仅要重视建设网站，还需要重视运维网站。

2）顺义网城（http://www.bjshy.gov.cn/）。

在顺义区旅游发展委员会门户网站之外，顺义区综合性门户网站——顺义网城除向全体市民展示一些政务公开、新城规划、便民信息（如天气、出行路线）外，也会涉及畅游绿港内容。

顺义网城门户网站栏目主要包括“首页”“魅力顺义”“投资新城”“政务公开”“在线服务”“政民互动”“市民生活”以及“畅游绿港”等板块。每一个子页面又分为若干个标签，大到政务信息、市区年鉴，小到便民提示、购物指南，都进行了详细介绍，各类信息罗列有序，不失条理（见图 3—106、图 3—107）。

相较于顺义区旅游发展委员会门户网站，顺义网城属于综合性门户网站。但在视觉效果方面，顺义网城网页布局整体风格略显呆板，不容易引起浏览者的浏览兴趣。不同板块可以运用不同的排版方法。例如，政务信息方面可以正式一些，体现信息的准确性和严谨性；然而旅游资讯以及便民服务等可以活泼一些，减少文字性的描述，增加图片，这样可以增加网页的美观性，减少浏览者的厌烦感。

3）官方微博。

顺义区政府官方微博于 2011 年 12 月 6 日开通，并于同年 12 月 12 日发布

中文版 ENGLISH 한국어 手机版 市民主页——顺义区
区委 区人大 区政府 区政协
顺义网城
WWW.BJSHY.GOV.CN
顺义区政府门户网站
北京顺义·国际枢纽空港
首都之窗
Beijing-China
首页
魅力顺义
投资新城
政务公开
在线服务
政民互动
市民生活
畅游绿港
站内搜索
搜索
今天夜间：晴间多云，偏北风4、5级转2、3级，最低气温4℃；明天白天：晴间多云，偏北风3、4级，最高气温12℃（4月5日16时发布）
动态信息
信息披露
视频信息
媒体关注
电视新闻
2015-04-04顺义新闻
2015-04-02顺义新闻
2015-04-01顺义新闻
2015-03-31顺义新闻
2015-03-30顺义新闻
2015-03-29顺义新闻
2015-03-28顺义新闻
2015-03-27顺义新闻
2015-03-26顺义新闻
大美顺义——赵廷珍拍摄

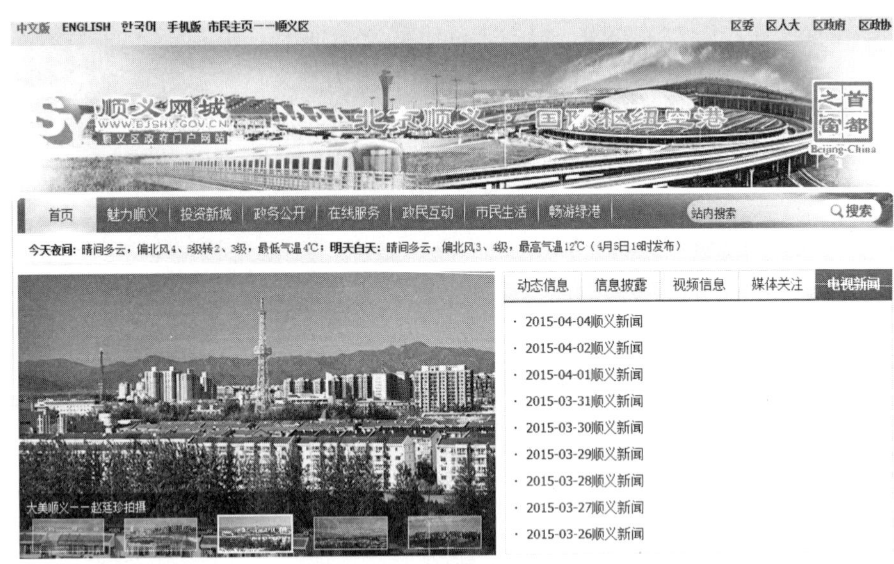

图 3—106 顺义网城官网主页

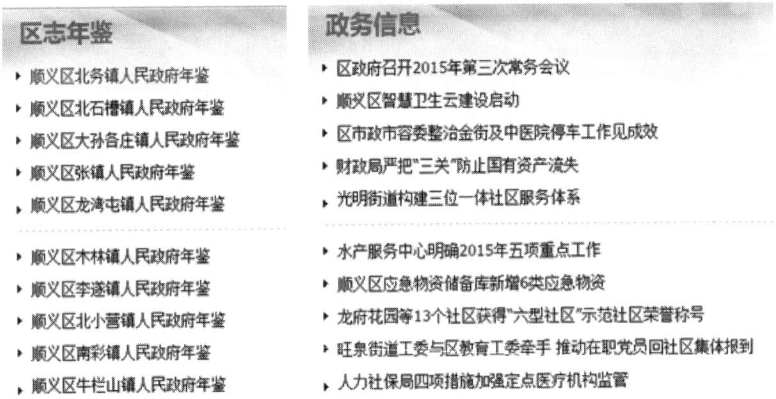

区志年鉴
顺义区北务镇人民政府年鉴
顺义区北石槽镇人民政府年鉴
顺义区大孙各庄镇人民政府年鉴
顺义区张镇人民政府年鉴
顺义区龙湾屯镇人民政府年鉴
顺义区木林镇人民政府年鉴
顺义区李遂镇人民政府年鉴
顺义区北小营镇人民政府年鉴
顺义区南彩镇人民政府年鉴
顺义区牛栏山镇人民政府年鉴
政务信息
区政府召开2015年第三次常务会议
顺义区智慧卫生云建设启动
区市政市容委整治金街及中医院停车工作见成效
财政局严把"三关"防止国有资产流失
光明街道构建三位一体社区服务体系
水产服务中心明确2015年五项重点工作
顺义区应急物资储备库新增6类应急物资
龙府花园等13个社区获得"六型社区"示范社区荣誉称号
旺泉街道工委与区教育工委牵手 推动在职党员回社区集体报到
人力社保局四项措施加强定点医疗机构监管

图 3—107 顺义网城区志年鉴及政务信息部分内容

第一条微博。截至 2014 年底，顺义区官方微博共发布微博 5 519 条，粉丝数量达到 518 795 个，微博名称为绿港顺义并加 V，行业类别定位为政府外宣（见图 3—108、图 3—109）。

顺义区旅游发展委员会官方微博主页面展示顺义区优美的自然与人文风光，展示顺义作为绿港的城市魅力。微博的更新频率比较活跃，基本保证每天 5 条左右的微博更新速度，并且微博的内容丰富，涉及顺义新闻、顺义美景、科普知识、温馨提示等，为广大居民及游客提供了一个了解顺义区的新媒体渠道。

图 3—108　顺义区官方微博页面

图 3—109　绿港顺义微博截图

4）微信公众平台。

当前，顺义区旅游发展委员会已经开通了微信公众号——顺义旅游（见图 3—110），主要包括三个板块：当地推荐（官方、微官方）、优惠活动（砸金蛋、刮刮卡、大转盘、消消乐）、我的（我的订单、优惠券、收藏、历史浏览、设置）。

图 3—110　顺义旅游微信公众号截图

此外，顺义区还设有“顺义社区网”“顺义在线”“顺意人”三个生活服务类微信公众号，三个公众号都是注重于顺义区社区新闻、便民信息以及招聘等信息，关于旅游的信息较少，只有滑雪场、温泉以及采摘的优惠门票等等信息（见图 3—111）。

图 3—111　顺义区微信公众号主页截图

2. 顺义区旅游产业智慧化提升体系

(1) 顺义区智慧景区建设。

当前，顺义区许多景区积极投身智慧化建设中去，尤其在景区内部管理系统、官方网站建设方面比较突出。

1) 奥林匹克水上公园。

北京奥林匹克水上公园位于北京顺义地区马坡镇潮白河畔，是2008年第29届奥运会所有赛艇/划艇赛事的举办地。

北京2008年奥林匹克水上公园的设计灵感，体现了对水这个人类最基本需求物之一的歌颂。奥林匹克水上公园运用了许多智慧化科技系统，实现环保的理念，其中最为主要的就是水源热泵空调系统的应用。奥林匹克水上公园利用地下水资源、采用水源热泵空调满足场馆供热和制冷需要。水源热泵空调系统是以地下水为热源，由水源热泵机组、浅层地热能采集系统和建筑物内供暖与供冷系统组成的空调系统。该系统不需要冷却塔、锅炉房，运行费用低，除可完成供冷、供暖任务外，还可提供生活热水。该空调系统无化学产物、无污染排放，同时十分节能，能效比十分突出，在如今日益恶化的环境中，为提高空气质量做出了贡献。除了空调系统，场馆还大量采用可再生能源和节能照明技术。太阳能光伏发电路灯应用单晶硅不可逆流、无储能太阳能光伏发电技术，既节约能源，又能够减少排放、保护环境，而且15年内免维护。

北京是一座水源紧缺城市，奥林匹克水上公园场馆内的水是死水，不具备自然循环净化的条件，如果光靠补水和换水来保持水质，这个代价是不可估量的，因此，奥林匹克水上公园斥资3 000多万元研究水体环境维护的关键技术，在场区内建立了一个地下的赛道水循环处理站。由于水循环处理系统在对赛道水进行处理后，要进行系统自身的反冲净化，这样还将产生部分污水。为了净化这一部分污水，在赛道水循环处理系统的一侧又建设了尾水处理站，专门对循环系统产生的反冲污水进行净化处理，经过处理产生的中水将用于浇灌，沉淀下来的污泥将用作肥料。

2) 北京国际鲜花港。

北京国际鲜花港是北京市政府规划的北京市唯一的专业花卉产业园区，也是2009年北京市主办的第七届中国花卉博览会的重要功能组团之一，是北京市花卉产业发展的展示窗口。目前，鲜花港已逐步成为北京市花卉的生产、研发、展示和交易中心，以及花卉的休闲观光和文化交流中心。鲜花港充分整合园区建设及景观资源，培育花卉会展品牌，打造新型花卉产业体系，打造花卉生产研发中心、籽种中心、休闲体验中心，打造国际会都，使花博会在顺义永不落幕。

为了使游客的旅游体验更为完善，鲜花港在各方面服务上都进行了相应的提升。例如，配备大型餐饮区，同时引进大陆、台湾等地数十种美食，使广大游客在体验到视觉冲击之余，品尝舌尖上的美味。为了绿色出行，鲜花港为游客开通旅游专线，园区内配备电瓶车、自行车、轮椅等设施，同时合理规划电瓶车停靠地点。为满足游客需求，积极拓展园区游乐功能，规划建设儿童游乐区，并增设了蹦床、充气城堡、攀岩城堡、秋千、滑梯、攀爬架等娱乐设施，为孩子们带来更多的趣味体验。同时，鲜花港还提供相应的花卉售卖以及采摘服务。

北京国际鲜花港建设了门户网站，网站主要板块包括“鲜花港介绍”“特色经营”“休闲生活”“文化活动”“游客服务”“园区资讯”“商务合作”以及“联系我们”八个部分（见图 3—112）。

图 3—112　北京国际鲜花港官方网站首页

鲜花港门户网站主页布局合理，简洁美观，在显著的位置宣传近期花卉文化节，同时还有特色产品、花港新闻以及温馨提示等信息，让游客第一时间了解国际鲜花港的最新动态（见图 3—113）。同时，在网页下端罗列了票务信息、服务电话、行车路线图、入园导览图等信息，为到鲜花港的游客提供便利。

3）汉石桥湿地自然保护区。

汉石桥湿地自然保护区位于京东平原地带，总面积 1 900 公顷，是北京市平原地区唯一的大型芦苇沼泽湿地。保护区内有鸟类 153 种，国家Ⅰ级保护动物 2 种，国家Ⅱ级保护动物 17 种，野生植物 292 种，是许多珍稀濒危鸟类

图 3—113　鲜花港官网详情页

迁徙的栖息地和中转站。

汉石桥湿地自然保护区门户网站共分为“湿地首页”“湿地简介”“政务公开”“生态旅游”“湿地风光”“科普教育”“特色活动”“交流互动”以及“联系我们”九大板块，从不同的角度对汉石桥湿地进行了全面的介绍（见图 3—114）。

图 3—114　汉石桥湿地自然保护区官方网站

汉石桥湿地官网总体风格较为死板，首页页头背景为黑色萤火动态图，给人一种压抑的感觉，如果换成湿地风光图片效果会更好，不仅可以宣传湿地自然风光，同时也能更加完善地展示汉石桥湿地景区。

汉石桥湿地景区配套设施齐全，网页主要从食、住、行、游、购、娱六方面来介绍景区的服务项目，清晰明了，便于游客有针对性地查询。同时还有园区资讯与相关新闻的展示，便于游客第一时间了解景区的最新信息。最值得关注的是在网页下方有在线调查的板块，对旅游者最感兴趣的娱乐服务进行了调查，可以看出景区在不断完善自身的服务体系，针对游客的个性化需求尽力满足。

（2）顺义区智慧酒店建设。

对顺义网城上的酒店进行统计，可以得出顺义区共有四星级酒店 4 家、三星级酒店 12 家、二星级酒店 4 家、其他酒店 15 家。

顺义区内星级酒店数量不多，酒店智慧化建设相对落后，只有首都机场附近的几家酒店开展了相关的建设（见表 3—32）。

表 3—32　　顺义区智慧酒店一览

酒店	星级	网址	功能	微博	微信
国都大饭店	4	http://www. niuhuhu. com/gh/t6pti82t. action?id=32	信息咨询、客房预订	http://weibo. com/citichotel	北京国都大饭店有限公司
北京顺鑫绿色度假村	4	http://www. shunxin. bjdjc. com/	信息咨询	http://weibo. com/u/3647045482	无
北京春晖园	4	http://www. chunhuiyuan. cn/index. html	信息咨询、快速预订、路线导航	http://weibo. com/u/3544683237	北京春晖园温泉度假酒店
金宝花园酒店	4	http://www. jinbaohotel. com/index. php	信息咨询、快捷预订	http://weibo. com/u/3889810855	北京金宝花园酒店
北京京林大厦	3	http://www. hotels010. com/hotel/theme/?hotelid=13506	信息咨询、客房预订	无	无
北京顺义宾馆	3	http://www. hotels010. com/hotel/theme/?hotelid=66	信息咨询、客房预订	无	无
北京空港蓝天大酒店	3	http://www. 9ddf. com/hotel/460. html	信息咨询、客房预订	http://weibo. com/u/5038902027	无

3. 顺义区智慧旅游建设成果评价

经过对顺义区智慧旅游建设的系统梳理和分析，可以看出顺义区智慧旅游的建设情况与其他区还存在着较大的差距，但在旅游公共服务和基础设施等方面也取得了一定的成绩。顺义区利用其自然资源和人文资源丰富的优势，逐步完善景区智慧化系统，打造具有特色的度假旅游产品、乡村旅游产品以及滑雪和温泉休闲产品，形成了具有顺义区特色品牌的旅游业态；实现基础设施与服务系统全面升级，无线网覆盖初见端倪，旅游门户网站、微博、微信相继开通，顺利完成了顺义区旅游业升级转型的重要一步。

（1）顺义区智慧旅游建设的发展成就。

顺义区旅游业在顺义经济的带动下蓬勃发展。截至2015年底，顺义区旅游综合收入列郊区第二，同比增长26.4%，列全市第一。人均消费更是达到了358元，远远超过本市郊区旅游100多元的平均水平。[①] 顺义区大规模构建旅游服务基础设施及相关配套设施，使得旅游业与商业、房地产、物流、会展、金融等服务行业融合不断深化。

首先，信息应用系统建设取得新成效。网上服务型旅游政府建设初显成效。顺义区19个镇全部建成了镇级信息管理系统，实现了镇机关内部以及镇村间的信息传递和共享。该平台拥有政务资源目录850条，业务目录566条；法人数据1.3万条，人口数据48.8万条，流动人口数据21.4万条，健康证数据19.4万条。截至2014年底，顺义网城累计发布信息5万余条，图片2万余张，访问量突破1 500万。网城信息公开频道累计主动公开政府信息2万余条；在线服务频道提供了73家单位2 893项行政许可和服务事项，每年在网上办结事项30余万项，群众满意率达100%；“区长信箱”“政风行风热线”等互动栏目件件有回复。

其次，建立了旅游应急指挥平台。该平台包括图像整合系统、有线通信系统、计算机网络系统、综合指挥系统等，整合了全区主要道路、大型场馆、重要场所等视频监控点，建立了面向19个镇和6个街道办的远程视频会议系统，为突发事件预防、处置提供了保障。

再次，顺义区信息安全体系初步建立。顺义区紧紧抓住奥运、国庆60周年、花博会举办的机遇，进一步加强了信息安全保障体系建设，制定了《关于加强信息安全保障工作的意见》《顺义区电子政务外网总体应急预案》《关于加强各镇电子政务专网和有线电视二级站设备机房管理的意见》《顺义区视频会议管理办法》，建立了电子政务外网信息安全事件报告制度。

（2）顺义区智慧旅游建设的不足之处。

首先，缺乏规范化纲领性文件的指导。顺义区智慧旅游建设文件只有《“智慧南法信”行动计划》和《顺义区电子政务“十二五”计划》，两个都是针对发展目标和发展进程的计划性文件，并没有出台指导性的智慧旅游专项规划性纲领和行动指南，也没有评价智慧旅游建设成果的专业性标准，智慧旅游的建设很难统一界定与评判，如果遵循其他区的标准化文件，不利于顺义区个性化特色的凸显，也会影响顺义区智慧旅游建设的积极性。

---

① 见 http://news.enorth.com.cn/system/2014/01/02/011577096_01.shtml。

其次，政务信息化水平发展不均衡。部分单位对信息化认识不够深刻、重视程度不高，具体表现在对于旅游门户网站的建设和利用总体水平偏低、对于微博微信新媒体的利用率不高等问题；旅游业务系统建设与应用需求差距较大；网站以及网络公众平台更新与维护不及时，造成信息滞后；网络建设呈现零散状，没有形成系统化的网络体系。

再次，信息资源共享程度有待提高。网络平台之间的信息不能共享与传播，造成信息传播的局限性。信息资源共享需要进一步加强，信息化管理水平需要进一步提升。部分单位信息共享意识不强，只能实现在本单位业务系统中的应用，存在信息重复、不足与闲置的现象，造成信息资源浪费，无法形成规模优势和效益。

4. 顺义区智慧旅游建设的对策及建议

（1）制定旅游指导性文件，强化顶层设计。

当前顺义区智慧旅游的建设较为零散，缺乏纲领性的指导方针，应该根据顺义区智慧旅游自身状况制定《顺义区智慧旅游建设指导方针》《顺义区智慧旅游评价标准》等纲领性文件。加强政府宏观控制，加大管理力度。聘请专业的智慧旅游策划企业进行顶层设计，策划智慧旅游建设流程、各环节之间的衔接工作。同时，结合区域实际，建立并完善顺义区电子政务工作相关规章制度，实现系统建设、管理、保障工作的规范化、制度化。探索建立电子政务考核机制，将各单位网站建设、信息共享、信息安全等列入考核内容。

（2）建立有效工作机制，加强电子政务网站的完善和维护。

充分发挥顺义区政务信息化工作领导小组的作用，统筹协调重大项目建设。定期召开政务信息化工作联席会议，建立联动工作机制，推动旅游管理部门间信息资源共享与业务协同机制的建立。设置专门岗位，定时定量地进行电子政务、门户网站、微博、微信的信息更新与维护，保证官方旅游网络平台信息更新的及时性，保证信息的新鲜度。编制全区电子政务建设折子工程，明确责任单位和完成时限。各重点任务承担单位要各负其责，按照谁主管谁负责、谁运营谁负责的原则，建立有效工作机制，为信息更新、维护工作提供保障措施。

（3）开展新技术试点应用，提升服务和管理的能力。

加大对第三代移动通信网络、物联网、云计算、三网融合等重大技术的研究和应用力度。以需求为导向，积极推进新技术在电子政务、城市安全运行和应急管理领域的应用，尤其是移动技术在电子政务、公共服务、医疗卫生、市政管理、交通管理、安全生产管理等重点领域的试点应用。加强各独立网络平台之间的无缝连接，使门户网站、微博、微信等不同种类的网络平台实现实时跳转，增强资源的共享，加快信息的传播。

（4）多渠道开展信息化培训，加强人才培养和队伍建设。

建立与电子政务发展相适应的专兼职人才队伍。利用广播、电视、网络等媒介宣传电子政务的新知识、新技术、新应用，加强机关工作人员特别是领导干部的信息技术培训。建立培训机制，系统培训旅游行业在岗人员，提升在岗人员专业技能与职业素质，适应智慧发展新要求。加强农村旅游电子政务（商务）人才队伍建设，培养基层旅游电子政务（商务）推广带头人。健全信息化人才激励机制，确保信息化人才引得进、留得住、用得上。

（5）健全网络与信息安全长效机制，推进工作常态化。

坚持建设与防范并重的原则，建立相应的信息安全保障体系，积极开展信息安全风险评估与等级保护工作，建立信息多级审核制度，确保信息安全。

3.2.13　北京市怀柔区智慧旅游建设实践

1. 怀柔区智慧旅游公共管理与服务建设情况

当前，怀柔区还没有建立专业的智慧旅游整体规划纲要和行动方案，参考《智慧北京行动纲要》《宽带北京行动计划》《北京“智慧旅游”行动计划纲要（2012—2015）》《怀柔区“十二五”信息化发展规划》《怀柔旅游强区发展总体规划（2010—2020 年）》等的相关要求，进行智慧旅游建设。

（1）智慧旅游公共基础设施。

1）网络覆盖。

截至 2012 年底，怀柔区所有三星级以上的宾馆和 14 家 A 级景区完成了 2G 和 3GWLAN 的网络覆盖。截至 2014 年 1 月，怀柔区已经开通了 4GLTE 基站 81 个，覆盖城区、经济园区、高速路、国道等区域，其中，怀柔城区覆盖率已达 90%，平原地区覆盖率达 60%。在此基础上，2014 年 6 月，怀柔区完成 308 个基站的建设，整体覆盖率达到 95%以上。

2）公共安全及视频监控。

2012 年 9 月，北京市建成并投入使用城管执法局的物联网办公平台，平台主要由指挥调度、视频监控、车载取证、噪音感知采集、城管热线等十余个子系统构建而成，在 GIS 电子地图上对执法车、监控探头甚至执法队员的位置进行实时定位，整个指挥大厅分为指挥调度及热线服务两大区域，共享了公安、交管、市住建委及市城管自建的 2.2 万余路视频监控探头。

2014 年 11 月，在 APEC 会议举办地怀柔区，警方新安装 1 000 组高清监控探头，加上原有300余组监控设备，以及200余组车载监控，北京市怀柔区公安分局110勤务指挥中心，改造升级后的高清数字监控二级平台的27个屏幕滚动播放着的全区各个地方的监控画面，形成了一张巨大天网，实现城乡区域全覆盖、无死角监控。怀柔警方还专门成立一支由150人组成的视频巡控队伍，在先期培训之后，对所有视频网络进行实时监控、实时指挥调度。

（2）智慧旅游政务管理与服务。

智慧旅游政务是智慧旅游规划与建设的中枢指挥系统，怀柔区旅游发展委员会牵头建设了怀柔旅游信息网（升级改版）、旅游委协同办公系统（含PC版和移动版）、旅游综合业务管理平台（含PC版和移动版）、基于云媒体的怀柔旅游宣传营销系统等，实现了怀柔区旅游政务服务和管理的智慧化，提升了管理效率，更好地服务于怀柔区旅游业的健康快速发展。

1）怀柔旅游信息网。

当前，怀柔区未建设独立的旅游政务网，而是将政务管理与资讯服务合二为一，打造了怀柔旅游信息网。怀柔旅游信息网围绕政务管理开辟“政务公开”“党群建设”板块，满足怀柔区旅游发展委员会政务公开、企事业单位在线办事以及政民互动的需求。其中，政务公开是怀柔旅游信息网建设的重点（见图3—115）。

图3—115　怀柔旅游信息网“政务公开”框架

值得一提的是，怀柔旅游信息网首页展示怀柔区旅游发展委员会的工作动态、镇乡信息、企业信息和通知公告，信息更新及时、准确。

2）行政审批系统。

为了提升怀柔区各个部委之间的协同办公、数据共享、即时通信的效率，怀柔区旅游发展委员会开发建设了包含PC版和移动版的协同办公系统（http://www.hr0.gov.cn/publish/hrxzsp/index.html），实现了随时随地智能化办公（见图3—116）。

图3—116　怀柔行政审批系统

（3）智慧旅游公共信息服务体系。

怀柔区智慧旅游公共信息服务作为其智慧旅游公共服务的重要部分，已成为怀柔区旅游发展委员会的关注重点和建设重点，怀柔区智慧旅游公共信息服务体系主要包括怀柔旅游信息网、旅游移动应用，怀柔区旅游发展委员会官方微博、官方微信等系统和平台。

1）怀柔旅游信息网。

怀柔旅游信息网是怀柔区的旅游窗口，自2005年上线至2015年1月29日，发布旅游咨询信息6 673条，其中包括旅游节庆活动信息582条。在提供政务服务的同时，也为旅游经营者、旅游服务人员及游客提供多元化旅游服务和旅游资讯（见图3—117）。

怀柔旅游信息网中涉及旅游资讯的板块主要有“旅游资讯”“旅游服务”“旅游文化”板块。“旅游资讯”主要对外发布有关景区景点的权威信息和临时性信息，完成“及时告知”任务，又包括“工作动态”“镇乡信息”和“企业信息”子内容；“旅游服务”主要是面对企业和游客提供旅游资源库支持，

图 3—117　怀柔旅游信息网

其中收录怀柔区旅游企业（主要景区、星级宾馆、度假村、旅行社）、特色企业（特色企业、素质拓展、土特产品、乡村美食）、旅游宝典（旅游攻略、旅游路线、游者札记、专家评述、怀柔故事、旅游视频、主题旅游）、便民服务（道路交通、旅游地图、旅游常识、旅游投诉），为游客提供游前、游中、游后全方位的、随时随地的旅游信息查询服务（见图 3—118）。

图 3—118　怀柔旅游信息网“旅游服务”栏目内容

怀柔旅游信息网中各板块的栏目都是以“图片十文章”形式展示旅游资源的细节信息，针对旅游企业、特色企业给出联系方式和乘车路线，方便游客联系和前往。

2015年，为满足游客日益增长的旅游信息量需求，进一步扩大怀柔旅游知名度，怀柔旅游信息网全新改版升级，以更加清晰的结构、整齐美观的板块、全面完整的旅游资讯、丰富直观的美图幻灯展现在广大网民面前。改版后的怀柔旅游信息网包含“旅游政务”“旅游党务”“旅游资讯”“旅游服务”“旅游文化”等栏目，并新增APEC会址专题板块。游客可通过网站查询旅游目的地及旅游各要素信息，查看旅游行业的实时信息和动态。旅游企业可通过该网站发布本企业的信息、旅游线路、折扣信息、促销信息、招商项目等，也可查看其他旅游企业信息，相互学习先进经验，极大地增强了游客和旅游企业的互动性和参与性。

在怀柔旅游信息网之外，一些旅游企业也积极参与到怀柔旅游公共信息服务的行列。北京掌胜山水旅游开发有限公司2010年创办的怀柔旅游资源平台全面整合、梳理了怀柔丰富的旅游资源，为旅游企业提供交流、展示、导航和旅游信息化服务平台，为旅游消费者提供全方位的出行参考资讯和预订服务，促进旅游学术研究，推动中国旅游产业发展（见图3—119）。

图3—119　怀柔旅游资源平台

2）旅游App。

为满足旅游者对于旅游移动应用的需求，怀柔区旅游发展委员会于2014年10月发布了“山水怀柔”旅游App，用于发布权威信息、宣传城市形象、实现游客互动，游客可在360手机助手（安卓系统）、App Store（苹果系统）两个应用市场搜索“山水怀柔”免费下载使用，也可以通过扫描“山水怀柔”官方微博、微信公众号上的推广的二维码下载使用。

“山水怀柔”App分为“山水怀柔”“乐游怀柔”“乐活怀柔”“每日关注”“用户中心”5个主栏目。其中，“山水怀柔”栏目主要由“怀柔概况”“雁栖湖国际会都”“APEC”三个专区组成，用户可以在这里全面了解怀柔总体情况。APEC会议动态信息、媒体实用手册等是大家全面了解APEC会议怀柔部分内容的重要途径。此外，“乐游怀柔”“乐活怀柔”两个专区是专门为来怀游客、怀柔百姓及在怀工作生活的人设计的板块，用户不仅可以在这里找到各种旅游资讯，还可以一手掌握怀柔的生活指南。“每日关注”是怀柔新闻的专属地，每天所有关于怀柔内容的新闻都将网罗于此。“山水怀柔”还特别设置了用户专区，把用户常用的、常去的都汇总在收藏栏，便于用户使用。

在“山水怀柔”之外，2014年9月，怀柔区还打造了“乐居怀柔”移动终端，以更好地服务APEC会议，用户只要在手机上免费下载这个App就能对怀柔辖区内的餐厅、农家乐等进行详细了解。未来，怀柔区将实现各类平台之间的信息同步。

3）官方微博。

为了适应新的旅游宣传推广的需要，怀柔区旅游发展委员会开通了新浪官方微博，用于介绍、宣传怀柔区旅游资源与产品，树立区域大旅游形象，与市民和游客进行直接沟通。截至2015年2月5日，怀柔区旅游发展委员会官方微博共发表8 042条微博，粉丝共计65 195人，并实现与怀柔区政府门户网站和怀柔旅游信息网的链接。同时，官方微博专门设有“山水怀柔欢迎您”短片，以视频形式生动形象地展示怀柔区特色旅游资源（见图3—120）。

图3—120　怀柔区旅游发展委员会新浪微博（截至2015年2月5日）

4）微信公众号。

怀柔旅游微信公众号相对比较丰富。截至2015年2月13日，在微信里以“怀柔旅游”为关键词共搜索到公众号30个，其中不仅有怀柔区旅游发展委员会的官方微信号“山水怀柔”，还有众多企业微信号，为游客提供各类旅游信息服务（见图3—121）。

怀柔区旅游发展委员会开发了微信公众号——“山水怀柔”，用于推荐本区旅游资源、发布旅游节庆资讯等。“山水怀柔”主要包括“走进怀柔”“便民服务”“怀柔微谈”三个板块（见图3—122）。其中，“走进怀柔”主要包括“故事怀柔”“影像怀柔”“光影怀柔”和“北京国际电影节”四个板块，用图片、视频等多样化形式全面展现怀柔之美；“便民服务”提供会员卡和本地宝的信息咨询与服务；“怀柔微谈”提供怀柔论坛、新浪微博和腾讯微博，为用户提供咨询互动的渠道。

图3—121　怀柔旅游微信公众号截图

图 3—122 “山水怀柔”旅游微信公众号截图

5）旅游咨询服务中心。

按照北京市统一规划，怀柔区设立旅游咨询服务中心。怀柔区旅游发展委员会门户网站公布旅游咨询服务中心电话：010-69659647，怀柔旅游咨询服务中心高两河服务站电话：010-60697115，怀柔旅游咨询服务中心宽沟服务站电话：010-69679099。

（4）怀柔区虚拟博物馆。

怀柔区博物馆数量不多，共5家。其中，怀柔区博物馆于2013年重建，没有官方网站；村俗博物馆为2013年村民自建，没有门户网站。而怀柔所有的博物馆信息化程度都比较低，都没开通网上虚拟体验馆的博物馆（见表3—33）。

表 3—33　　怀柔区博物馆网站建设情况

博物馆名称	网址	是否有网上虚拟体验
北京二锅头酒博物馆	http://www.redstarwine.cn/	无
北京老爷车博物馆	http://www.laoyeche.org/	无（可扫描微信二维码）
电影传奇博物馆	无	无
怀柔区博物馆	无	无
村俗博物馆（村民自办）	无	无

2. 怀柔区旅游产业智慧化建设情况

怀柔区在“数字北京”和“智慧怀柔”建设中，不仅奠定了城市公共服务的信息化基础，而且在各产业领域也取得重要成绩。在旅游行业的表现是，怀柔区不仅有传统旅游企业的智慧化提升，更有在智慧旅游建设中孵化出的新兴企业。

（1）怀柔区智慧景区建设。

为推进"智慧旅游"建设，怀柔区一批特色景区积极利用信息化手段提升游客体验。为了方便散客自助旅游活动，区内一批 A 级景区积极进行门户网站、官方微博以及微信公众号的建设（见表 3—34）。

表 3—34　　　　　　怀柔区部分旅游景点信息化建设情况

景区景点	门户网站	官方微博	微信公众号
凯创牡丹园	无	无	无
慕田峪长城	http://www. mutianyugreatwall. com/	http://weibo. com/u/2627530412	有
红螺寺	http://www. hongluosi. com/	http://weibo. com/u/2829391823	无
青龙峡	http://www. qinglongxia. cn/	http://weibo. com/u/2261338865	有
喇叭沟原始森林公园	http://www. lbgysl. com/	无	无
北京黄花城水长城	http://www. huanghuacheng. com/	http://weibo. com/shuichang-chengjingqu	有
北京生存岛新概念旅游基地	http://www. shengcundao. cn/	无	无
国家中影数字制作基地	http://www. chinafilmstudio. com. cn（网站正在建设中）	http://weibo. com/u/2650800433	无
雁栖湖	http://www. yanqihu. com/	http://weibo. com/u/2934089117	有
北京幽谷神潭自然风景区	http://www. ygst. cn/	http://weibo. com/ygst	有
北京响水湖长城风景区	http://www. bjxshcc. com/	http://weibo. com/bjxshcc	有
云梦仙境	http://yunmengxianjing. cn/	http://weibo. com/bjymxj	有
北京怀北国际滑雪场	http://www. hbski. com/	http://weibo. com/hbski	有
神堂峪自然风景区	http://www. bjsty. com/	无	无
圣泉山旅游风景区	http://www. bjsty. com/	http://weibo. com/shengquan-shan	有
百泉山	无	http://weibo. com/u/2074847961	无

续前表

景区景点	门户网站	官方微博	微信公众号
北京红螺湖鸟岛	无	无	无
灵慧山景区	http://www.lhsfjq.com/	http://weibo.com/u/1678282297	无
天池峡谷风景区	http://www.bjtcxg.com/	http://weibo.com/u/2850472247	有
星美今晟影视城	http://www.xmjsysc.com/index.html	http://weibo.com/xmjsysc	有
北京鳞龙山自然风景区	无	无	无
濂泉响谷自然风景区	http://www.lianquanxianggu.com/	无	无

其中，雁栖湖景区和北京黄花城水长城景区的门户网站都采取动态电子地图形式，以坐标代表各个景点，游客点击景区坐标，网页就会展示景点图片与信息，形象生动。

（2）怀柔区智慧酒店与农家院。

当前，怀柔区智慧酒店尚处于起步阶段，酒店仅仅通过开通微信公众号、开发酒店 App、设置电子触摸屏等形式进行智慧化建设，但这些应用的普及率不高且利用率比较低。

根据怀柔旅游信息网收录，怀柔区除了星级酒店之外，还存在着大量的农家院，目前，农家院的信息化程度还不是很高。

（3）智慧旅游购物。

结合怀柔实际，怀柔区旅游发展委员会积极鼓励企业开发特色旅游商品，怀柔累计有 14 类商品获得“北京礼物”称号。怀柔区旅游发展委员会坚持旅游商品研发与销售市场同步推进，沿 111 国道，重点实施了集旅游商品、餐饮为一体的“二点一线”建设，提升了青龙峡、水长城等景区的商品市场，完善了蓝天白鸽、御食园等 11 家生产企业“怀柔旅游商品店”建设。目前，怀柔旅游产品的电子商务主要是借助北京旅游信息网实现。

（4）智慧会议旅游。

2014 年 11 月，APEC 会议在怀柔区雁栖湖举办，使得怀柔区名声大震，成为旅游热点。2015 年，怀柔区为游客新设计了六条旅游线路，其中既有慕田峪、红螺寺这样的怀柔经典景点，也有 APEC 会址及雁栖风情大道、顶秀美泉小镇等 APEC 相关商业配套。

为保证APEC会议安全举办，怀柔区一方面增加高清监控探头保证监控区域范畴的广泛性，另一方面改造升级高清数字监控平台，实施滚动监控，保证监控的质量。这些设施设备为旅游安全监控与应急指挥工作奠定基础条件，形成有效的协作机制。

（5）智慧乡村旅游。

2013年，北京市旅游委与中国移动北京分公司携手为全市100家民俗户免费安装“民俗旅游管家”，其中怀柔区安装25台。乡村旅游是怀柔旅游业的重要组成部分，也是带动农民就业增收的重要渠道。2015年，怀柔区接待旅游人数1 297万人次，同比增长14.3%，较上年同期增加11.9个百分点；实现旅游综合收入54.9亿元，同比增长22.4%，较上年同期增加15.7个百分点，旅游综合收入总量跃居生态涵养区首位。①

同时，怀柔区也在积极开展“智慧乡村”建设。2015年，怀柔区结合美丽乡村建设，从生产经营、乡村治理、公共服务等三个层面进行摸底考察后，重点确定四个村开展“智慧乡村”建设。

3. 怀柔区智慧旅游建设成果评价

怀柔区智慧旅游建设项目立足本区特色，借助和突出本区乡村旅游、会议旅游等方面的优势，以旅游者（尤其是散客）需求为出发点和落脚点，以政府工作为主导，注重政企合作，在智慧旅游公共管理与服务、旅游产业智慧化提升两个层面都进行了有益探索。

（1）怀柔区智慧旅游建设取得的成绩。

怀柔区智慧旅游建设实践取得了阶段性的成绩，形成以乡村旅游和会议旅游示范带动的良好局面。

首先，面向散客的智慧旅游的公共信息服务系统初步建立，通过怀柔旅游信息网，怀柔旅游App，怀柔区旅游发展委员会官方微博、微信公众号等项目的开发和建设，实现了对客服务的智慧化。在怀柔区旅游政府管理部门之外，一些企业也加入智慧旅游服务的行列，通过智慧旅游服务一系列工程的建设与推广，多渠道、多样式地为游客提供随时随地的资讯服务和接待服务。

其次，通过怀柔行政审批系统、怀柔旅游信息网项目的开发和建设，实现了以“政府管理 ”为核心的智慧旅游管理。

怀柔区智慧旅游管理分为内部智慧管理和面向旅游企事业单位的服务管

① 见http://bj.people.com.cn/n2/2016/0218/c82838-27758227.html。

理两大部分。怀柔行政审批系统提升了怀柔区旅游发展委员会同怀柔区政府以及与其他委办局之间的业务协同和信息共享，不但提升了管理效率，同时也创造了一种个性化、智能化的管理平台。怀柔旅游信息网则是怀柔区旅游发展委员会面向旅游企事业单位提供服务管理的重要窗口。

再次，特色智慧会议旅游产业发展迅速，成为重要牵引。在已有乡村旅游的基础上，怀柔区重点发展智慧乡村旅游，提升乡村旅游的信息化、智慧化水平。2014 年 11 月的 APEC 会议使得怀柔区的会议旅游成为热点，带动怀柔区整体旅游产业的发展，而会场所在景区——雁栖湖在智慧旅游建设方面成绩突出，在此基础上，怀柔区旅游发展委员会加强宣传推广，开发新的旅游线路，促进智慧旅游迅速发展。

(2) 怀柔区智慧旅游建设存在的不足。

虽然怀柔区智慧旅游建设已经起步，并取得重要成绩，但是相对于北京其他城区以及怀柔区旅游业发展需求而言，其智慧旅游建设还存在诸多不足。

首先，智慧旅游政府政务管理与服务相对不足，对外门户网站以及内部沟通协调机制尚未建立起来，政务管理手段还是以传统方式为主，先进技术手段应用程度还有待提升。

其次，智慧旅游产业化提升明显不足，尤其是酒店、购物、乡村旅游方面的智慧化建设还存在很大空白，在景区中普遍存在着门户网站陈旧落后，缺少与游客的互动，视频、图片等多样化手段应用偏少，App 移动开发与应用有待提升等问题，不能满足游客信息获取即时性、便捷性的需要。

再次，怀柔区旅游宣传推广力度不足，手段传统。当前，推介会依然是怀柔旅游宣传的主要形式之一。例如，2013 年 3 月，为进一步落实《怀柔区旅游产业发展三年行动计划》和《怀柔区加快旅游产业发展实施意见》，推动旅游产业快速发展，怀柔区旅游发展委员会、怀柔区旅游行业协会组织慕田峪、红螺寺、雁栖湖等区内 6 家重点景区及 2 家旅行社，分别在石家庄、唐山、廊坊及天津四地举行怀柔旅游宣传推介会。而在此过程中，网络媒介的重要地位与作用没有凸显出来。

另外，怀柔区智慧旅游建设得到政府的重视，在智慧旅游政务管理与公共服务方面取得阶段性成绩，亮点突出，但是在智慧旅游产业层面比较薄弱，试点示范尚不健全，企业的参与力度不足，政企合作缺乏长效机制。

4. 怀柔区智慧旅游建设对策

按照智慧旅游建设实践的评价体系，怀柔区在“智慧怀柔”的基础上，需要深入挖掘先进科技在丰富的旅游资源上的应用价值。

第一，加快智慧旅游政务服务系统的建设与完善。例如，建设独立的旅游政务门户网站，建设智慧旅游数据资源库，等等；同时，建设旅游政府管理部门与其他关联部门之间的无障碍沟通协调机制。将智慧旅游建设切实纳入智慧怀柔整体建设中去。

第二，在智慧旅游公共服务体系建设方面，加快打通旅游电子商务环节，在提供全方位的旅游信息服务的同时，延伸旅游产业链，营造安全便捷的支付环境，实现“精准推荐＋细节信息＋预订购买＋意见反馈＋客户档案”等各个环节的无缝衔接与延伸。

第三，借助APEC会议提升的国际知名度，深入挖掘和打造专题性智慧旅游路线，形成智慧旅游产品品牌。例如，对于怀柔区的乡村旅游线路、APEC会议体验旅游线路，运用智慧化手段，着重整条智慧旅游产品线的打造和丰富。

第四，培育示范性智慧旅游企业，推动智慧旅游产业化落地。智慧旅游企业建设是怀柔区智慧旅游建设的薄弱环节，应充分发挥政府的引导和支持作用，培育示范性智慧旅游企业，树立在区内、北京市甚至全国范围内的典型示范形象，形成辐射效应，走示范带动道路。

第五，建立基于云媒体的怀柔旅游宣传营销系统是怀柔智慧旅游营销的核心内容，对于怀柔区旅游发展委员会和区内各旅游企事业单位实行两级权限控制，通过远程控制旅游信息的编辑和后台发布终端，实现了旅游信息网、旅游政务网、官方旅游微博、旅游微信公众号、多媒体显示屏等渠道上旅游营销信息的一次编辑、统一审核和多渠道发布。

3.2.14 北京市平谷区智慧旅游建设实践

平谷区在智慧旅游建设方面政策相对空白，缺乏针对本区的专业性指导和标准规范的引导，没有正规的文件性的法律法规，在这一方面需要加强政策支持，推出相关的建设纲领。

1. 平谷区智慧旅游公共管理与服务体系

2012年平谷区旅游工作会议报告中提到要完善旅游公共服务设施，主要工作要求有：首先要强化咨询服务，本着政府主导、合理规划、完善服务的原则，在交通节点、人流聚集地建设一批游客集散和咨询中心，发挥集散导流、窗口服务、商品销售等功能。逐步增强金海湖、新城地区、大华山镇的旅游集散和综合服务能力。其次要建设“智慧旅游城市”，通过物联网等现代信息技术，推出一批“智慧饭店”“智慧景区”“智慧旅行社”“智慧旅游乡村”试点，为游客提供更加全面的信息化服务。到“十二五”末，搭建“智慧旅游城市”的基本框架，形成“智慧旅游”引领旅游发展的良好格局。构建旅游购物网络，规划建设平谷特色旅游商品商贸区，建设10处以上“平谷礼物”展示展卖中心，所有A级景区、民俗旅游村都要设置“平谷礼物”专柜，旅游商品营销网络基本实现全覆盖。

（1）智慧旅游公共基础设施。

目前，平谷区政府建设了政务网——平谷政府网，主要有“走进平谷”“信息公开”“网上服务”“政民互动”“民生服务”“投资创业”“平谷旅游”等几大板块，从各个方面全面介绍了平谷区的政治、文化、产业、社会以及旅游等产业的信息，从社会、文化、经济等切入点向浏览者展示全方位的平谷风貌（见图3—123）。

图3—123 平谷政府网首页

（2）智慧旅游政务管理与公共信息服务体系。

平谷区旅游发展委员会门户网站（http://www.pgly.gov.cn/）：平谷区旅游发展委员会网站主要有旅游发展委员会介绍、平谷概况、信息公开、专题专栏、网上办公、政策法规、招商项目、互动专区、旅游购物、旅游查询、网站导航、节庆活动、精品线路、旅游分布图、旅游交通、旅游动态、平谷神韵、景区风光、乡村旅游、住在平谷、旅游视频、平谷特产、平谷十大美食、特别推荐、实用信息等内容（见图3—124）。

官方微博：平谷区旅游发展委员会新浪微博于2011年12月16日开通至

图 3—124　平谷区旅游发展委员会门户网站首页

2015 年 12 月 7 日为止，共有 4 759 个粉丝，发布 244 条微博（见图 3—125）。官方微博主要定位于展示平谷区旅游资源、发布最新旅游资讯、加强与游客的互动，基本保持每天更新，后期维护管理较为完善。

图 3—125　平谷旅游新浪微博（截至 2015 年 12 月 7 日）

旅游微信公众号：截至 2016 年 4 月 3 日，平谷区旅游微信公众号共有 10 个，其中，“平谷旅游”是平谷区旅游发展委员会官方微信公众号，其他微信公众号是企业为宣传营销开设的公众号。

平谷微信公众号“平谷旅游导航”（微信号：lydh0944）为游客提供平谷区重要旅游景点的导航服务，平台把平谷区所有风景名胜通过分类的方式很清楚地展现在游客面前，并为游客提供大量的当地导游人员以便于选择（见图 3—126、图 3—127）。

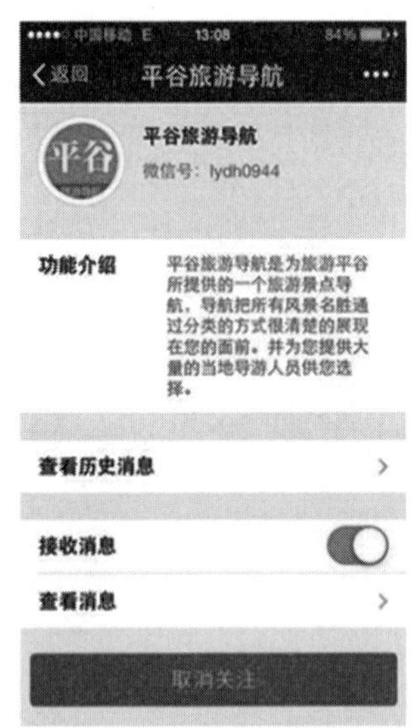

图 3—126　平谷旅游导航官方微信截图

图 3—127　在微信中搜索“平谷旅游”的结果

（3）平谷区虚拟博物馆。

截至 2015 年底，平谷区共有博物馆和展览馆 3 家，为上宅文化陈列馆、黄松峪地质博物馆和平谷区电化教育馆。而博物馆尚未建设门户网站，在其他领域均处于空白状态（见表 3—35）。

表 3—35　　平谷区博物馆和展览馆信息化表

博物馆/展览馆	网址	功能	是否有虚拟体验
上宅文化陈列馆	暂无	—	否
黄松峪地质博物馆	暂无	—	否
平谷区电化教育馆	暂无	—	否

2. 平谷区旅游产业智慧化建设与提升

（1）平谷区智慧景区建设。

平谷区共有 A 级景区 10 家，其中 4A 级景区 4 家，3A 级景区 1 家，2A 级景区 3 家，1A 级景区 2 家。其中，京东石林峡开设了门户网站，京东大峡谷、金海湖、京东石林峡打造了微信公众号。

北京京东大峡谷旅游服务有限公司是国家 AAAA 级风景区，位于平谷城区东北的山东庄镇鱼子山民俗旅游村，距市区（东直门）80 公里。丰富的自然资源与独特的地貌为这里赢得了许多游客的青睐，为了更好地对景区进行宣传与营销，京东大峡谷景区开通了官方网站，详细介绍景区概况，并且有大量的景区风光图片，让游客在家里就可以领略大峡谷的壮丽景色。另外，京东大峡谷景区官方网站上还有娱乐项目的介绍以及周边美食推荐，尽量满足游客各方面的需求（见图 3—128）。

图 3—128　京东大峡谷景区官方网站

（2）平谷区智慧酒店建设。

截至 2011 年 4 月，平谷区共有二星级以上酒店 7 家，其中四星级酒店 2 家，三星级酒店 5 家，二星级酒店 9 家。酒店信息化建设相对滞后，仅 5 家高星级酒店在基础设施、门户网站、微信公众号、微博等方面投入了建设（见表 3—36）。

表 3—36　　平谷区酒店智慧化建设情况

酒店	星级	网址	功能	微博	微信
渔阳酒店	四星级	http://www.yuyangjiudian.com/	信息咨询、快速预订	无	无
育新苑宾馆	三星级	http://www.jiaogong.com/	信息咨询、快速预订、360 度全景展示	无	无
碧海山庄	三星级	http://www.bhsz.com/	信息咨询、快速预订	无	无
东晓新越酒店	三星级	http://www.dongxiaoxinyue.com.cn/	信息咨询、快速预订	无	无
南华山庄	三星级	http://www.nanhuashanzhuang.com/	信息咨询、快速预订	无	无

3. 平谷区智慧旅游建设评述

在“智慧平谷”“平安平谷”的基础上，平谷区在智慧旅游公共服务领域取得一些成绩，但其旅游产业智慧化提升还比较欠缺，与海淀区、朝阳区、东城区等北京市智慧旅游建设较为先进的区相比也存在较大差距。

(1) 平谷区智慧旅游建设取得的成绩。

当前，平谷区在智慧旅游建设方面已经取得一定基础，尤其在无线网络覆盖、旅游微博微信平台建设等方面已经取得一定成绩。

首先，智慧旅游基础网络设施建设取得突出成绩。平谷区旅游官方网站已经基本完善，初具规模。平谷旅游网（http://www.pglyw.com/）和平谷畅游网（http://www.bjpgly.com/）能够良好地展示平谷区的旅游资源，对于旅游目的地起到了不能忽视的宣传作用。

其次，平谷旅游官方微博、微信公众号和旅游 App 的开发与投入使用效果良好。新媒体具有传播面广、受关注度高、互动及时等优势，是旅游宣传营销的重要途径。平谷区充分利用新媒体，在微博粉丝数量、活跃度、微信和旅游 App 注册用户等方面都取得重要成绩。

最后，智慧旅游产业方面，平谷区一些著名的景区和高星级酒店已经着眼于旅游智慧化建设。如今大部分平谷旅游景区都已经开通了自身的官方网站，线上向游客介绍景区概况以及风光，并且推出了电子售票、电子导航、语音讲解等智慧化的服务。部分酒店也开始着手于智慧化的建设，完善其电子预订程序、在线支持等智慧型服务。

(2) 平谷区智慧旅游建设存在的不足。

虽然平谷区旅游业在微博微信、旅游 App 等领域有所涉及，但是整体而言，平谷区智慧旅游建设尚处于初级阶段，缺乏系统性和整体性，呈现相对分散与零星状态。

首先，缺乏提纲挈领性的规划文件指导，缺乏标准规范。平谷区尚未针对智慧旅游制定专项规划纲领和行动指南，没有针对性的规划和行动指南，在重视程度上有待提升。另外，在标准规范上仅遵从北京市旅游发展委员会制定的“智慧景区”“智慧旅行社”“智慧酒店”和“智慧乡村”四个标准规范，而对于本区智慧旅游建设的适用性和涵盖性欠缺思考。

其次，智慧旅游公共服务体系建设缺乏系统化、全面性，尚处于雏形阶段。平谷区虽已有门户网站集群、微信微博等平台，但是平台信息的更新存在严重的滞后问题，造成平台利用率低。例如，平谷旅游官方微信没有开发相关菜单，每日推送也不及时。这一方面造成资源浪费，另一方面，游客获取旅游信息的需求和利用企业网上办理业务的需求得不到满足，满意度低。同时，各平台之间的资源有效对接与信息共享功能有待提升。

再次，智慧旅游产业化建设尚存在很大的发展空间。一方面，平谷区智慧酒店、智慧景区信息化水平明显落后于其他区和现实需求，仅部分能够实现门户网站的信息查询和在线预订功能，而景区和酒店 Wi-Fi 覆盖、虚拟体验、智慧营销等领域还存在较大空白；另一方面，平谷区大型的特色智慧旅游企业，尤其是能够带动产业链发展的龙头企业尚未出现，区内缺乏具有代表性的知名企业。

4. 平谷区智慧旅游建设建议

首先，结合现实需求，制定本区智慧旅游专项行动规划，细化顶层设计。针对当前平谷区智慧旅游建设仍处于零散状态，制定《平谷区智慧旅游建设纲领》和《平谷区智慧三年行动指南》，将智慧旅游建设提高到政府政策的高度。另外，聘请第三方专业智慧旅游规划企业为平谷区量身进行智慧旅游顶层设计，策划、建设、运维、年度验收与评价各个环节由不同的专业企业承接。采取分期完成策略，根据现实成果与需求适时调整规划项目，保证实用性。

其次，加快智慧景区建设。目前，平谷几大景区中只有金海湖有电子门票在线销售服务。电子门票是智慧景区建设的重要部分，电子票务可以拓宽景区门票销售渠道。同时，景区的 Wi-Fi 覆盖工程也需要快速推进。随着智能手机和微博、微信等自媒体的广泛使用，Wi-Fi 也成了基础的服务设施。实现无线覆盖是景区的开发和建设各类线上应用的前提和基础。

再次，完善在线推广平台。平谷旅游网（http://www.pglyw.com/）和平谷畅游网（http://www.bjpgly.com/）可以实现资源结合，在对网站格局、功能进行完善的基础上合二为一，并重点推广，使其成为宣传平谷区旅游资源的第一平台。在旅游 App、旅游官方微博和旅游微信公众号方面，应该进一步完善内容、提高互动效率、增加服务内容。

3.2.15 北京市密云区[①]智慧旅游建设实践

“十二五”期间，密云提出打造“国际绿色休闲旅游产业综合示范区”的口号，提出五大工程，其中为推动智慧旅游建设，完善公共服务体系，专门列出一项工程：实施完善服务体系工程，实现便捷快速的“智慧旅游”。大力实施旅游导示系统改造提升工程，公路沿线、民俗村、景区内导示牌逐步规范。加强旅游网站建设，实施旅游网改版升级，以全新的网络体系服务游客。积极开发手机“随身游”系统，逐步实现“一机在手畅游密云”的便捷服务。

1. 密云区智慧旅游公共管理与服务体系

在“智慧密云”和“北京智慧旅游”建设的基础上，密云区智慧旅游公

---

① 密云于 2015 年 11 月撤县设区，从逻辑认知出发，下文中对于 2015 年 11 月之前涉及密云行政表述处仍称“密云县”。

共管理与服务建设已经起步，在门户网站群、官方微博、微信公众号等领域的应用已经投入使用，但密云智慧旅游公共管理与服务体系尚不健全，还存在空白，同时各平台相对零散，缺乏系统性。

密云区旅游信息咨询中心是密云区旅游发展委员会的一个专门的事业科室，是旅游信息化建设的主导部门，也是智慧旅游建设的负责部门。

（1）智慧旅游公共基础设施。

密云“无线城市”建设为其智慧旅游建设奠定公共基础。自 2011 年密云县启动“无线城市”建设以来，中国移动、中国联通、中国电信三大运营商不断加大基础设施建设投入，截至 2011 年底，密云县已建 3G 基站 455 个；2012 年在铁路、公路沿线、新开发小区、旅游景区等地建 3G 基站 75 个。截至 2012 年底，密云县全县 3G 无线网络覆盖率已达 90%，县城内和所有重点镇域基本实现无线宽带网络的全覆盖，方便游客（尤其是散客）、政府和旅游企业随时随地获得网络服务。2014 年，通讯信号已经基本上覆盖密云县的各个景区景点门口处，而游客上网的相关网络费用由景区负担，属于景区的对客附加服务。

（2）智慧旅游政务管理与服务。

当前，密云区已经建设了密云旅游政务网、旅游官方微博、旅游微信公众号，全面实施智慧旅游政务管理与服务。

密云旅游政务网（http://www.mylvyou.gov.cn/）：2011 年 3 月，密云旅游政务网上线运营，成为密云县旅游政务服务的主要窗口。2013 年，由北京闻言科技公司作为技术支持单位，密云县旅游发展委员会门户网站进行了改版，新版门户网站于 2013 年 5 月正式上线运行（见图 3—129）。

图 3—129　密云旅游政务网首页

密云旅游政务网主要包括“政务公开”“动态信息”“通知公告”“政策法规”“密云旅游”“政府信息公开”“企业名录”七大板块，为游客提供密云旅游各类静态和动态信息，信息的展现形式有文字和图片两种。网站还为游客提供密云天气信息，实现与密云旅游信息网、云游体验网、养生休闲不老屯网站的连接。网站政策法规板块将全国和北京市有关旅游业管理的相关规定进行归纳分类，企业名录板块将密云县的旅游企业进行归类（见图 3—130、图 3—131）。

图 3—130　密云旅游政务网政策法规与企业名录

图 3—131　密云旅游政务网网站地图

旅游官方微博：密云县旅游发展委员会于 2013 年 5 月开通新浪官方微

博，主要定位于宣传密云旅游资源、举办亲民活动。截止到 2014 年 8 月 16 日，密云县旅游发展委员会官方微博共有 1 523 个粉丝，发表微博 463 篇（见图 3—132）。平均每篇微博的阅读量能够达到 6 000 至 7 000 次，涉及活动的微博阅读量达到 1 万至 2 万次。

图 3—132　密云县旅游发展委员会新浪微博（截至 2014 年 8 月 16 日）

旅游微信公众号：当前，密云旅游微信公众号主要有 5 个，提供综合服务的 1 个，提供导航服务的 1 个，提供景点酒店服务的 1 个，另有 2 个专注于乡村旅游服务（见图 3—133）。

图 3—133　密云旅游微信公众号和官方微信二维码

2014 年 7 月 9 日，由密云县旅游发展委员会提供的“密云旅游”微信公众号正式上线运行，该平台主要功能定位于介绍密云景区、旅游路线、旅游攻略及优惠活动等，微信平台对全县特色旅游产品、精品线路、新型业态、特色饮食、深度自驾攻略、主题活动等进行主题推送，保证每天一个主题（见图 3—134）。截止到 2014 年 8 月 6 日，微信平台共推送信息 45 条，阅读量超过 20 万人次。截止到 2014 年 8 月 6 日 12 点，“密云旅游”微信粉丝量达

23 561 人。

图 3—134 “密云旅游”微信公众号栏目

“密云旅游”微信公众号将旅游政府信息服务门户网站搬上手机，在微信公众号上开设了微官网板块，为游客提供更加及时、精准的信息服务，提高服务的质量和服务效率。

为加大新媒体对密云旅游的营销力度，增强“密云旅游”微信平台的影响力，密云县旅游发展委员会于 2014 年 7 月 21 日至 8 月 6 日推出关注“密云旅游”微信公众号就可以参与“密云旅游，‘这乡有礼’——万张景区电子门票免费发送”活动，并与北京电视台、《中国旅游报》、《环球时报》、北京旅游网、新浪网等近 30 家主流媒体合作推出 20 条夏季精品旅游线路。

旅游智能监控：当前，密云区的 3A 级景区已经实现智能监控，由景区与移动运营商（中国移动、中国联通等）合作，在景区门口以及重要的客流量大的区域安装监控摄像头。但是，密云区旅游发展委员会尚未能实现远程监控，实时监控需要依靠景区自身来实现。

（3）智慧旅游公共信息服务体系。

密云旅游服务网（http://www.mylvyou.com.cn/）：2011 年，密云县投资开发建设了密云旅游服务网。2012 年 5 月，由北京闻言科技有限公司提供技术支持，密云旅游服务网进行了改版，新版服务网以“亲密之旅、云游四季”为宣传口号，全方位展示密云旅游资源。网站设计采取简洁清新的风格，注重生态与旅游相融合，突出生态环境优势，采取文字、图片、视频等多种信息展现形式，为游客提供全面详尽的旅游资讯（见图 3—135）。通过创新旅游产品和旅游服务模式，提升密云旅游公共信息服务能力。

改版后的密云旅游服务网包括 9 个频道：最新资讯、主题活动、游玩指南、景区景点、乡村旅游、星级酒店、新型业态、云礼乐购、图形密云。

图 3—135　密云旅游服务网首页

2010 年，密云旅游网在中国旅游电子商务大会暨目的地网络营销论坛组委会评选中脱颖而出，荣获“2010 旅游优秀目的地网站”荣誉称号。

云游体验网（http://ty.mylvyou.com.cn/）：为增强游客现实体验，密云县旅游发展委员会于 2011 年开发了云游体验网，相比北京市其他区建设较早。云游体验网有“精彩进行时”“纵情山水”“度假之都”“回归田园”“节节高”“精品线路”“随行宝典”“玩乐密云”“地图导航”九个板块。网站通过大量的精彩图片、多维展示等形式为游客提供更加直观的旅游服务（见图 3—136）。当前，云游体验网的内容主要以图片和文字形式展示，尚未实现游客网上虚拟体验。

图 3—136　密云旅游体验网首页

密云随身游：随着智能手机的普及和自助旅游服务软件的迅速发展，密云县旅游发展委员会于2014年开发密云随身游手机App，为游客提供游前、游中、游后全方位的、随时随地的旅游服务，当前密云随身游支持安卓系统和苹果系统两种形式的下载和应用，游客可以在密云旅游服务网上和“App Store”中下载安装。密云随身游与密云旅游资讯网是同一个后台，一次发布同时更新，免去用户重复注册的麻烦（见图3—137）。

图3—137　密云随身游

旅游咨询服务中心：截至2015年底，密云共有咨询服务中心35家，一级咨询服务站1家（河南寨旅游咨询服务中心，由大美山水企业来做），二级咨询服务站3家，三级咨询服务站31家（主要分布于民俗村、宾馆酒店内）。旅游咨询服务中心里面的基础设施与旅游用品都是北京市旅游发展委员会统一配备、统一标识，由旅游企业负责旅游咨询服务中心的日常运营和管理，企业在完成面向游客提供咨询服务的工作之外，可以附加本企业旅游产品宣传营销的业务，通过这种形式调动企业参与对客服务的积极性。为提高旅游咨询服务中心的利用率，2014年7月9日起，在人间花海景区、蔡家洼玫瑰情园、密云县旅游咨询服务中心、旅游咨询服务站（河南寨站）四个地点，游客关注“密云旅游”微信或者微博，将会获得由密云县旅游发展委员会赠送的精美礼品一份。

（4）密云区虚拟博物馆。

密云区博物馆资源并不丰富，当前，仅有张裕酒文化博物馆建设门户网站，为游客提供资讯、预订等服务，而其他博物馆门户网站还没有建设起来，在虚拟博物馆建设领域更是处于空白（见表3—37）。

表 3—37　　密云区博物馆/展览馆网站建设情况

博物馆/展览馆	网址	功能	是否有虚拟体验
首云铁矿博物馆	暂无	—	否
密云区博物馆	暂无	—	否
张裕酒文化博物馆	http://www.changyuafip.com	资讯、旅游度假、婚礼庆典、礼品纪念品、在线预订	否
北京密云水生物展览馆	暂无	—	否
密云区科技展览馆	暂无	—	否

2. 密云区旅游产业智慧化建设与提升

(1) 密云区智慧景区建设。

密云区尚未统一部署建设智慧景区，一些景区结合自身需求，尝试智慧景区建设。2010 年由中青旅集团斥资 42 亿元打造的古北水镇落户密云，被誉为“北方乌镇”，2014 年五一小长假三天古北水镇共接待游客 6 万余人次（见图 3—138）。

图 3—138　密云古北水镇自动门禁

古北水镇积极利用科技手段，与司马台长城联合建设景区官方网站（http://www.wtown.com/index.htm），为游客提供网上资讯获取、门票信息查询、交通指南、酒店查询和门票网上预约服务。同时，古北水镇充分借助北京旅游信息网、携程网、去哪儿网等第三方平台，为游客提供数字二维码确认短信验证快速入园服务。古北水镇景区开通新浪微博和微信公众号，为游客提供更加全面的实时信息服务（见图 3—139）。

新浪微博：古北水镇景区

微信公共平台：古北水镇

图 3—139　古北水镇门户网站、微博二维码和微信公众号二维码

（2）密云区智慧酒店建设。

当前，密云共有星级酒店 21 家，其中，五星级酒店 2 家，三星级酒店 10 家，二星级酒店 5 家，一星级酒店 4 家。酒店信息化建设相对滞后，仅五星级酒店开展了门户网站、微信公众号、微博等方面建设投入（见表 3—38）。

表 3—38　　密云酒店智慧化建设

酒店	网址	功能	微博	微信
瑞海姆田园度假村（五星级）	http://www.rghcm.com	信息咨询、快速预订、360 度全景展示	新浪微博	有“瑞海姆田园度假村有限公司”
世豪国际酒店（五星级）	http://www.shihaohotel.com/（打不开链接）	—	无	无单独微信

（3）密云区智慧民俗村建设。

民俗村是密云生态旅游发展的重要特色，也成为密云旅游经济收入的主要支持来源。2014 年 1 月至 5 月，密云全县乡村旅游接待 185.7 万人次，同比增长 5.5%，实现旅游收入 2.1 亿元，同比增长 10.5%。为进一步提升民俗村的接待水平，满足现代游客的信息化需求，密云区积极进行智慧乡村游。

为提升传统旅游产业，密云区提出“一个民俗村就是一个乡村酒店”的理念。自 2011 年起，民俗村村村都建设接待中心、停车场、公共卫生间、文化活动中心，按照标准化、规范化、组织化、网络化的“新四化”标准规范民俗接待的档次和水平，床单被褥用品采取统一洗涤、统一配送、统一经营管理。民俗村的住宿费用、菜价、菜单也是统一制定。同时，政府鼓励农户做到一村一特色，民俗旅游发展多元化。

为进一步提升民俗村的旅游服务质量，密云区旅游发展委员会还通过定期培训（如接待细节、房屋装饰、餐饮卫生等）、行业竞争比赛等不同方式提升村民的服务理念，提升村民服务素质。

目前，密云已有8个民俗村实现了Wi-Fi覆盖，“密云旅游”微信公众号的搭建整合了旅游景点、酒店、餐饮、交通等旅游信息，为游客提供触手可得的信息服务，而“智慧密云旅游公共信息服务平台”也正在推进过程中。

3. 密云区智慧旅游建设成果评价

在“智慧密云”的基础上，密云区在智慧旅游公共服务体系建设和智慧乡村旅游建设上取得了一些成绩，例如，全区3G无线网络覆盖率已达90%，旅游微博微信平台、旅游App等新媒体在旅游宣传中得到较好的利用等。但是客观上也还存在着一些不足，未来需要不断完善和改进。

（1）密云区智慧旅游建设取得的成绩。

自2011年起，密云开始着手准备智慧旅游建设，到目前在城市网络覆盖、微博微信平台建设等公共服务方面以及特色智慧民俗村、古北水镇等智慧景区建设等方面已经取得一定成绩。

首先，智慧旅游基础网络设施建设取得突出成绩。密云区积极与三大电信运营商合作，积极打造“无线城市”，已经实现全区3G无线网络覆盖率达到90%，为智慧旅游建设奠定公共基础。

其次，旅游微博、“密云旅游”微信公众号和“密云随身游”旅游App得到积极开发和有效利用。密云区旅游发展委员会积极满足游客对于新媒体的需求，开通了密云旅游新浪微博、“密云旅游”微信公众号和“密云随身游”旅游App软件，为游客提供丰富多样的信息服务。

最后，密云区旅游发展委员会创新民俗旅游管理体制，实现“村级民俗合作社—镇级旅游办公室—县级旅游发展委员会—县政府”四级管理，统一管理为其特色智慧民俗村建设奠定基础。智慧民俗村成为特色新型旅游产业形态，牵引密云区智慧旅游产业化发展新方向。密云区充分结合自身旅游资源特色，将生态旅游作为主要旅游产业形态之一重点发展，积极提升特色民俗村在Wi-Fi覆盖、门户网站、微信公众号等领域的水平，以招徕更多游客。

（2）密云区智慧旅游建设存在的不足。

虽然密云区旅游业在网站集群、微博微信等领域开展建设，但是整体而言，密云区智慧旅游建设尚处于初级阶段，缺乏规划性、系统性和整体性，呈现相对分散与零星状态。

第一，密云区对于智慧旅游建设定位不够清晰。当前，智慧旅游的建设没有有效纳入密云区智慧城市整体建设中去，各级旅游相关行业的管理部门缺乏对于智慧旅游的重视，造成智慧旅游建设缺乏纲领、规划、资金、政策的有效支持，发展受到阻碍。虽然近年来密云区旅游发展委员会每年投入几十万元用于旅游信息化建设（2011 年投资 27 万元，2012 年投入 48 万元，2013 年投入 20 万元），但是尚不足以支持智慧旅游建设。例如，旅游基础数据库的建设由于缺乏资金尚不能搭建起来，造成已有掌握完备的数据资料得不到有效利用。

第二，密云智慧旅游建设缺乏提纲挈领性的规划文件指导，缺乏标准规范。密云区尚未针对智慧旅游制定专项规划纲领和行动指南，只将智慧旅游建设作为旅游总体行动的五项工程之一，没有针对性的规划和行动指南，在重视程度上有待提升。另外，在标准规范上仅遵从北京市旅游发展委员会制定的“智慧景区”“智慧旅行社”“智慧酒店”和“智慧乡村”四个标准规范，而对这些规范对于本区智慧旅游建设的适用性和涵盖性欠缺思考。

第三，智慧旅游的管理体系尚未建立。截至 2014 年 10 月，密云区旅游发展委员会的 OA 内部办公系统尚未建立起来，县旅游发展委员会内部各处室以及其与下级旅游管理部门之间的业务往来主要依靠传统的电话、传真等手段，管理信息化水平有待提升。

第四，智慧旅游公共服务体系建设缺乏系统化、全面性，密云区智慧旅游公共服务体系尚处于雏形阶段。首先，密云区旅游发展委员会虽已有门户网站集群、微信微博平台、旅游 App 等基础性信息服务内容，但是各平台普遍存在严重的信息滞后问题，没有实现实时更新，造成平台利用率低，一方面造成资源浪费，另一方面游客信息需求和企业网上办理业务的需求得不到满足，用户满意度低。例如，密云旅游政务网和旅游服务网的信息有近一半停滞在 2011 年刚上线时。其次，一些能够增强游客体验的智慧旅游公共服务尚处于空白。例如，密云尚没有虚拟博物馆。

第五，智慧旅游产业化提升尚存在很大的发展空间。一方面，密云区智慧酒店、智慧景区信息化水平明显落后于其他区和旅游业发展的现实需求，仅部分旅游企业建设了门户网站，能够实现游客线上信息查询、预订和支付操作。另一方面，作为密云区特色的智慧旅游民俗村在基础网络建设领域虽有一定基础，但是由于缺乏集体协作，在智慧旅游宣传营销和旅游电子商务领域还存在很大的提升空间。

4. 密云区智慧旅游建设对策

第一，结合现实需求，重视智慧旅游建设，将智慧旅游纳入智慧城市建设的重要部分，在政策、规划、资金等方面给予必要支持。制定本区智慧旅游专项行动规划，细化顶层设计。针对当前密云区智慧旅游建设处于零散状态，缺乏专项行动计划的迫切需求，制定《密云区智慧旅游建设纲领》和《密云区智慧三年行动指南》，将智慧旅游建设提升到政府战略的高度。为保证智慧旅游纲领和行动指南的贯彻落实，需要配套制定智慧旅游政策。

第二，搭建旅游管理部门与其他部门的合作，实现无障碍沟通、资源共享与共同发展。密云区旅游发展委员会充分利用现有基础设施与网络条件，开展与公安局、安全局、经信委等关联部门的合作，接入这些委办局的监控设备，实现资源融合与信息共享。

第三，加大智慧旅游管理体系建设，第一步实现旅游发展委员会的内部办公自动化。搭建密云区旅游发展委员会内部各科室之间、其与下级旅游办以及与旅游企业的上传下达的网络体系，包括信息报送平台、分布、数据统计分析等服务，建立密云智慧旅游管理网络平台，实现旅游智慧化建设的集约化发展。建设密云区旅游资源数据库，实现现有资源的有效梳理、分类管理以及信息的动态更新，实现各个公共服务项目之间的资源互通与共享，同时为新项目的开展奠定内容基础。

第四，加大智慧民俗村建设投入，充分利用四级管理机制，搭建密云智慧民俗村统一电子商务平台，并实现与第三方旅游电子商务平台的对接，实现宣传、营销、咨询、预订、购买和游客评价的一键式服务。广泛开展基于微博微信平台的宣传营销活动，提高密云民俗游的知名度，积极吸纳北京市其他区，以及周边京津冀一体化发展过程中出现的企业团队游客。

最后，积极利用社会力量，尤其是旅游大企业的力量。密云区旅游发展委员会在企业与本地区景区之间搭建起沟通合作的桥梁，开展合作洽谈会等，广泛吸引企业在密云区的投资建设。

3.2.16 北京市延庆区①智慧旅游建设实践

在“延庆旅游网”和“北京智慧旅游”建设的基础上，延庆区智慧旅游公共管理与服务体系建设已经起步，其中门户网站群、微博微信公众号等已经投入使用。

1. 延庆区智慧旅游公共管理与服务体系

(1) 智慧旅游政策纲要。

“十二五”期间，延庆区以“打造特色旅游休闲目的地”为中心，以《延庆县国民经济和社会发展第十二个五年规划纲要》提出的“十大增长极”开

① 延庆于2015年11月撤县设区，从逻辑认知出发，下文中对于2015年11月之前涉及延庆行政表述处仍称“延庆县”。

发建设为重点，以《延庆县“十二五”旅游业发展规划》为指导，实施“政府主导、生态优先、高端培育、集聚发展、区域合作、投资消费双轮驱动”六大发展战略，着力打造八大特色休闲产品。开发以山、水、长城、民俗等地域文化为灵魂的旅游休闲产品，坚持高端一流发展思路，构建“一城、四带”空间格局，将延庆县建设成为“县景合一”的国家级旅游度假区、国际一流旅游休闲名区。目前，延庆“县景合一”旅游综合改革建设项目已经完成旅游公共服务监控系统、延庆生态旅游智慧服务系统研究开发和有关基础设施的建设工作。到2020年，延庆将投资800亿元建设国际一流的生态文明示范区，一方面高效有序地做好举办世园会、冬奥会的服务保障，另一方面加快推进交通等基础设施建设和新城改造，整个投资规模比“十二五”净增400亿元。

（2）智慧旅游公共基础设施。

旅游呼叫中心建设：延庆旅游呼叫平台以Call Center技术为载体，整合电话（81191011）、短信、网络等渠道，业务涉及旅游咨询、旅游预订、旅游投诉和建议等。截至2014年11月8日，该服务平台支持7×24小时运行，日平均呼叫已达300人次。

延庆数字旅游地图建设：延庆区依托GIS技术和位置服务技术，整合旅游服务资源，制作延庆数字旅游地图。以数字地图为载体，游客可以利用互联网、移动终端（iPad、手机等）便捷地检索到所在位置周边的相关旅游资源（如景区景点、宾馆饭店、民俗村、加油站、汽修厂、厕所、自行车租赁点、采摘园等30余类资源）。

延庆旅游视频监控平台和旅游指挥中心建设：基于延庆旅游行业现有监控摄像头和运行机制搭建起了延庆旅游视频监控平台。平台充分整合相关部门摄像头的数据，完善旅游行业图像监视点的布设，实现区旅游发展委员会、各景区景点、民俗村等视频监控的集中化、管理的分级化，为旅游管理部门的日常监督管理和重大事件控防提供图像信息支持。延庆旅游指挥中心是其视频监控平台数据被充分利用的集中展现，借助指挥中心的大屏幕，旅游管理部门可以实现对县域范围内关键入口点、快速交通路、主干道、景区景点的重要位置等地域的全天候实时监控，如果发现异常情况或者突发事件，系统还能自动报警，提升旅游监管部门事故预防、应急处置、紧急救助的能力。

延庆旅游集散服务中心：延庆旅游集散服务中心紧邻延庆火车站，是对原延庆旅游局的旧址进行改造而成的。延庆旅游集散服务中心设立了旅游专线停靠站点，升级完成了旅游数字化信息服务平台，具有交通引导、信息咨询、组织接待、宣传促销等服务功能，改造后的集散中心增加了航空、铁路、长途客票和海河游船客票的预售，延庆旅游区及其周边地区的多日游等业务的资讯和购买。游客在服务中心可以通过电脑查询、触摸屏查询和专业职员接待等渠道获得旅游信息。例如，通过电子触摸屏游客可以了解“津城美景一日游”六条旅游专线的线路、景点、票价、时间、服务等信息，也可以在此购买和预订“津城美景一日游”六条旅游专线的车票。

（3）智慧旅游政务管理与服务。

“1、4、8、16”的生态旅游智慧服务系统总布局：截至 2014 年底，延庆区智慧旅游建设已经完成了以“延庆‘县景合一’旅游综合改革——旅游公共服务监控系统”项目、“延庆生态旅游智慧服务系统研究开发和应用”项目和“旅游资源态势分析发布系统”项目三个项目为主体的“1、4、8、16”的生态旅游智慧服务系统总布局的建设。

延庆旅游网（http://www. yqtour. gov. cn/index. htm）：延庆区已经开通了集延庆旅游政务网和延庆旅游服务网为一体的延庆旅游网，以及延庆旅游官方微博和微信公众号，全方位为游客提供咨询和服务。延庆旅游网由延庆区旅游发展委员会负责运营，由北京通元动力软件公司提供技术支持。改版后的延庆旅游网具备了宣传延庆旅游资源、营销延庆旅游产品、实现对外信息发布等功能，为游客提供包含食、宿、行、游、购、娱的全方位咨询和服务（见图 3—140）。

图 3—140　延庆旅游网首页

延庆旅游网包括“政务之窗”“景区景点”“乡村旅游”“娱乐休闲”“特色餐饮”“住宿指南”“旅行社团”“旅游购物”“自行车骑游”“旅游服务”“主题游”和“我要咨询”共 12 个模块，全方位提供有关延庆区旅游食、宿、行、游、购、娱等多方面的信息和咨询；以文字、图片、视频和声音等多元的方式，从视听觉角度展示延庆区的旅游发展情况；同时可供查询特色推荐、天气查询、生活指数、公交线路、列车时刻等多方面的信息，极大地方便游客的出行（见图 3—141）。

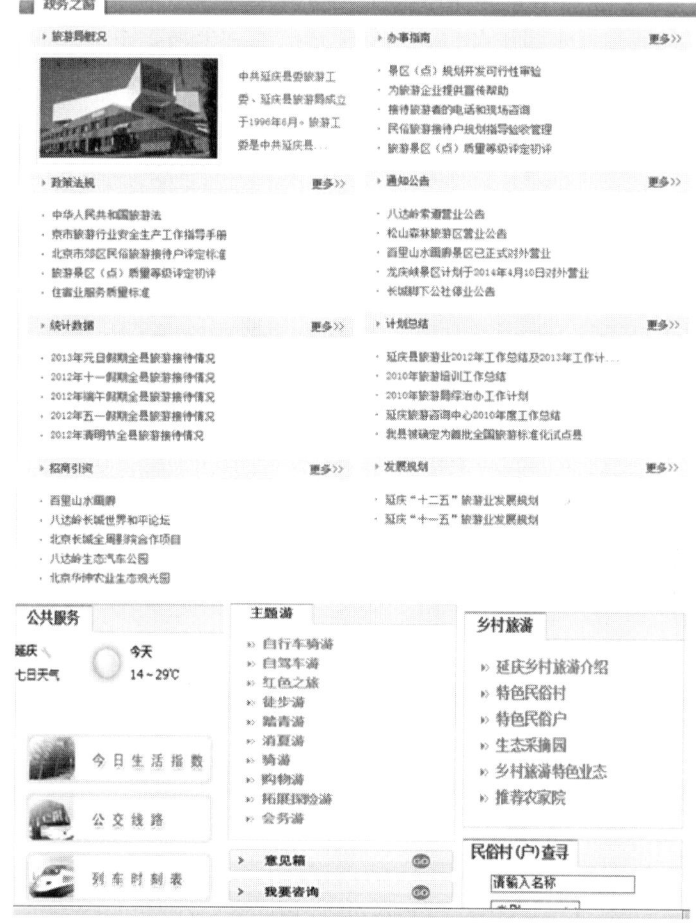

图 3—141　延庆旅游网栏目

延庆区智慧旅游服务系统：延庆区智慧旅游服务系统包括舆情信息的网络跟踪、旅游资讯的远程发布、景区出入口的门禁控制、旅游热线的服务对接（400-630-5003）、手机终端的自助导览、无线上线的宽带服务和网络空间的虚拟旅游等功能板块，集旅游动态管理系统、旅游指挥调度系统、旅游智能监测预警系统等于一体，以实现对延庆区各旅游业态业务数据的动态管理、地图展示、专题统计分析、视频采集分析和预警等功能。截至2014年底，延庆区旅游发展委员会已经实现了对延庆区22家A级景区、16家星级饭店、15家旅行社的简介、详细地址、交通信息等基本情况的收集整理和系统录入。

智慧旅游视频监测系统：延庆区旅游发展委员会计划将延庆区信息中心、环保局、公安局、八达岭长城景区的智慧旅游视频监测系统进行整合对接，此举目的在于实现整个延庆区的旅游行业和相关职能部门的视频数据资源整合和共享，对进一步实现旅游行业的智能监管起到推动作用。

另外，为保障旅游秩序和应对突发事件，延庆区旅游系统内相关单位根据各自需求，安装了视频监控系统。截至2014年底，延庆区旅游系统现有视频监控摄像头总数共计1 300个，其中景区景点视频监控摄像头已经达到664个，宾馆饭店探头636个，其他相关系统安装的视频监控摄像头共计2 072个。

（4）智慧旅游公共信息服务体系。

App的开发建设："延庆骑游"手机客户端是延庆区旅游发展委员会和北京延庆京西北乡村休闲旅游有限公司联合推出的旅游App，该客户端可以为游客提供导游解说、线路规划、景区地图、骑游预订、消费指南、应急救援等服务，为游客提供景点语音讲解服务的同时还能提供紧急救援服务（见图3—142）。此外，其他几个基于移动终端的旅游App业也在建设过程中。

图3—142　延庆骑游App

官方微博：2013 年 7 月 31 日，延庆县旅游发展委员会官方微博正式上线，此微博致力于让更多的人认识延庆、了解延庆，让游客在闲暇之余领略延庆的风光。截止到 2014 年 8 月 25 日，延庆县旅游委官方微博共有粉丝 40 783 人，发布信息 2 643 条（见图 3—143）。

图 3—143　延庆县旅游委官方微博（截至 2014 年 8 月 25 日）

微信公众号：截至 2016 年 4 月 3 日，延庆区旅游微信公众号共有 11 个，其中，“延庆旅游”和“美丽延庆”由延庆区旅游发展委员会提供（见图 3—144）。其他为企业或者个人开设的供游客资询和发布旅游产品的微信公众号。

图 3—144　延庆区旅游微信公众号

2014 年 4 月 24 日，延庆县旅游发展委员会提供的“延庆旅游”微信公众号正式通过认证上线运营，该微信公众号包括微活动、微攻略和微服务三大板块。其中，微活动包括抽大奖、当季活动、答疑解惑和打折优惠四个信息模块；微攻略包括美景概览、延庆美食、地图导游、精品线路和特色推荐五个信息模块；微服务包括天气预报、交通指南、信息咨询、温馨提示和官方 App 五个信息模块。

通过微信公众号可以直接下载“延庆自行车骑游”官方 App 和“百里山水画廊”官方 App。“百里山水画廊”是延庆生态涵养区的核心区，东与怀柔区毗邻，北与河北省赤城县接壤，西南、东南分别与香营、刘斌堡、珍珠泉三个乡相连，是北京市首家涵盖全镇范围、实现“镇景合一”的大型国家 4A 级旅游景区。景区包括一环三区十二个空间节点，涉及滨河环线 112 华里。“百里山水画廊”App 提供该景区的导游导览、游记攻略、周边景区信息、实时动态信息、景区门票信息、天气情况以及交通线路情况等多方面的信息，为游客在该景区的游览活动提供便利（见图 3—145）。

图 3—145 “百里山水画廊”微信界面

（5）延庆区虚拟博物馆。

延庆区共有博物馆和展览馆 8 家，其中比较知名的有中国长城博物馆、延庆博物馆、延庆地质博物馆和野鸭湖湿地博物馆。而建设门户网站的博物馆只有中国长城博物馆、延庆地质博物馆和野鸭湖湿地博物馆（见表3—39）。

表3—39　　　　延庆区博物馆和展览馆网站建设情况

博物馆/展览馆	网址	功能	是否有虚拟体验
延庆博物馆	暂无	—	否
中国长城博物馆	http://badaling.cn/Museum.asp	—	否
延庆地质博物馆	http://www.yqdzgy.cn/kpzc/dzbwg/	—	否
野鸭湖湿地博物馆	http://www.yeyahu.com/contentList.jsp?categoryID=400	介绍	否
平北抗日纪念馆	暂无	—	否
山戎陈列馆	暂无	—	否
马铃薯博物馆	暂无	—	否
北京豆腐文化博物馆	暂无	—	否

2. 延庆区旅游产业智慧化提升体系

延庆区旅游业在发展过程中积极利用科技手段，实现旅游业与科技产业的融合，推动传统旅游业的转型升级。

（1）延庆区智慧景区建设。

延庆区共有A级景区22家，其中5A级景区1处（八达岭长城风景名胜区），4A级景区4处，3A级景区9处，2A级景区3处，1A级景区5处。在众多景区中，八达岭长城、水关长城、龙庆峡景区、野鸭湖国家湿地公园、松山国家森林旅游区、世葡园等景区的智慧旅游试点工作得到推进，主要工作包括：第一，在整个延庆区景区游客中心开通无线宽带上网功能；第二，开发八达岭、龙庆峡、水关长城、野鸭湖、百里山水画廊、八达岭野生动物世界的手机终端自助导览系统；第三，在八达岭、龙庆峡、水关长城、野鸭湖、松山安装区域游客流量监控设施；第四，在龙庆峡、水关长城、野鸭湖、松山安装景区电子门禁和票务系统；第五，对景区配发了电子触摸屏、电脑及LED显示屏；第六，完成了八达岭长城、百里山水画廊的在线虚拟旅游系统。

除了延庆区旅游发展委员会开展的智慧旅游工作外，景区也开始智慧旅游建设，如八达岭长城、野鸭湖国家湿地公园、百里山水画廊、八达岭国家森林公园、北京八达岭野生动物园和石京龙滑雪场6处景区都开设了门户网站，其中百里山水画廊和八达岭长城分别提供有在线视频和数字景区模块，并通过视频的形式对两个景区进行了直观介绍（见图 3—146）。

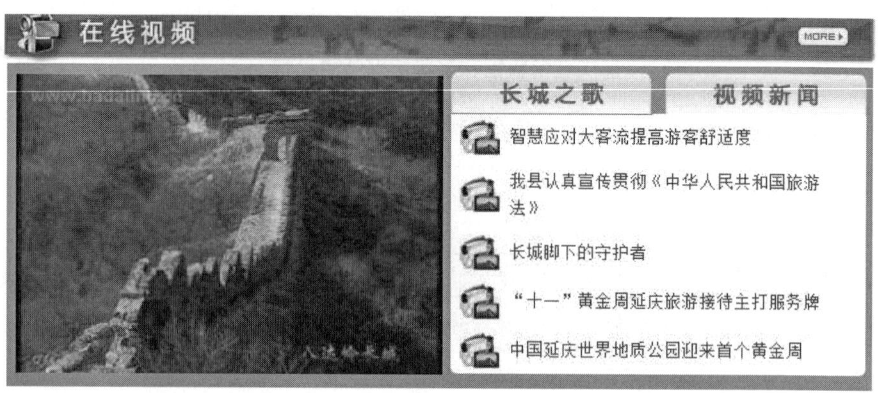

图 3—146　八达岭长城在线视频截图

2014 年 1 月 27 日，北京市旅游发展委员会到八达岭长城考察其智慧旅游建设情况后，提出景区可以从电子门禁系统、视频监控智能系统、远程监控、自助导游、广播系统、信息发布系统、车场管理系统等方面开展八达岭长城的智慧旅游建设工作。此外，八达岭长城的智慧旅游建设工作还应该从 Wi-Fi、网上预订门票、流量公布等方面进行考量。

北京八达岭野生动物园服务门户网站提供信息查询与优惠推荐服务，共设“优惠活动”“交通指南”“酒店住宿”“网上动物园”四个板块，主要有文字、图片、视频等展现手段，全方位、多样化展示动物园的资源（见图 3—147）；北京石京龙滑雪场门户网站为游客提供雪场介绍、冬令营、活动预告、价目查询、往期活动展示、地图查询等服务，同时还提供雪票、班车、次卡的网上预订和在线支付（见图 3—148）。

图 3—147　野生动物园智慧景区建设情况图

图 3—148　石京龙滑雪场预订情况图

在延庆区所有 A 级景区中，八达岭国家森林公园的门户网站较为完善，游客可以在线预约和网上购票，进行在线虚拟体验。

（2）延庆区智慧酒店建设。

截止到 2014 年 8 月，延庆县共有星级酒店 16 家，其中四星 1 家、三星 4 家、二星 11 家。在众多饭店中，延庆区旅游发展委员会选取了北京金隅八达岭温泉度假村为智慧酒店试点单位，开展的工作包括：第一，开通大堂的无线宽带上网功能。截至 2015 年底，延庆 5 家三星级以上酒店全部开通了该功能。第二，将酒店住房信息与延庆区旅游发展委员会指挥中心实现对接，以便掌握酒店客房出租情况。第三，在酒店门口和大厅安装 LED 多媒体显示屏，发布资讯信息。第四，配发电子触摸屏和电脑。虽然延庆区有不少酒店，但是酒店本身在智慧旅游方面的建设比较薄弱，只有北京圣世苑温泉大酒店、北京金隅八达岭温泉度假村和北京快乐假日大酒店已经建设了门户网站（见表 3—40）。

表 3—40　　延庆区酒店智慧化建设

酒店	网址	功能	微博	微信
北京圣世苑温泉大酒店（四星级）	http://www.bjssy.com/index.html	信息咨询、快速预订、介绍	—	—
北京金隅八达岭温泉度假村（三星级）	http://www.bhsr.com/	信息咨询、快速预订、介绍	http://weibo.com/badaling-wenquan	北京圣世苑温泉大酒店（已认证）
北京快乐假日大酒店（三星级）	http://www.happyholiday.com.cn/	信息咨询、快速预订、介绍	http://weibo.com/kljrdjd	北京快乐假日大酒店

3. 延庆区智慧旅游建设的总结分析

（1）延庆区智慧旅游建设的成绩。

延庆区智慧旅游建设主要是围绕着“1、4、8、16”的生态旅游智慧服务系统总布局开展的，即：1个指挥中心、4大业态的智慧旅游试点、8大软件系统和16大智慧化功能，取得重要成绩。

其中，“1”即1个指挥中心。指挥中心建设完成22块液晶显示屏、广播音箱、会议桌椅、话筒、激光笔、工作台、翻页笔、机房、服务器等硬件布置。由于八达岭、龙庆峡、水关长城、野鸭湖、松山安装了区域游客流量监控设施，所以在该指挥中心可以监测这几个景区的实时游客量。另外，因为已经实现了与部分景区、酒店和旅行社的数据对接，而且中心采用了与统计局一致的数据报表，所以在这些景区、酒店和旅行社将其报给统计局的数据导入中心的数据库之后，在该中心还可以查看这些数据报表。

“4”即4大业态。延庆区开展了智慧旅游景区、智慧旅游饭店、智慧旅行社和智慧民俗村的智慧旅游试点建设工作。其中，智慧旅行社的试点单位为京西北旅行社，智慧民俗村的试点单位为柳沟村和珍珠泉村。

“8”即8大软件系统。目前，延庆区已经开发完成旅游动态管理系统、智能监测预警系统、应急指挥调度系统、多媒体信息发布系统、旅游舆情分析及预警系统、基于基站的客流轨迹分析系统、移动终端自助导览系统、旅游产品在线预订系统这八大系统。

“16”即16大智慧化功能。延庆区智慧旅游要实现16大功能，包括智慧旅游管理功能业务数据的集中存储、视频图像的集中共享、应急指挥的高位协调、游客流量的智能监测与预警、旅游数据的动态感知、区域游客的实时统计、游客流量的轨迹分析、旅游产品的数据对接、智慧旅游服务功能舆情信息的网络跟踪、旅游资讯的远程发布、景区出入口的门禁控制、旅游热线的服务对接（400-630-5003）、手机终端的自助导览、无线上网的宽带服务和网络空间的虚拟旅游，最后是智慧旅游营销功能旅游产品的在线预订。

（2）延庆区智慧旅游建设的不足之处。

首先，缺乏统一的顶层规划设计，智慧旅游建设参差不齐。目前，延庆区只进行了两次整体旅游规划设计，分别是延庆县“十一五”旅游业发展规划和延庆县“十二五”旅游业发展规划，尚未针对智慧旅游制定专项规划纲领和行动指南。缺乏统一的顶层规划设计是延庆区智慧旅游建设参差不齐的直接原因。在这种情况下，延庆区有关旅游企业、景区等只能根据自身条件、资源和资金等情况进行智慧旅游的建设，而条件缺乏的只能按照原来的模式继续经营；而在标准规范上仅遵从北京市旅游发展委员会制定的“智慧景区”

“智慧旅行社”“智慧酒店”和“智慧乡村”四个标准规范，对这些规范对于本区的适用性和涵盖性欠缺思考。

其次，缺乏专项政策支持，智慧旅游建设积极性不高。目前延庆区使用的关于旅游业建设或者智慧旅游建设的政策性文件基本上不是国家旅游局公布的便是北京市旅游发展委员会发布的文件，没有根据自身旅游资源和旅游业的情况设立符合自身使用实际的政策法规，缺乏政策的支持使得旅游企业建设智慧旅游的积极性不高，市场活跃度不足。

再次，智慧旅游建设刚刚起步，基础设施建设不足。直到2013年，延庆县官方旅游网站和旅游官方微博才正式开通。而整个延庆只有“延庆骑游”和“百里山水画廊”两个旅游App。另外，延庆区智慧旅游建设需要的基础设施建设工作尚显不足，Wi-Fi等网络的覆盖范围很有限，基础设施建设严重不足。

最后，旅游产业的智慧化提升领域尚存很大空间。延庆区在智慧景区、智慧酒店、虚拟博物馆领域都处于起步阶段，智慧化举措相对缺乏，深度有待挖掘。例如，延庆野鸭湖国家湿地公园的门户网站只是有对野鸭湖的一个基本介绍，没有提供预订等其他功能。延庆区博物馆已有门户网站，但是内容偏少，也只是一个基本情况的简单介绍，更没有虚拟博物馆方面的建设。

4. 延庆区智慧旅游建设的对策建议

首先，延庆区旅游发展委员会应根据整个延庆区的旅游资源情况，对全区的智慧旅游建设进行整体的规划设计。只有有了整体的规划设计，各有关景区和企业才能清楚地知道在智慧旅游建设的过程中应该做什么、怎么做。这样一方面可以有效避免各部门、各领域智慧旅游重复建设造成资源的浪费，另一方面通过由上而下地、有序地开展智慧旅游的建设工作，能够推动智慧旅游快速有效地进行。

其次，延庆区需要出台相应的配套政策法规以保证智慧旅游规划的贯彻执行，通过为区内的旅游景区和旅游企业开展智慧旅游建设工作提供便利条件，为积极参与智慧旅游建设的景区和企业提供一定的优惠政策。提高非政府参与主体在智慧旅游建设中的积极性，在规范主体行为的同时，提高市场活跃度。

再次，进一步加强智慧旅游基础设施的建设，为区内的旅游景区和有关企业提供便利条件。与中国移动、中国联通或者中国电信等电信运营商开展合作，扩大Wi-Fi和电子监控管理的覆盖面、推广应用电子验票系统，既可以为游客提供便利，又能确保游客的安全。另外，完善已有旅游App的功能，开发新的旅游App；同时，完善旅游微信平台和微博平台，提供更多实用资讯。

最后，在旅游产业智慧化提升方面，努力扭转延庆区的旅游产业智慧化建设薄弱的局面。第一，还没有开设门户网站的旅游景区、酒店等企业应结合自身实际情况及时建立门户网站。第二，已经建立门户网站的旅游企业应进一步完善网站的内容，增强网站的功能，为游客提供更多的服务。第三，鼓励有条件的旅游企业利用新技术，增强游客体验。

第 4 章　国内外智慧旅游实践经验

智慧旅游的理念来自国外，一些国际大都市诸如纽约、东京等从为游客和市民提供更加便捷、高效的信息服务角度，在智慧旅游公共服务体系上进行了大量的投入，收到了良好的成效；国内其他省市如四川、南京等在智慧旅游实践方面也做了大量尝试，形成了很多好的建设经验。

4.1　国外智慧旅游实践经验

4.1.1　纽约

纽约是美国人口最多的城市，世界最大的城市之一。它经常被称为纽约市，以与其所在的纽约州相区分。纽约是一座世界级城市，直接影响着全球的经济、金融、媒体、政治、教育、娱乐与时尚界。联合国总部也位于纽约市，因此纽约也被认为是世界外交的重要中心，也被称作世界文化之都。

纽约位于美国大西洋海岸的东北部，坐拥世界上最大的天然港口之一。纽约有五个行政区，每一个区也各自是纽约州的一个县。这五个行政区——曼哈顿区、皇后区、布鲁克林区、布朗克斯区及斯塔滕岛区于 1898 年被合并为一个市。在人口方面，纽约也是全美国人口最密集的重要城市，人口达到 2 340 万。

旅游业是纽约最重要的产业之一，在 2010—2015 年间到访的国内外旅客达到年均 4 000 万人，最主要的旅游目的地包括帝国大厦、自由女神像、埃利斯岛、百老汇剧院、博物馆（如大都会艺术博物馆）、城市绿地（如中央公园和华盛顿广场公园）、洛克菲勒中心、时报广场、曼哈顿华埠及第五大道和麦迪逊大道；游客热衷的节事活动主要包括格林尼治村的万圣节游行、梅西的感恩节大游行、洛克菲勒中心圣诞树的点亮、圣帕特里克节游行、冬季的中央公园滑冰、翠贝卡电影节和中央公园的夏季表演。其他特色目的地包括布朗克斯动物园、康尼岛、法拉盛草原可乐娜公园和纽约植物园。

1. 纽约智慧旅游公共管理与服务体系

（1）智慧旅游公共基础设施。

Wi-Fi 覆盖：纽约市的免费无线网络贯穿分布于整个城市的五大区，包括咖啡点、商店、公园和图书馆在内的人流量大的区域成为无线网络覆盖的重点区域。曼哈顿区的大部分地铁站也设有无线网络服务，方便旅游者在等待地铁的过程中查找和分享信息。

免费手机充电站：纽约在街头设立了多个免费手机充电站。由于游客在旅游途中需要大量依赖手机，很可能手机电量消耗过快。免费手机充电站可以起到辅助智慧旅游的作用，帮助游客获得更加完美的旅游体验（见图 4—1）。

图 4—1　纽约免费手机充电站

旅游交通：纽约市内交通工具包括公交、地铁、出租车、私家车等，其中公交和地铁可以通过购买 MTA 卡统一刷卡消费（卡售价 1 美元），公共交通工具可以通过移动设备实现实时追踪。例如，游客可以获得具体某一线路公车还有多少分钟会到达某一站之类的信息。

纽约旅游一卡通：同许多美国城市一样，纽约推出旅游一卡通服务。游客可以通过购买一卡通，在限定日期内参观指定景点，节约旅行成本的同时也节约排队买票的时间。同时，该一卡通还有一款与之对应的 App，游客不仅可以将其与一卡通相连，还可以在 App 上获取更多的旅游信息，制定自己的旅游行程（见图 4—2）。

图4—2　纽约旅游App

(2) 智慧旅游政务管理与服务。

门户网站：纽约旅游局门户网站（http://www.nycgo.com/）整体界面较为简洁，便于初次访问的游客查询想要的信息。整个页面分为6个板块，都是以官方推荐方式进行旅游宣传营销，如游客一定要去的景点、可以入住的酒店，百老汇，以及一些正在举行的优惠活动等，较为人性化（见图4—3）。

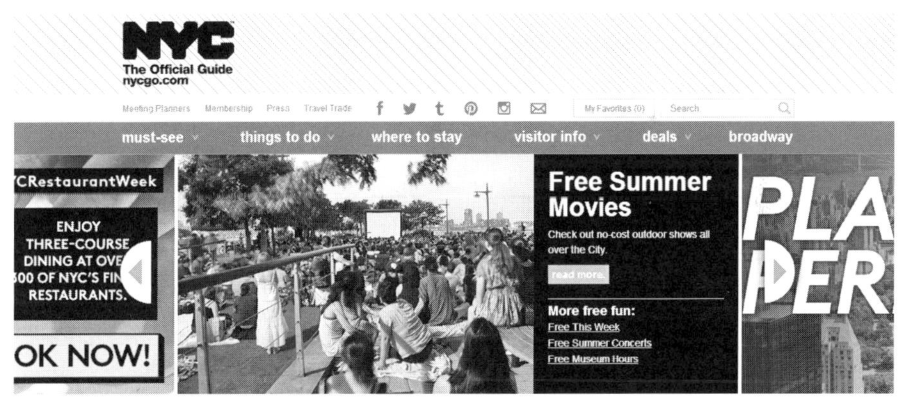

图4—3　纽约旅游局官网

纽约旅游局通过5种社交媒体（Facebook，Twitter，Tumbler，Pintrest，Instagram）与公众沟通。纽约旅游局会定期在这些社交媒体上更新旅游资讯以及与公众互动。

手机移动官方网站：纽约旅游局移动门户网站可以在移动端为游客推荐旅游活动、会展、优惠、餐厅以及景点的相关信息。并且通过与谷歌地图合作，纽约旅游局移动门户网站将所有的信息都标记在地图上，借助定位技术，为游客标记出其周边所有的场所位置，并实现引导。

官方电子版旅游指南：纽约旅游局在其官网上推出电子版旅游指南供游客免费下载。游客可以通过该旅游指南获得更加权威和全面的旅游信息（见图 4—4）。

图 4—4　纽约官方电子版旅游指南

（3）智慧旅游公共信息服务体系建设。

手机自助导览系统（My City Way）：此应用可搜索到离游客最近的无线网络，以及酒吧或者药店等场所。该应用结合城市推荐应用，为游客提供最好的周边导航服务（见图 4—5）。

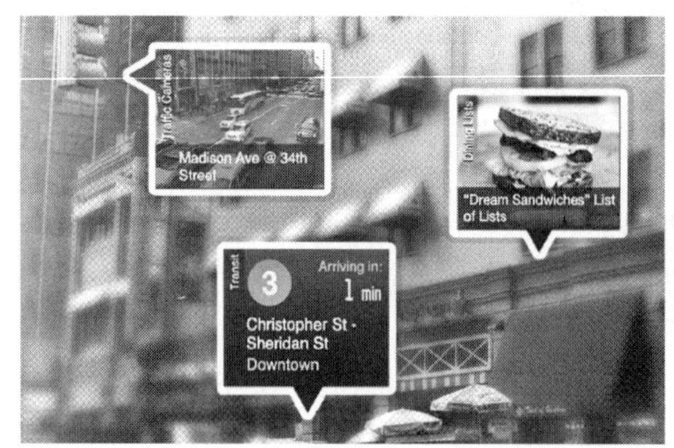

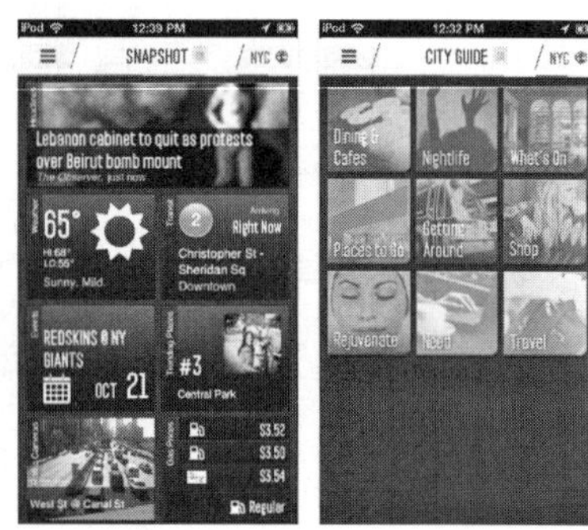

图 4—5　纽约手机自助导览系统

Citysearch：此应用可以帮助游客找到周边包括餐厅、酒吧和商场在内的各种信息。另外，还包括纽约各个公司名单、评论和地图等信息。

Downtown NYC：此应用可以帮助游客了解曼哈顿各个景点文化背景，并且包含市中心节事活动和餐厅推荐等功能（见图4—6）。

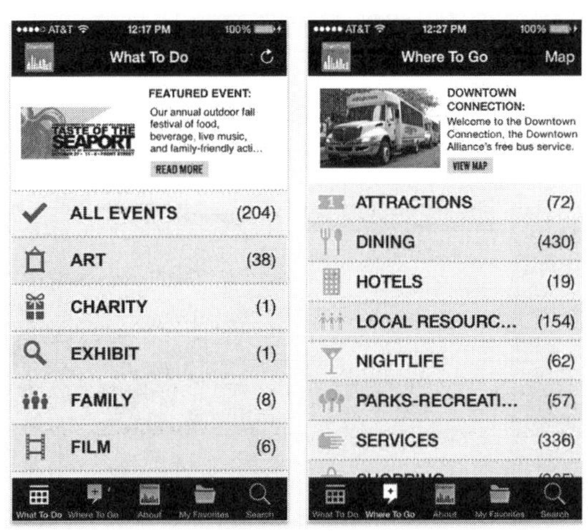

图4—6　纽约Downtown NYC应用界面

New York City Essential Guide：此应用为游客提供12条不同主题的游览路线，以及一些旅游建议，如免费景点、省钱攻略等。游客可根据自己的个性化需求，进行选择和游览。

NYTimes The Scoop NYC：此应用是《纽约时报》为游客提供的纽约旅游专栏内容的电子版，游客可通过此应用找到不同的餐厅、咖啡馆、活动和购物清单等（见图4—7）。

图4—7　纽约NYTimes The Scoop NYC应用界面

Taking the Kids NYC：此应用通过游戏的方式帮助游客更加轻松愉快地游览中央公园、第五大道、时报广场以及布鲁克林桥等地点。在游览的过程中，游客可以通过回答相关问题获得分数、赢得奖品。

Time Out New York：此应用的即时活动列表包括艺术展览、音乐会、酒吧和餐厅，并且按照不同主题、属性或者特点将活动进行分类。用户可以按照自己的喜好进行收藏并且发送给朋友们。

Urban Wonderer Audio Tours：此应用为用户提供 GPS 导航和语音讲解服务，可以为游客或者纽约当地人提供旅游信息（见图 4—8）。

图 4—8 纽约 Urban Wonderer Audio Tours 应用界面

VanDam NYC Street Smart：该应用涵盖纽约各个旅游景点，尤其详细列出纽约前 120 个最著名景点，用清晰细致的图片帮助游客在没有网络的状态下轻松找到需要去的地方（见图 4—9）。

图 4—9 纽约 VanDam NYC Street Smart 应用界面

Best Parking：此应用可以帮助游客找到离自己最近、最便宜的停车场（见图 4—10）。

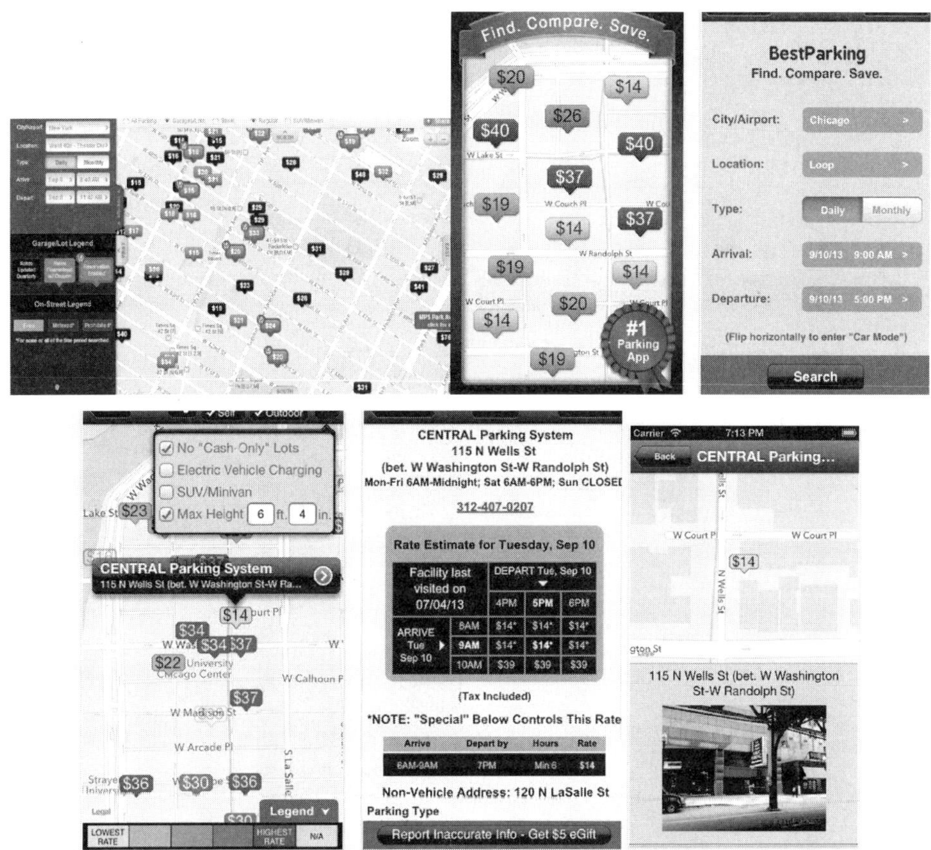

图 4—10　纽约 Best Parking 应用界面

Grade Pending：该应用可以比较直观地让游客了解到周边餐厅的评分状态，绿色的代表好，红色的代表不是很好。游客也可通过搜索餐厅的名字、类型等获得想要的评价信息。同时，该应用还涵盖餐厅的步行距离、电话号码等信息（见图 4—11）。

New York City on the Cheap：该应用可以帮助游客穷游纽约。提供各种免费活动信息、折扣信息、便宜餐厅的信息等（见图 4—12）。

Red Rover：该应用是一个社交活动工具。它允许家长为孩子探索各种活动并且邀请他们的朋友参加。该应用允许游客分享照片，制定旅游计划，并且告诉其他家长所在的地理位置，甚至包括共用厕所的标记位置（见图 4—13）。

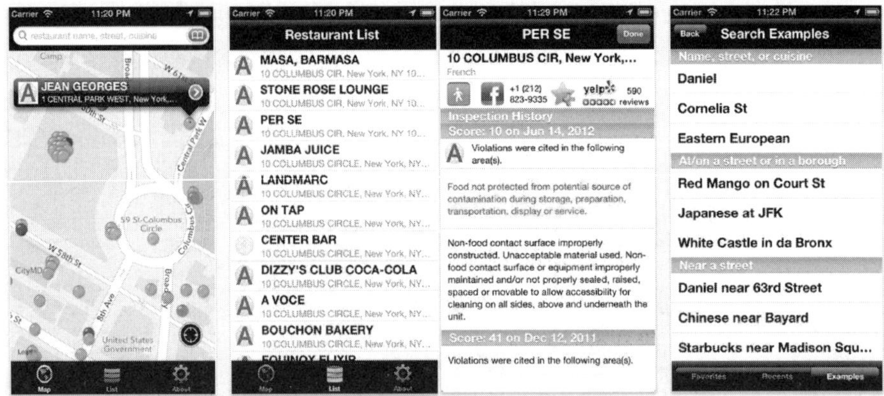

图 4—11　纽约 Grade Pending 应用界面

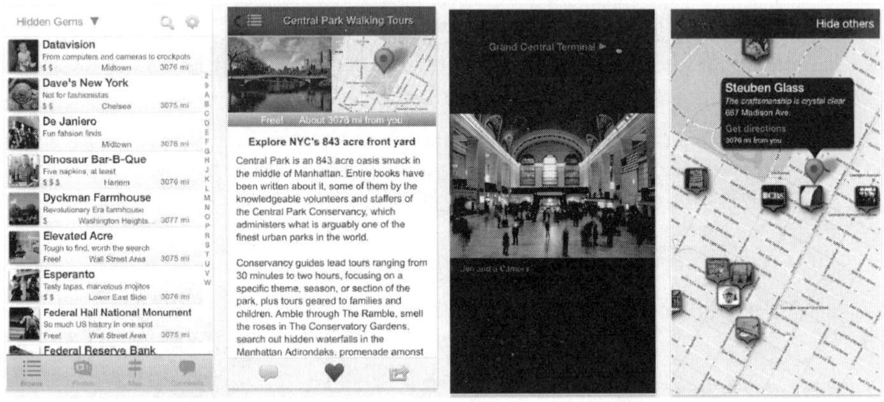

图 4—12　纽约 New York City on the Cheap 应用界面

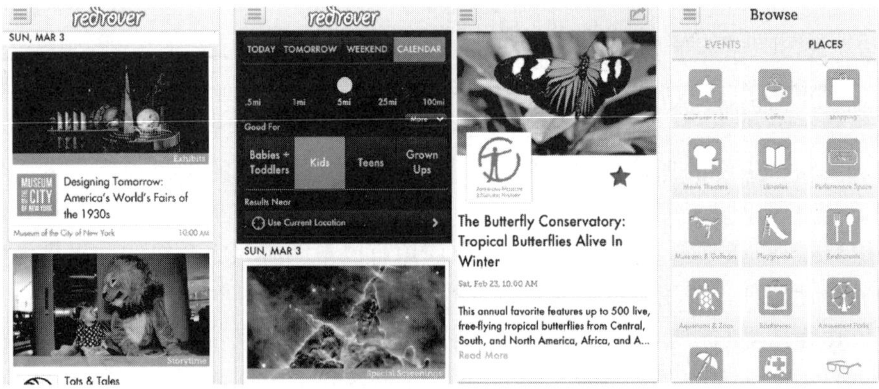

图 4—13　纽约 Red Rover 应用界面

TripDeck：该应用可以帮助游客制定和实施旅游计划。借助此应用，游客既能够预订酒店、餐厅和机票，又能规划会议和博物馆之行。同时，此应用还有附加的功能，如地图导航、行李信息和飞机航班改变提示等（见图 4—14）。

图 4—14　纽约 TripDeck 应用界面

2. 纽约旅游产业智慧化建设与提升体系

（1）智慧旅游景点。

纽约大部分景区都用自己的无线网络，游客可以通过下载该景点的 App 应用，进行自助游览。

中央公园：在中央公园网站上，游客可以体验到虚拟旅游服务。游客只需通过点击鼠标，就可游览整个公园。该功能可以帮助游客更准确地制定旅行计划（见图 4—15）。

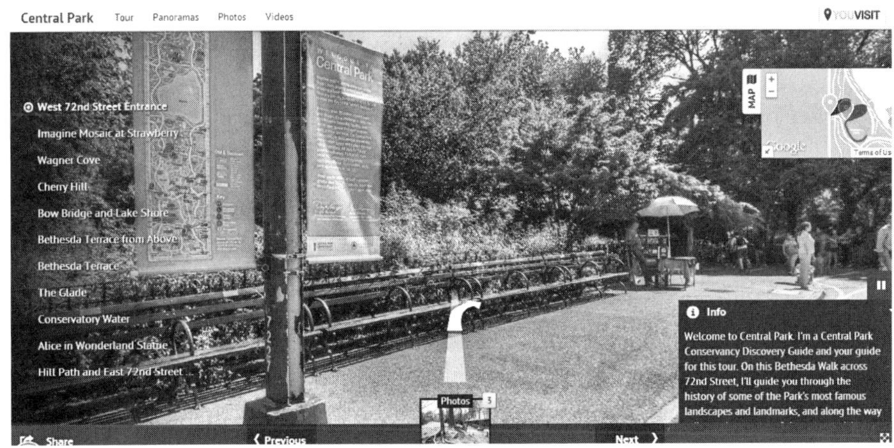

图 4—15　纽约中央公园虚拟导游系统

不仅如此，中央公园还推出移动应用，该应用包含公园内各个景点的语音介绍，公园天气、地图、相关活动等各种信息，帮助游客在旅游过程中更好地享受中央公园优美的自然和人文旅游资源（见图 4—16）。

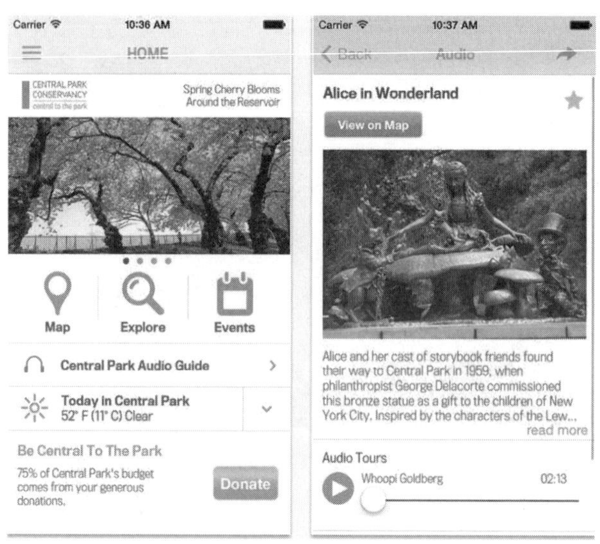

图 4—16　纽约中央公园移动应用界面

myNav Central Park：此应用将中央公园内的小径、设施以及周边街道、地铁站地图都精确地呈现在游客面前，帮助游客更加清晰顺畅地在中央公园内进行游览（见图 4—17）。

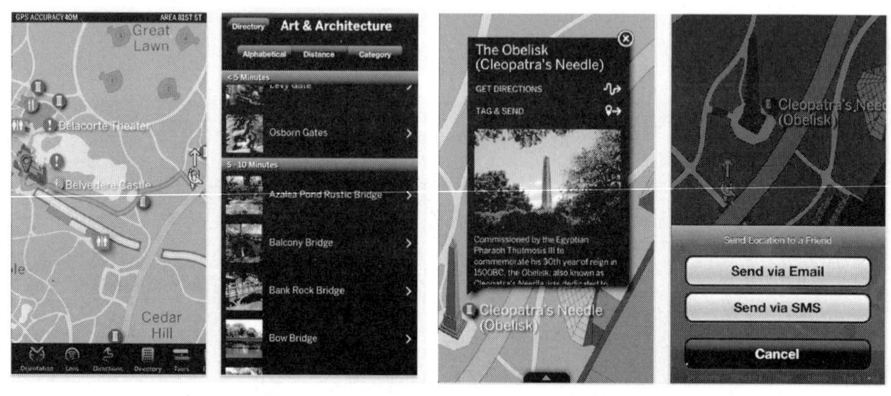

图 4—17　纽约 myNav Central Park 应用界面

Explore 9/11：此应用为“9・11”纪念博物馆官方应用软件，游客可以通过使用语音导览功能游览世贸中心及其周边区域。此应用还包括一项虚拟现实功能，游客只需用手机自带的相机对准实物，手机屏幕就可以重现当年灾难的图像（图像由幸存者和目击者在“9·11”事件发生时拍摄）。

NYC Parks and Trails：该应用涵盖纽约市五大城区的众多公园，游客可以借助此应用浏览 850 多个地点，包括公园、操场、草地等公共空间；还可以通过定位功能找到离游客最近的公园或者小径等。

Top of the Rock：该应用可以帮助热爱登高望远的游客更好地欣赏风光。游客站在 Top of the Rock 的观景台上，通过手机显示屏幕观看面前建筑物，获取其信息。同时，该应用还可以为游客提供语音导览服务，帮助其获得更好的游览体验（见图 4—18）。

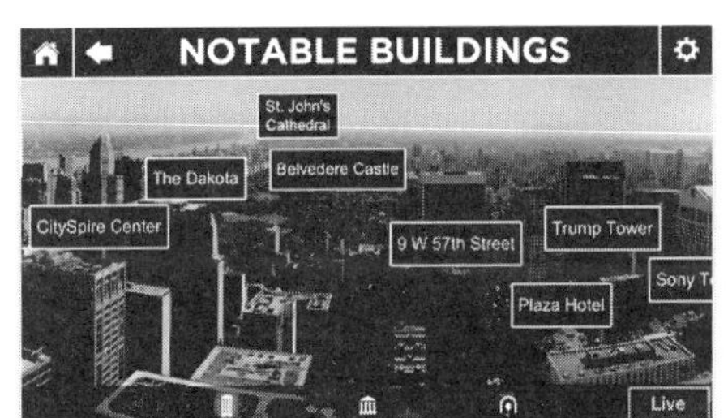

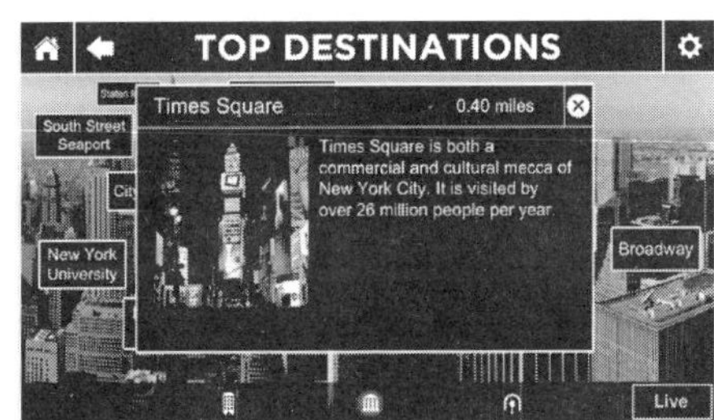

图 4—18　纽约 Top of the Rock 应用界面

（2）虚拟博物馆。

MoMA：该应用可以帮助游客更好地参观美国现代艺术博物馆。通过使用该款应用，游客可以实现远程参观博物馆，了解馆内之前的展览和正在进行的展览。同时，借助此应用，游客还可以进行拍照并且将图片发送给朋友和家人（见图 4—19）。

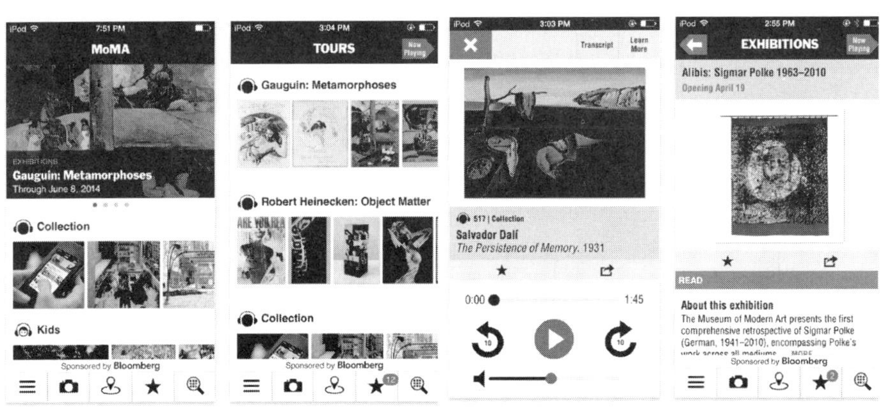

图 4—19　纽约 MoMA 应用界面

Broadway. org：该应用可以提供关于百老汇的所有信息，包括现在和将要上映的音乐剧的名称、上映时间和票价等。与此同时，游客也可以通过该应用找到剧院周边酒店或者餐厅（见图 4—20）。

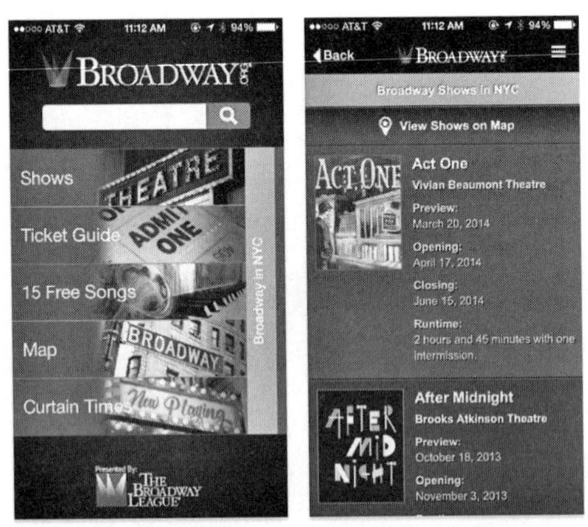

图 4—20　纽约 Broadway. org 应用界面

Culture NOW（Guidebook for the Museum Without Walls）：纽约的艺术气息不仅体现在各种博物馆内，街头公共艺术品也是整个城市的一大亮点。该应用可以帮助热爱公共艺术的游客了解街头艺术品的相关信息，包括相关艺术家、照片等。游客可以聆听语音介绍，了解艺术家、建筑家、历史学家以及雕塑家们各自的基本情况和作品特点（见图 4—21）。

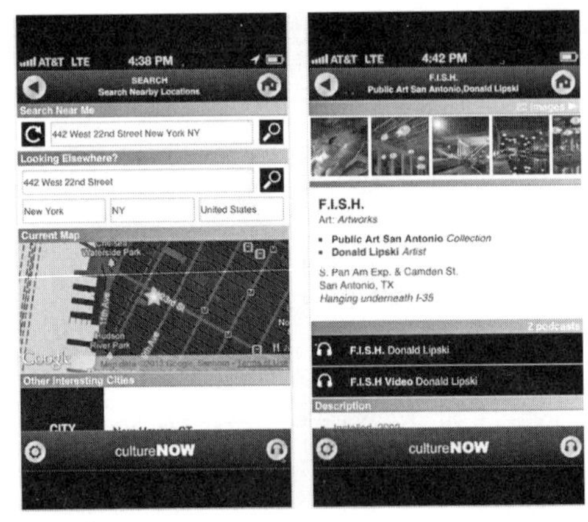

图 4—21　纽约 Culture NOW 应用界面

（3）智慧旅游购物。

VanDam NYC ShopSmart：该应用蕴含 3D 技术，可以帮助游客更加轻松地寻找到周边购物场所、产品信息等（见图 4—22）。

图 4—22　纽约 VanDam NYC ShopSmart 应用界面

（4）智慧旅游餐厅。

MenuPages：该应用提供纽约多家餐厅的菜单信息。游客可以通过搜索食物种类、价格和地理位置，来决定自己希望用餐的地点和菜品。此外，游客还可以下载由其他食客所提供的菜单或者外送信息（见图 4—23）。

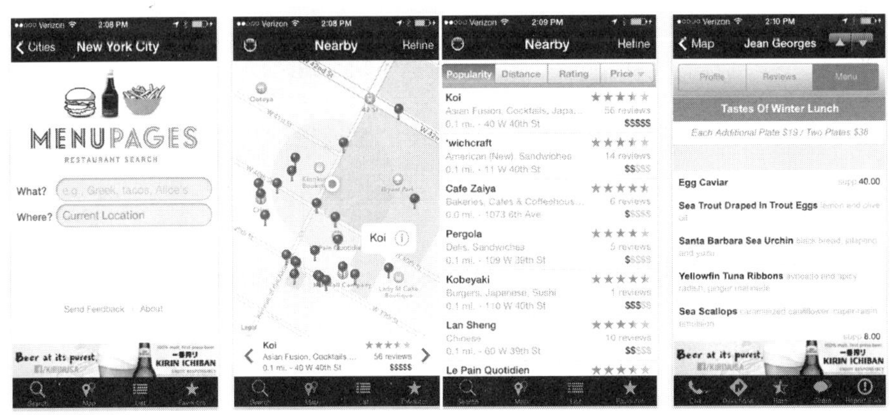

图 4—23　纽约 MenuPages 应用界面

OpenTable：该应用可以帮助游客搜索纽约餐厅，查看菜单、评论以及预订。用户还可以通过签到获得相应的积分（见图 4—24）。

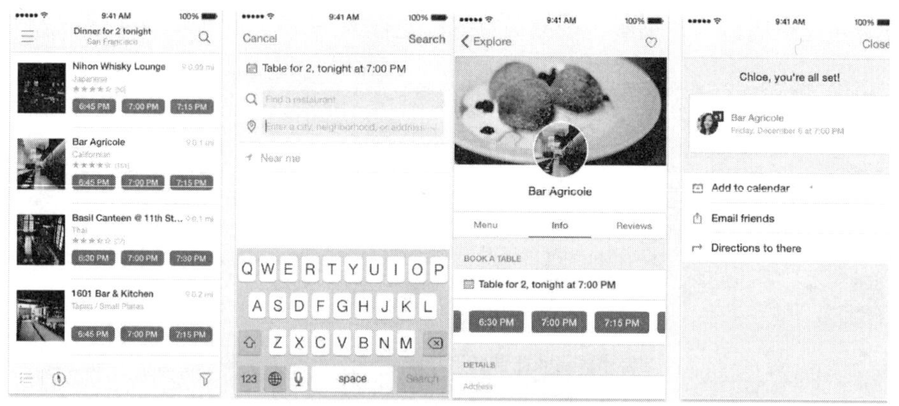

图 4—24　纽约 OpenTable 应用界面

Real Pizza of New York：这是一款特意为比萨爱好者设计的应用，为纽约的比萨食客们提供当地特色比萨餐厅的信息。并且通过本应用，用户可以查看其他比萨爱好者在纽约的比萨足迹，制定自己的纽约比萨之旅（见图 4—25）。

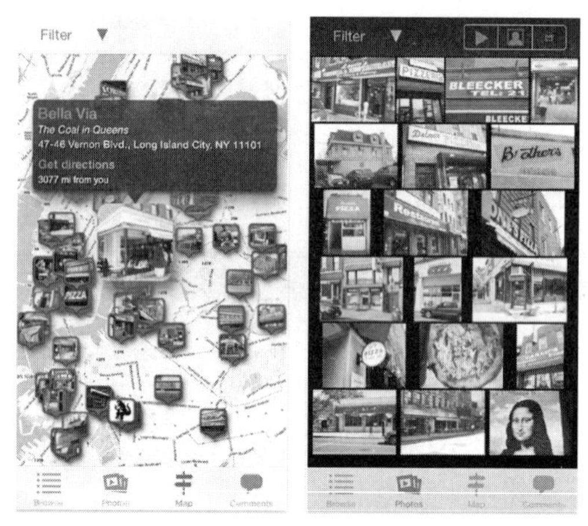

图 4—25　纽约 Real Pizza of New York 应用界面

Tweat. it：此应用专为纽约街头餐车设计。游客在品尝餐车美食的同时，通过此社交平台进行分享，分享内容包括地理位置、评论、当日菜单以及秘密优惠等（见图 4—26）。

Urbanspoon：该应用可以帮助游客浏览周边餐厅信息，包括报纸或博客上对于该餐厅的评论。同时，如果游客始终不能决定在哪里进餐，只需摇一摇手机，该应用将会自动选择一家餐厅（见图 4—27）。

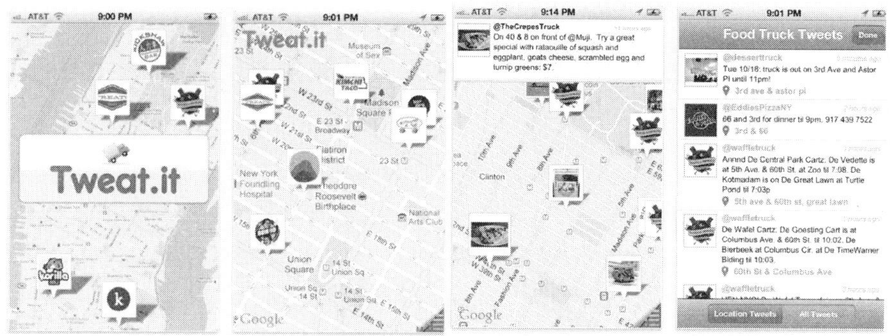

图 4—26　纽约 Tweat. it 应用界面

图 4—27　纽约 Urbanspoon 应用界面

（5）智慧旅游交通。

CabSense：这款应用通过对大量的数据进行分析，帮助游客找到离自己最近的、最容易打到出租车的地点；并且游客可以为每个地点进行评级，最容易打到车的为 4 颗星，最不容易打到车的没有星。

Embark NYC Subway：此应用可以提供具体某趟地铁/城铁到达的时间，以及某一时刻该地铁/城铁的位置。在没有网络或者没有信号的情况下，此应用也可以正常运行（见图 4—28）。

Exit Strategy：此应用可以通过精确的地铁离线地图，帮助游客准确找到离要去地点最近的地铁出口，避免游客因为出口错误而浪费体力和时间（见图 4—29）。

Get There By Bike：此应用专为骑行旅游者设计，可以帮助骑行旅游者导航，并且在地图上标注自行车道和可以停放自行车的地点。在使用过程中，骑行旅游者可自行标注比较危险的地点，帮助其他骑行者避开危险区域。

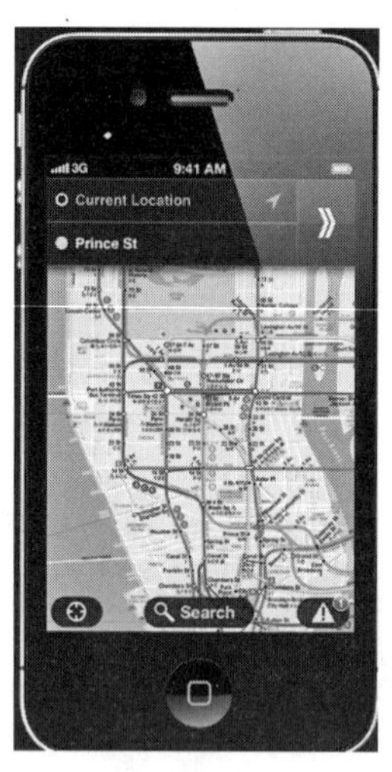

图 4—28　纽约 Embark NYC Subway 应用界面

图 4—29　纽约 Exit Strategy 应用界面

HopStop：此应用可以为游客提供游览指导服务。游客输入出发地和终点，系统将会给出路线导航，并推荐适合的交通工具。同时，此应用还能实时更新地铁或公交的晚点等情况（见图 4—30）。

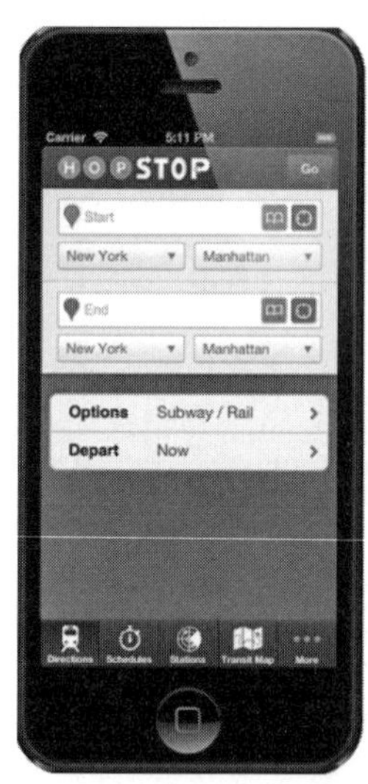

图 4—30　纽约 HopStop 应用界面

iTrans NYC Subway：此应用可以通过计算游客的行走线路，通过与列车时刻表对应，帮助游客选择时间最短的地铁换乘线路。游客也可下载离线地图，便于在没有网络覆盖的情况下使用该软件（见图 4—31）。

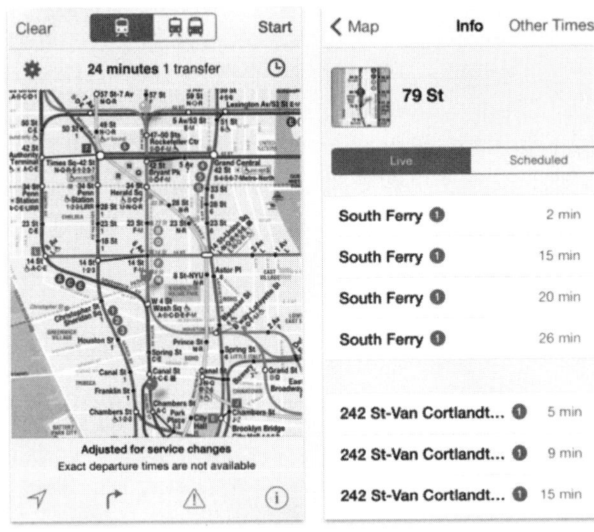

图 4—31　纽约 iTrans NYC Subway 应用界面

MTA Subway Time：此应用可以为游客提供即时、升级版本的地铁时刻表。游客可以通过此应用找到最近的地铁站。如果列车晚点，游客还会收到晚点警报，从而帮助游客做出更好的出行计划。

New York City Compass：这是一款帮助游客识别地理方位的应用。

NYCMate：此应用不仅可以提供纽约市中心地铁地图，同时也提供纽约周边（包括长岛、新泽西在内）轨道交通信息（见图 4—32）。

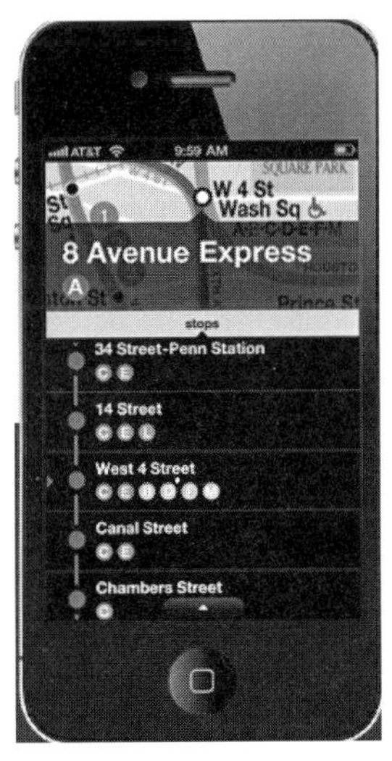

图 4—32　纽约 NYCMate 应用界面

4.1.2 费城

费城为美国第五大城，是宾夕法尼亚州人口最多、面积最大的城市。费城也是美国最古老、最具历史意义的城市，占据美国历史上非常重要的地位。

1. 费城智慧旅游公共管理与服务体系

（1）智慧旅游公共基础设施。

Wi-Fi 覆盖：作为美国历史最悠久的城市，费城无线网络的覆盖比较广泛，游客在咖啡厅等公共场所都可以搜索到无线网络。

旅游交通：费城旅游交通十分发达，市中心主要的公共交通工具有公交和地铁，同时，游客还可在费城乘坐长途车和火车前往纽约、华盛顿等其他著名城市；游客可以根据自身的情况，购买一日通票、一周通票或者一月通票。

旅游一卡通：费城旅游一卡通涵盖费城区域内超过 40 个景点。游客购买该一卡通后，可在指定时间内，参观任意卡内包含的旅游景点，为游客节约了时间和金钱（见图 4—33）。

图 4—33 费城旅游一卡通

（2）费城智慧旅游政务管理与服务。

门户网站：费城旅游局的门户网站设计简约，主要分为三大板块——Things to Do，Plan Your Trip 和 Philly Now。三大板块分别主要提供旅游推荐、旅游计划和费城时事等信息。该门户网站已经与 Facebook 和 Twitter 等社交媒体之间实现链接（见图 4—34）。

官方移动应用（Philadelphia Official Visitors Guide，PHLCVB）：这是一款由费城游客中心开发的官方旅游应用软件。游客从这里获得的费城旅游信

图 4—34 费城旅游门户网站

息几乎全部由专家们提供，包括地图、著名历史景点、博物馆、体育和购物等。游客可以利用该应用，进行个性化行程设计和安排（见图 4—35）。

图 4—35 费城旅游官方移动应用界面

官方电子旅游手册：费城官方电子旅游手册是费城旅游局提供给游客的，适应不同终端的旅游电子地图。游客可以从各个渠道下载该手册。通过阅读电子旅游手册，游客的旅游计划将会更加精确，旅游体验度和满意度将会得到提升（见图 4—36）。

（3）费城智慧旅游公共信息服务体系。

Audio Tour USA：Philadelphia：此应用具有高音质的语音导览功能，导

图 4—36　费城官方电子旅游手册

览范围包含费城最受欢迎的 22 个旅游景点。通过大量旅游图片、导航地图以及各种旅游信息（例如营业时间、电话号码、票价和网站等），为游客提供丰富的旅游服务。根据个性化的需求，每个音频播放的时间在 5～10 分钟。游客可以利用此应用制定旅游计划，选择自己感兴趣的景点进行游览，从而提高旅游体验（见图 4—37）。

图 4—37　费城 Audio Tour USA：Philadelphia 应用界面

Philadelphia History This Way：该应用主要围绕费城的历史遗迹线路设计。游客可以通过观看该应用里的视频资料、GPS 地图，参与互动游戏等，更好地探索费城历史文化，相当于随身携带一个虚拟导游；还有历史人物介绍，便于游客边游览边听故事（见图 4—38）。

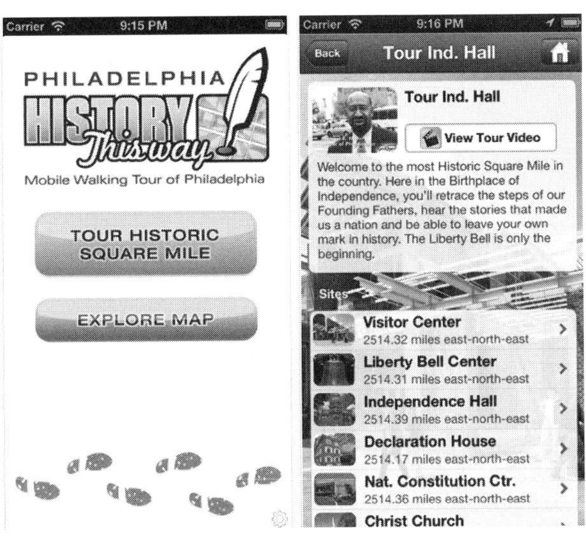

图 4—38　费城 Philadelphia History This Way 应用界面

Philadelphia Smart Travel Guide：此应用通过三大功能帮助旅游者获得更好的旅游体验。第一，特定的行程安排。游客只需简单地输入喜爱的活动类型，此应用就可以通过定位功能推荐给游客合适的旅游线路图。第二，“聪明”的旅行规划。此应用可以帮助游客规划旅游线路，并及时告知下一个景点是否还在营业。第三，旅游攻略查阅与推荐。此应用包含众多用户的评论打分，游客可以了解哪些旅游景点值得一去（见图 4—39）。

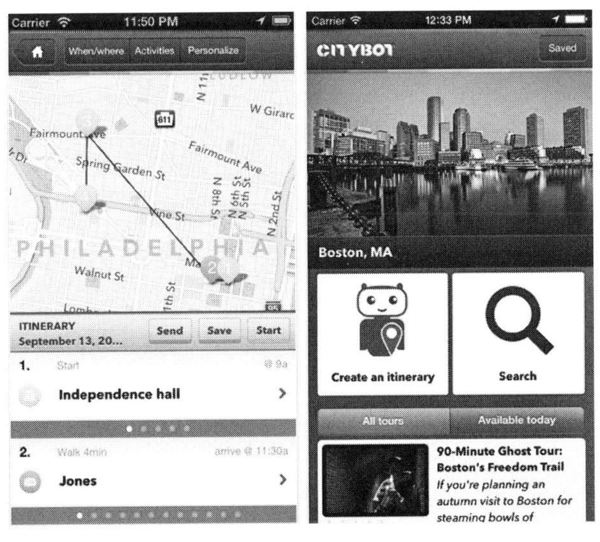

图 4—39　费城 Philadelphia Smart Travel Guide 应用界面

2. 费城旅游产业智慧化建设与提升体系

（1）智慧旅游景区。

Museum Guide（Philadelphia）：作为拥有美国最长历史的城市，费城也是个博物馆之都。该应用专为博物馆爱好者设计。通过连接费城所有博物馆网站，该应用为游客提供最新的博物馆资讯，从而更好地帮助游客规划旅游行程。例如，在参观完自然科学博物馆后，游客也许希望知道如何到达 Franklin Court 去看一看本杰明·富兰克林的故居，或者想去费城艺术博物馆看一看正在举办的展览，抑或希望利用有限的参观时间找到一家最近的博物馆进行参观。此应用便可以为游客提供费城博物馆导航服务。游客可以根据需求，提前计划好出行线路。该应用可以计算步行距离、公共交通乘车路线，以及乘车地点和时间等信息（见图 4—40）。

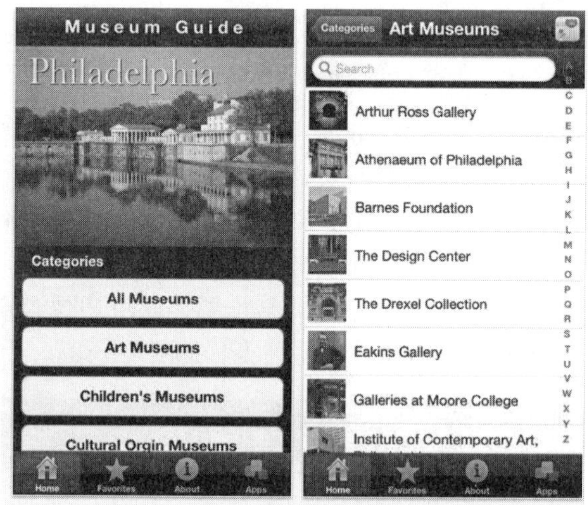

图 4—40 费城 Museum Guide 应用界面

NPS Independence：此应用软件为探索美国国家历史公园、独立宫、独立钟、本杰明·富兰克林博物馆等与美国诞生相关的费城景区景点的专业软件。该应用软件包含多种功能，如费城历史区域的地图、景点相片、语音导览、节事活动介绍等，帮助游客更加生动完美地体验相关旅游景点（见图 4—41）。

（2）智慧旅游交通。

Philadelphia Transport Map-Rail Map for Your Phone and Tablet：用户可以通过该应用查看并下载费城地区最新的高清版铁路交通地图（包括地铁和城铁地图）。该应用极大地方便了游客出行，缩短了游客查找路线所需要的时间（见图 4—42）。

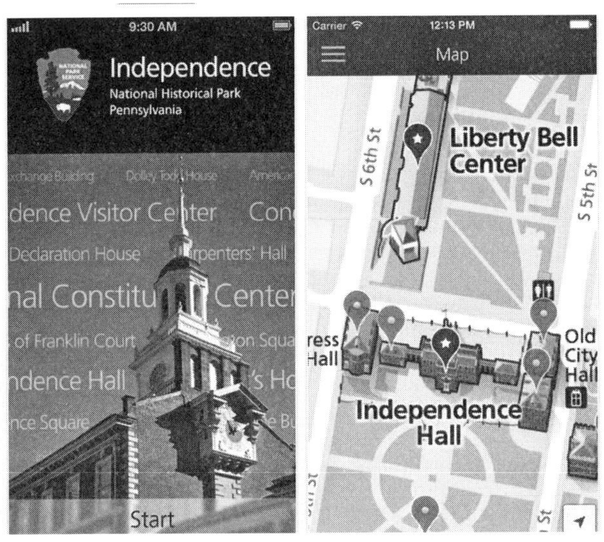

图 4—41　费城 NPS Independence 应用界面

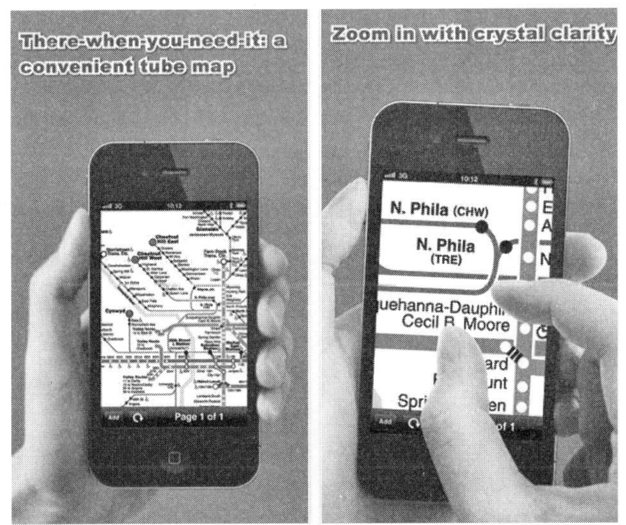

图 4—42　费城交通移动应用

（3）智慧旅游节事活动。

Philly Beer Week 2014：此款应用专门为费城啤酒周而设计。游客可以利用此应用，通过地点定位或者分类找到最感兴趣的活动。该应用可以链接各种社交网站，游客可以借助该应用将心情和感想分享给朋友。同时，在该应用的基础上，游客还可以创建自己个性化的行程和私人的活动提示（见图 4—43）。

图 4—43　费城节庆移动应用界面

4.1.3　新泽西州

新泽西州北接纽约州，东面大西洋，南向特拉华州，西邻宾夕法尼亚州，是美国第四小以及人口密度最高的州，其昵称为"花园州"。新泽西州通常被划分在美国的中大西洋地区，亦为东部的一个州，也可以划为东北区域下。

1. 新泽西州智慧旅游公共管理与服务体系

（1）智慧旅游公共基础设施。

Wi-Fi 覆盖：新泽西州无线网覆盖情况和其他地区相似。大部分公共区域，如咖啡厅、长途汽车站等都覆盖无线网络。

旅游交通：由于新泽西连接纽约和费城这两大城市，无论是公路交通或是铁路交通都非常发达。游客可以乘坐 Megabus 或者灰狗公司的长途汽车，穿梭于州内各大城市之间，以及纽约和费城两大城市之间。这些长途汽车内都覆盖无线网络与电源，帮助游客更好地体验旅途。新泽西州内城市之间也有发达的公交线路和城际铁路。因此，游客可以轻松搭乘任意交通工具进行游玩。

（2）智慧旅游政务管理与服务。

门户网站：新泽西州旅游官方网站主要分为七大板块，包括海滩、城市、节事活动、住宿、兴趣、购物、旅游意见。同时，该网站还与 Twitter、Facebook、Youtube 等多个社交媒体相连。在功能方面，该门户网站还可以帮助商务游客制定其商务旅行计划（见图 4—44）。

图 4—44　新泽西州旅游门户网站

官方电子旅游手册：游客在新泽西州旅游官网上可以轻松下载电子版旅游手册，以更好地制定旅行计划以及进行旅游体验（见图 4—45）。

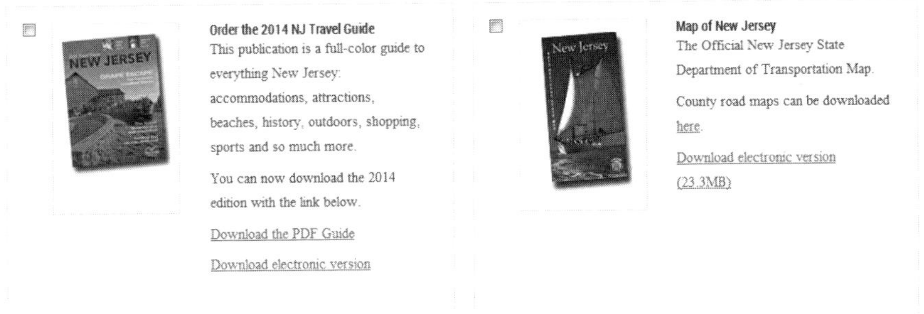

图 4—45　新泽西州官方电子旅游手册

（3）智慧旅游公共信息服务体系。

New Jersey Travel Guide：该应用为游客提供新泽西州超过 50 个主要城市的电子版旅游手册，包括大西洋城、纽瓦克等。每个城市都包括各种信息，例如最佳餐厅、酒吧等。该应用还支持离线地图服务，即使在没有网络的情况下，游客也可以轻松获得想要的信息（见图 4—46）。

Cape May：Cape May 是新泽西州非常著名的海滨城市，该应用包含关于 Cape May 的一切旅游信息，包括餐厅、地图、网站、照片，甚至打折活动和当地企业等信息（见图 4—47）。

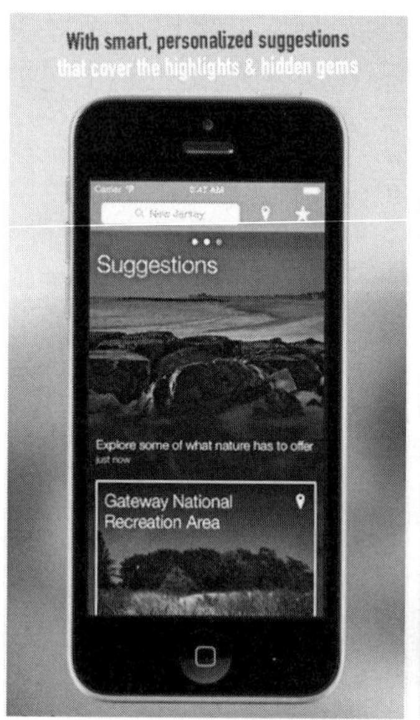

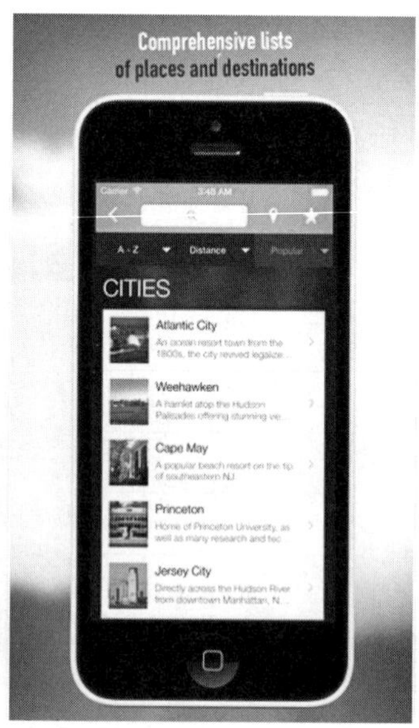

图 4—46　新泽西州 New Jersey Travel Guide 手机应用

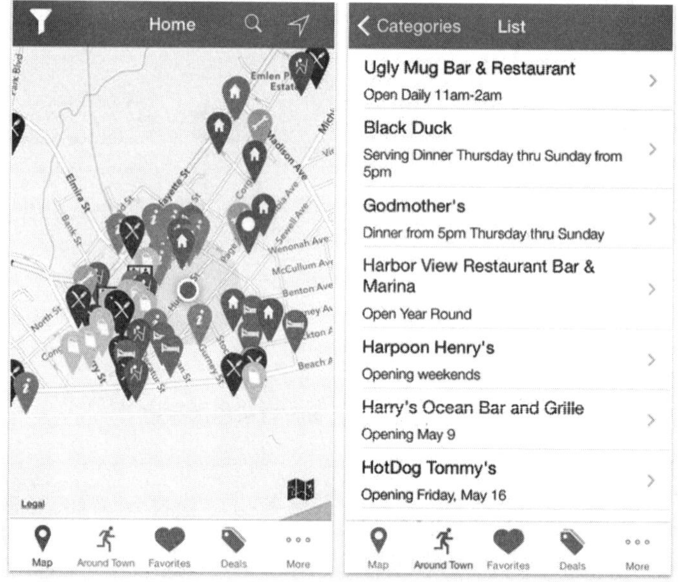

图 4—47　新泽西州 Cape May 应用界面

TheACLife（Atlantic City，NJ）：该应用以文字、图片和视频等多种形式提供大西洋城即时的节事活动、餐厅、购物、夜生活、天气预报、GPS 地图等信息。不仅如此，该应用还实现与 Facebook 的连接（见图 4—48）。

图 4—48　新泽西州 TheACLife 应用界面

2. 新泽西州旅游产业智慧化建设与提升体系

(1) 智慧旅游景区。

New Jersey State Parks & Forests Guide-Pocket Ranger：该应用软件是新泽西州立公园的官方软件，借助该软件，游客可以计划参观州立公园的行程，享受 GPS 导航服务，查询园内植物信息，寻找朋友，分享游玩后的感受，更好地感受新泽西州优美的自然环境（见图 4—49）。

图 4—49　新泽西州立公园手机应用界面

Go Jersey Shore：该应用提供新泽西州所有白天和夜晚有趣的活动。餐厅、酒店、酒吧、博物馆、剧院、赌场和海滩小贴士等信息应有尽有。同时，该应用也提供定位功能，系统会为游客推荐周边好玩有趣的活动和场所（见图 4—50）。

图 4—50　新泽西州 Go Jersey Shore 应用界面

（2）智慧旅游交通。

Safe Trip NJ：该应用提供即时的交通路况信息，包括新泽西州主要高速公路、桥梁和隧道的现状，帮助游客更安全地出行（见图 4—51）。

图 4—51　新泽西州智能交通应用界面

NJ Transit My Tix：该应用提供在线购买火车票和通票服务。借助该应用，游客可以在任何时间、任何地点购买火车票，节约时间（见图 4—52）。

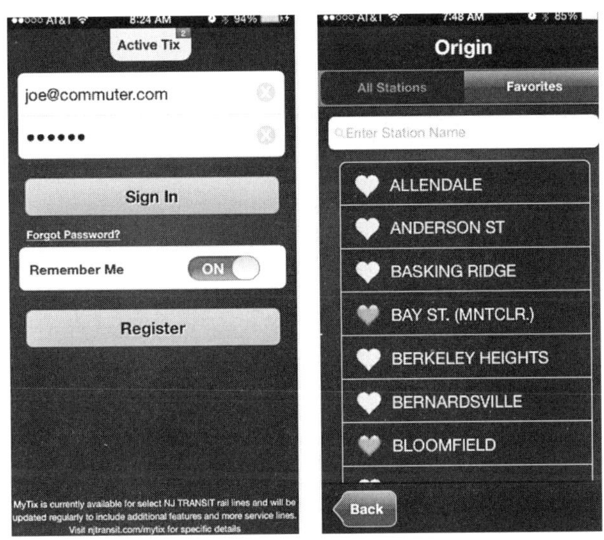

图 4—52　新泽西州在线购买火车票和通票服务软件

4.1.4　东京

东京（英文：Tokyo，日文：とうきょう），全称东京都，日本首都，世界最大都市之一，也是世界上人口最多的城市之一。位于本州关东平原南端，夏季高温多雨，冬季寒冷干燥，年降水量 1 400 余毫米。临海，有荒川、多摩川等河流经。东京都包含了 3 个主要地理分布区域，分别为“东京 23 区”的 23 个特别区，23 区西边的三多摩地域（北多摩郡、南多摩郡与西多摩郡），位于太平洋上的伊豆群岛、小笠原群岛。

19 世纪末“东京市”成立时，辖下共有 15 个区。到了 1932 年又将周围的 5 个郡并入辖区范围，5 个郡重新划分为 20 个区，加上原有的 15 个区而成为 35 个区（后来，35 个区随着“东京府”与东京市合并而归于东京都辖下）。二战后（1947 年）则精简为 23 个特别区（区的自治地位也一并予以提升）。

东京与附近的千叶县、埼玉县、神奈川县共同构成日本最大的城市圈，铁路和公路以东京为中心呈放射状射向各地。东京是日本政治、经济中心，日本 60%的大公司和 1/3 的银行集中于此。东京也是日本的教育和文化中心。

以东京市区为中心，半径 80 公里范围内，东京都、埼玉县、千叶县、神奈川县共同组成了东京都市圈。东京都市圈总面积 13 400 平方公里，占全国面积的 3.5%；人口则多达 3 400 万人，占全国人口的 27%；GDP 更是占到日本全国的 1/3；城市化水平达到 80%以上。

1. 东京智慧旅游公共管理与服务体系

“东京都市圈”智慧旅游建设已形成信息化与城市经济社会各方面深度融合的发展态势，以服务游客为最终目标，从政府到产业，从公共服务到产业提升，涉及众多领域，整合现有资源优势，实现整体信息化建设。

（1）智慧旅游公共基础设施建设。

Wi-Fi 覆盖：在东京都范围内由 docomo 公司提供巴士车内 Wi-Fi 服务，日本本国公民和外来游客都可以享受一次 180 分钟、一天之内不限次数的巴士车内免费 Wi-Fi 服务。智能手机、平板电脑、笔记本电脑等均可通过 Wi-Fi 功能实现网络连接。登录的界面提供日文、英文、中文及韩文选择（见图 4—53）。

图 4—53　东京都巴士车内 Wi-Fi 服务

自平成二十五年（2013 年）12 月 20 日起，都 01 系统和深夜 01 系统都可享受该服务。自平成二十六年（2014 年）3 月 19 日起，都营巴士全线路都可享受该服务。其他一些地区及情况下暂未提供。① 东日本地区 JR 日本铁路系统向旅客提供公众无线 LAN 免费服务，利用居民 ID 或护照即可实现服务连接（见图 4—54）。②

图 4—54　东京铁路系统的 Wi-Fi 服务

① 《バス車内でのWi-Fiサービス利用》，東京都交通局，见 http://www.kotsu.metro.tokyo.jp/bus/kanren/wi-fi.html。

② 《駅での無線 LANサービス》，JR 東日本，见 http://www.jreast.co.jp/musenlan/。

智慧旅游交通：由于机动车数量的增长和严重交通拥挤的影响，进入 20 世纪 90 年代后，东京市区内要保持正常的行车速度变得十分困难，由此引发公共交通的不便性和不可靠性，导致乘客数量的急剧减少。东京都交通局开发了城市公共交通综合运输控制系统（CTCS），旨在改进公用汽车服务，重新赢得乘客。在 CTCS 中，公共交通运营管理系统是一个基本的框架，其目的是通过掌握运行情况以及乘客数据实现精确平稳的公共交通运营服务。它在运营中的公共汽车和控制室之间建立信息交换，并利用诱导和双向通讯的方法，将服务信息提供给公共汽车运营人员和驾驶人员，同时这些信息也通过进站汽车指示系统和公交与铁路接驳信息系统提供给乘客。

公共交通综合管理系统包括累计运营数据、乘客计数、监视和控制公共汽车运营和乘客服务等功能，其中乘客服务功能包括进站汽车指示、信息查询和公共交通与铁路接驳信息提示。公共交通综合管理系统的硬件包括公交主控中心、区域中心以及路边、车库和车载设备等。①

面向游客一卡通：在东京都区域内有多种一卡通，如 JR 东日本的 SUICA、首都圈各家私营铁路公司发售的 PASMO 等，虽然发行的主体不同、名称不一样，但使用范围相同。可在车站自助售票机处办理，一般收 500 日元的押金并进行充值，使用年限自最后一次使用日期起有效期 10 年。日本东京地铁票价 170 日元起，东京市内的巴士 210 日元，采用均一票价，上车刷卡支付。而且除了在绝大多数的公共交通车辆可以使用外，铁路、部分出租车均可使用。还有在日本十分普及的便利店以及众多商店、餐厅也可以用于支付功能。

另外，JR 东日本在外国游客主要出入境空港——成田机场，出售包含成田特快车票与 SUICA 的优惠套票，在日本境内逗留 90 日以内的外国游客可以购买。

免费无线充电、有线充电：日本松下公司联手东京各大连锁酒店（如：Tully’s Coffee，FamilyMart，Jumbo Karaoke，Speed Nail 等多处）提供免费无线充电服务，也可采用 USB 转换头进行传统充电，令大家在户外不怕各式的移动设备因为没电而不能使用，并且最重要的是免费供应。松下所采用的无线充电技术由 Qi Wireless Technology 公司提供，只要有合适兼容的设备就可以直接放上去充电，而同时提供的 USB 转接头更是充分支持了包括相机、导航仪等旅行设备。

针对外国游客的随身无线网络：由日本移动网络运营商“DOCOMO”、

① 参见田冠华：《公交客流量监测车载终端的设计与实现》，大连，大连理工大学硕士学位论文，2006。

“SoftBank”以及“E-mobile”提供的终端设备“Wi-Ho”都可以为外国的旅行者提供随身的移动网络服务。以SoftBank的Wi-Ho为例，预先购买流量，便可提供高速优质的上下行网络接入。根据终端的不同，可以提供多数设备同时接入，实现随身Wi-Fi功能，方便同行者或多终端的随时在线（见图4—55）。①

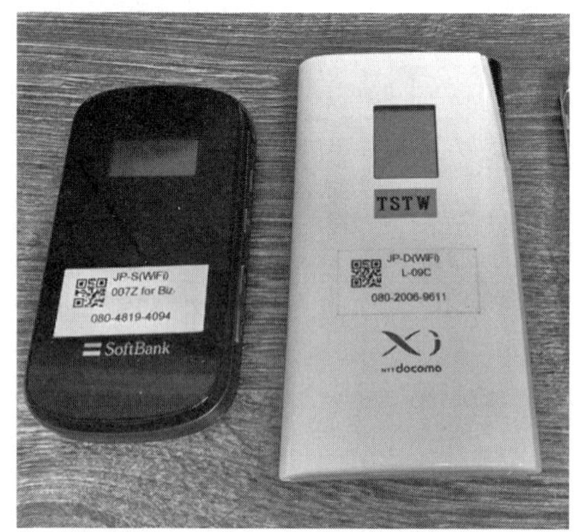

图4—55　针对外国游客的随身无线网络

（2）智慧旅游公共信息服务体系建设。

门户网站：东京观光官网提供包括日文、英文、中文在内的10种版本（见图4—56、图4—57）。②

图4—56　东京观光官网（1）

① 见 http://www.softbank.jp/。

② 见 http://www.gotokyo.org/cn/index.html。

图 4—57　东京观光官网（2）

手机移动官方网站：游客用手机或平板电脑可登录移动版官方网站，在字体大小和页面版式排版方面都进行了适应性调整。并且在网站功能上不做删减，提供了同样的多种语言选择和资讯介绍（见图 4—58）。

图 4—58　东京观光手机移动应用界面

官方电子版旅游指南：在日本东京旅游官网上便可轻松检索到《东京便捷指南手册》和其他官方电子期刊，提供多语言版本电子指南的轻松下载服务（见图 4—59）。

图 4—59　东京便捷指南手册

移动端应用软件（“乘换案内”——交通换乘助手）：不论日本本国人还是外来游客对于这款软件的使用频率都很高。该软件可以帮游客精确计算最快最便宜的线路，提示电车等的末班车、早班车，全日本的 JR、私铁线路，甚至各种公交巴士都算入在内。其他功能还包括查询时间表、人身事故急停等运行状况（见图 4—60）。

酒店交通景区综合订票软件：该软件可以提供酒店、机票、车票、景区门票等综合查询预订业务。如很多温泉主题、海鲜大餐主题、赏花滑雪主题等，期间限定随时更新，自由、自助行占较大比例，并且会提供一些“JR 铁路或机票＋住宿”的优惠价。可以选择人气温泉酒店时避开高峰，这样会便宜很多。机票除了早订，还可以选购“株主优待券”，这种优待券大约花费几千日元，然后可以在订购机票时享受大量优惠（见图 4—61）。

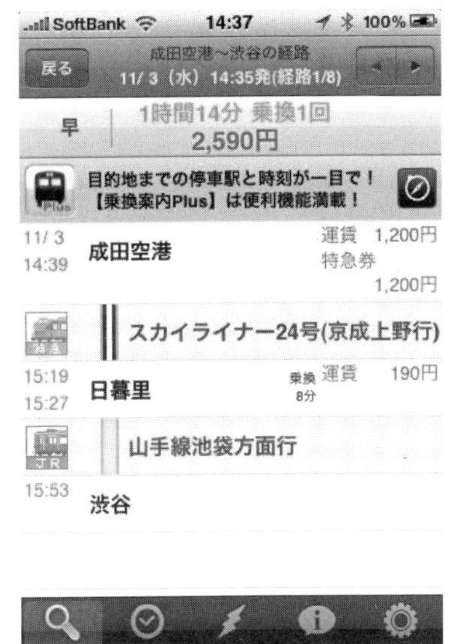

图 4—60　东京交通换乘助手　　　图 4—61　酒店交通景区综合订票软件

“HIS‘航空券’”——航空机票的套餐及优惠：这是一款提供廉价旅行的 HIS 软件，主要包括 LCC 的航空加协议宾馆服务。

“食べログ”——餐饮类手机助手：日本是一个美食的国度，东京更是有多条美食文化街，这款软件里的食评相比我们国内熟悉的大众点评要更加客观、详尽，有参考价值得多，有些甚至包含与厨师交谈得到的食材配料信息。大到人均二万日元的米其林，小到街角的拉面小店，亲身验证过的实感都相差无几。多人数的吃饭喝酒，有时候选择哪家店都是临时兴起决定的，结账前还可以搜 Tabelog 的优惠券，通常出示都能有折扣。手机版搜排名从高往低是需要注册会员的，电脑上就没有这个困扰（见图 4—62）。

“Hot Pepper”——女性美容保养类：来日本的游客中女孩子绝对是重要的构成，而针对剪头发、做指甲、按摩香薰 SPA、接睫毛、修眉等女生们为美丽做的功课基本都可以在“Hot Pepper”里面找到，一键预约。拿剪头发来说，可以分门别类找“当天约了就能去的”“短发造型出名的”“装潢洋气的”等。初次入店一般都有烫染的优惠券，所以可以每次约不同的造型室，每次都有新鲜的体验，价钱相对便宜，而服务质量也很高。积分可以换折扣，剪发积的分可以拿去做指甲、SPA 等（见图 4—63）。

“SmartTrip”免费人声翻译软件：该软件为游客提供免费的音声翻译，对应 25 种语言的人声翻译，提供一定金额的电话通译，包含日语、英语、汉语、韩语的通话识别。

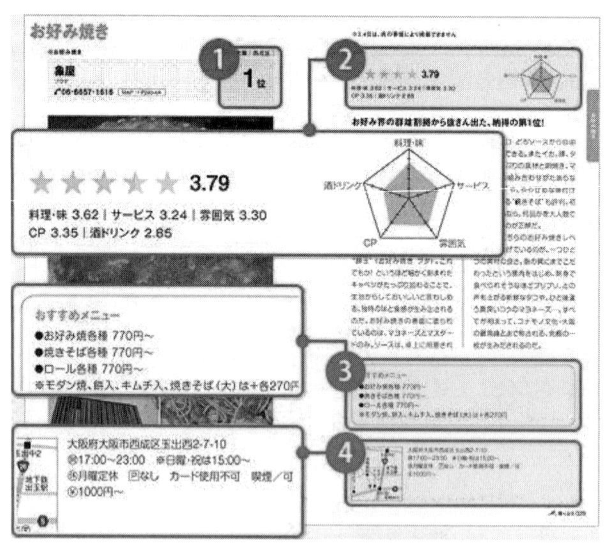

图 4—62 “食ベログ”软件

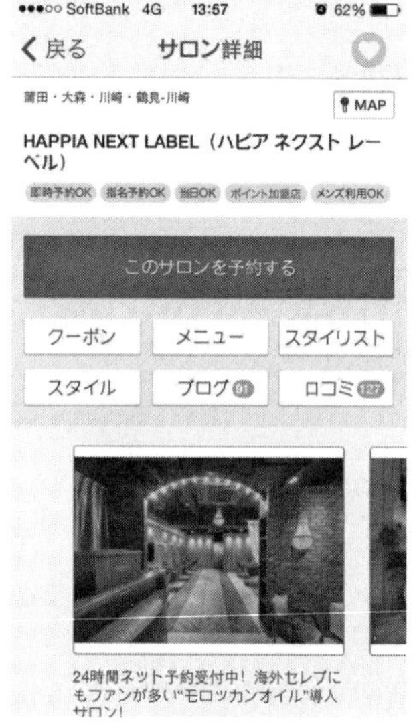

图 4—63 “Hot Pepper”软件

“东京都市圈”社交平台建设：东京会议及观光旅游局开通了新浪微博（http://weibo.com/dongjinglvyou?sudaref=www.baidu.com），用于宣传东京旅游的相关信息，提供旅游资讯，实现与游客的互动（见图 4—64）。

同时，东京旅游在 Twitter 上也开设网页，对外宣传，其名称为“东京观光财团”（https://twitter.com/tokyo_kankou）（见图 4—65）。

图 4—64　东京旅游新浪微博

图 4—65　东京旅游 Twitter 界面

2. “东京都市圈”旅游产业智慧化

“Dの待ち時間”——迪士尼乐园应用程序：“Dの待ち時間”App 清楚标示出院内游乐设施的排队情况及等候时间，让游客不必再为了排队而耗掉一整天的时间。用“Dの待ち時間”查询迪士尼乐园内各设施的排队情况，选择较少人排队的区域，可以节省时间，体验更多的游乐设施（见图 4—66）。①

① 《Dの待ち時間》，见 https://itunes.apple.com/jp/app/dno-daichi-shi-jian/id605265699?mt=8。

图 4—66　迪士尼乐园应用程序

4.2　国内其他省市智慧旅游实践经验

4.2.1　上海市

近年来，上海把加快智慧旅游发展作为建设世界著名旅游城市的一项重要举措，不断探索运用现代信息技术完善旅游公共服务体系、提高旅游管理服务水平、促进旅游产业融合创新、提升城市旅游品牌形象，积极推动上海旅游业向现代服务业转型，为民众提供丰富多彩的旅游产品和服务。当前“设施、信息、服务实质性联动”的智慧旅游发展路径初步形成（见图 4—67）。

1. 智慧旅游政务建设

旅游市场监管和应急保障信息化水平进一步提升。全面推进旅游电子合同管理和团队动态信息管理，全面覆盖旅游合同网上填写签署、修改审核、上传备案、统计分析、监督管理的全套流程，同步实现旅行社电子盖章与旅游局在线备案，开放游客投诉点评。该系统目前已经覆盖 100%的赴台社、35%的出境社。团队动态系统全程监控团队动态信息，实现了定社、定团、定时间、定位置、定领队、定游客的“六定”，从而为旅游突发事件应急管理提供了可靠的信息保障。

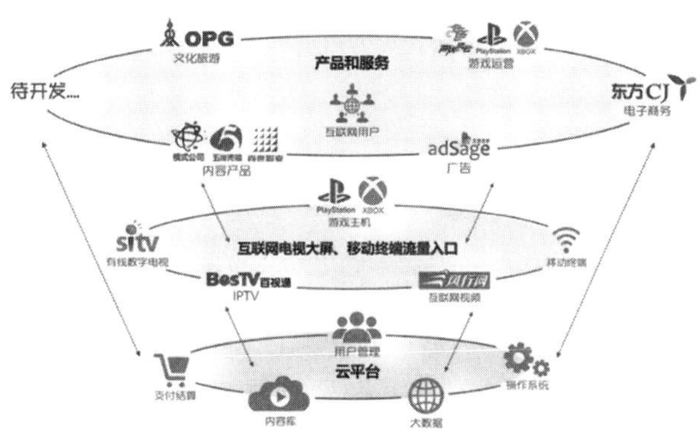

图 4—67　东方明珠智慧旅游应用

2. 智慧旅游公共服务体系建设

首先，旅游公共信息服务网络进一步完善。上海市已建成 45 个旅游咨询服务中心，在 188 个社区文化活动中心和三星级以上宾馆、部分连锁酒店部署信息触摸查询系统。同时通过“12301”和“962020”并机的上海旅游热线、旅游政务网、旅游集散网和旅游会展网等门户提供旅游咨询服务。上海市旅游局遴选 100 个人流密集且周边景区较为集中的站点，设置区域旅游公共服务信息导览图，标注该站点各出入口周边旅游资源，并添加二维码，游客扫描二维码即可进入微信公众服务号支撑平台，进一步了解周边（基于 LBS）旅游详细信息，在线购买本市旅游景区打折门票和地铁一日票、三日票，还可以通过微信得到 12301 旅游热线的实时专业咨询服务。

其次，在旅游消费支付和信息引导服务方面不断创新。上海市旅游局成功开发并推广使用“上海旅游卡”和“上海都市旅游卡”。其中，“上海都市旅游卡”使用范围覆盖公交、餐饮、酒店、购物、娱乐、旅行社和票务代理等 18 个领域。截至 2014 年 10 月，“上海旅游卡”已累计发卡 100 万张，“上海都市旅游卡”累计发卡约 335 万张，累计结算总金额达到 12.1 亿元。借助移动电视、网络、手机等多个渠道，开通“乐游上海”官方微博、微信，受到公众广泛好评。借助上海电信和上海移动的短信平台，配合 12345 市民热线，免费向外地来沪游客发送旅游公益提示短信。全面完成 66 个景区点的“i-shanghai”无线上网覆盖工作。推出智能手机导游 App “iTravels”，收录上海著名景点 86 个，配音讲解点 98 条，城市涉旅公共设施点 523 个。

再次，关注智慧旅游社区服务。2012 年，100 台旅游“e 点通”多媒体触摸屏走进上海市 100 个社区，只需“一点就通”，市民和游客就可以全面了解上海的旅游信息。同时，借助 3G 技术的手机导游，已在苹果和安卓两大手机应用商品中提供了下载服务，已有 5 万多名海内外游客下载这一手机导游客户端，带着手机来“游”上海。

2013 年 11 月，上海市旅游局与中国电信上海分公司签订了《“十二五”期间智慧旅游建设战略合作协议》。按照协议，双方将在智慧旅游产业信息基础平台和网络建设、智慧旅游公共信息推广、智慧旅游公共服务应用、智慧旅游行业电子商务、旅游行业信息化建设等五个方面开展合作。

上海市旅游局和中国电信上海分公司共同打造了 IPTV“上海智慧旅游社区”频道，并于 2013 年 9 月 14 日上海旅游节开幕当天上线试运行，成为双方继战略合作协议签署后的第一个落地项目，该频道已成功覆盖了上海地区的 180 万 IPTV 用户。

IPTV“上海智慧旅游社区”频道隶属于 IPTV“智慧社区”，频道下设“旅游新闻热点”“旅游节庆活动”“沪上美景”“都市之旅”“周末好去处”“演出季”“旅游公共服务”“掌上旅行”“旅游新视界”以及“旅行社线路”等 10 大板块，向社区居民和广大游客提供旅游新闻、旅游景区、旅游线路等资讯。同时，这一公共电视频道资源在旅游产品供应商与旅游消费者之间搭建了一个权威、公开、诚信、透明的信息平台，通过减少买卖双方的中间环节，让游客享受到优质实惠的旅游产品。

“2014 上海智慧旅游年”中，上海市继续致力于构建国际化、高品质和完善的旅游公共服务体系，努力提升旅行社、旅游酒店和旅游景区点等现代科技管理水平和服务水平，营造更精彩的旅游氛围。

3. 智慧旅游产业化提升

截至 2014 年，上海 95%以上的 A 级旅行社拥有自身网站或借助其他网络平台发布信息，80%以上的旅游企业拥有业务管理系统，提供在线服务。国内知名的在线旅游企业如八爪鱼、同程、途牛、万达、在路上等纷纷入驻上海，上海智慧旅游的上下游产业链不断完善，智慧旅游产业格局逐步形成，上海已经逐步成为全国在线旅游业的聚集地。金棕榈企业等第三方旅游服务提供商推出中小企业公共服务平台、旅保宝旅游保险平台等一系列智慧旅游应用平台，获国家旅游局认证、推广。上海植物园、辰山植物园、金山嘴渔村、上海科技馆、古猗园等景区纷纷布局智慧景区建设，开通微信公众号，利用移动平台实施在线营销。①

4.2.2　天津市

按照《国务院关于加快发展旅游业的意见》将旅游业“培育成国民经济的战略性支柱产业和人民群众更加满意的现代服务业”的战略目标，围绕天津“十二五”旅游业“33641”的发展目标，紧紧围绕“以游客为中心”的理念，天津积极开展智慧旅游建设。2012 年初，在开展了广泛深入的智慧旅游调研的基础上，结合天津城市信息化和旅游业发展实际，天津市旅游局明确了智慧旅游总体目标，即实现信息化与旅游业的深度融合，到“十二五”期末，基本建立起智慧的旅游服务、旅游管理和旅游营销体系，有效支撑天津旅游业发展，促进旅游业与相关产业融合及区域旅游产业联合；确定了智慧旅游“1369”工程三年建设目标，拉开了天津智慧旅游建设的序幕。

“1369”工程具体为：“1”个智慧旅游综合数据中心；“3”个数字平台，即行业智能管理平台、公共信息服务平台、目的地营销体验平台；“6”个载体，即互联网、移动互联网、12301 旅游服务热线、旅游一卡通、遍布全市的电子触摸屏和人工咨询服务网点等；“9”个智能系统，即智能 OA 管理系统、旅游景区智能管理系统、旅行社智能管理系统、饭店智能管理系统、旅游超市系统、智能行程规划系统、智能信息管理系统、旅游目的地展示营销系统、旅游产业分销系统。

到 2013 年初，1 个中心已建成，3 个平台初步实现，6 个载体全已落成实体，9 个系统均已开展子项目建设。2013 年 1 月，天津市被国家旅游局确定为第二批“国家智慧旅游试点城市”，并发布了天津智慧旅游一期建设成果。

1. 建成天津旅游云数据中心

打造智慧旅游城市，首先要做好信息收集工作。建成天津旅游云数据中心，是天津智慧旅游“1369”工程中的“1”，为 3 大平台、6 大载体和 9 个系统提供信息数据支持。截至 2013 年初，数据中心库内累积 10 大类、18 项、2 000 余条信息，各条信息细项数据达 45 项。数据中心为游客游前、游中、游后提供全方位的资讯保障，确保游客获取到真实、准确的信息。

同时，天津市制定了《天津旅游信息数据采集规范与标准》，确定了“市—区县旅游管理部门—旅游企业”三级报、审、签机制，实现在线动态报

① 参见上海经信委：《上海智慧旅游为智慧城市添彩》，见 http://news.xinhuanet.com/info/2015-02/23/c_133990678.htm。

送、审核、签发、更新，解决了信息采集更新和信息孤岛的难题。

2. 新版天津旅游资讯网出炉

天津智慧旅游网站群的改造升级完成。新版天津旅游资讯网集形象宣传、信息提供、互联营销和商务交互于一体，增加了行程规划、电商平台。天津市的景区及旅行社等企业只需注册后登录频道后台，即可自主发布相关信息，为游客提供权威、全面、及时、准确、个性化的相关旅游信息和便捷的旅游综合服务（见图 4—68）。

图 4—68　天津旅游资讯网

针对自助游客个性化需求强烈的特点，新版网站会引导游客来津怎么游玩、游几天，随个人喜好自行搭配和增删行程；解决了困扰自助游客的信息不对称难题，在大资讯量的基础上保证了信息的准确性，将全市的景点和酒店信息囊括其中。游客设定好行程、天数后，根据兴趣选择出行位置，可看到景区间通过自驾、公交、步行三种交通方式到达的时间，并能一站式快速预订酒店，手持自动形成的旅游线路书，轻松游津城。当前，天津市、区县两级网站集群工程正在有序推动中，蓟县、河西区旅游管理部门官方网站已投入使用，旅游宣传营销效果明显。

3. 开发天津旅游移动智慧门户

天津智慧旅游移动应用（1.0 版）苹果和安卓两个版本的客户端已在全球苹果商店和安卓市场发布，公众下载量超千次。应用包含丰富的资讯类和指南性信息，根据游客当前所处位置推荐周边的吃住行游购娱场所，实现了游客对于旅游各个方面信息的实时查询和智能行程规划。比如，“天津智慧旅游·盘山客户端”实现了 360 度全景体验、景区导览、二维码验证等功能，游客手持客户端设备就相当于跟随着讲解员游览，能听到播音级的讲解（见图 4—69）。

图 4—69　天津智慧旅游触摸屏

4. 推进智慧景区、智慧旅行社建设

自 2012 年开始，天津市大力推进“智慧景区”建设。和平区五大道旅游区正在加紧提升官方网站、手机客户端、网络支付、二维码导览等旅游软环境；蓟县盘山风景区数字监控、触摸屏、门禁系统等信息化硬件设施日臻完善；西青区希乐城开发的儿童互联网、馆内实时定位、高科技仿真系统等个性化功能产品紧贴自身特点。在智慧旅行社建设方面，目前大津市已有旅行社（天津经典假期国际旅行社）自主研发了综合业务平台，从报名、操作、结算到客户管理已全部联网。

天津市旅游部门拟在本市旅行社行业推广电子旅游合同，利用互联网技术实现电子版旅游示范合同的使用和备案管理。天津市旅游局将在其门户网站上推出规范合同，要求旅行社必须使用电子合同。而旅游管理部门可以通过这一平台，对旅游合同进行检查监督，以更好地保障游客的合法利益。

（1）五大道景区：手机做导游，游览可自助。

和平区五大道旅游区打造智慧旅游示范景区项目已启动，正在加紧提升官方网站、手机客户端、网络支付、二维码导览等功能应用。今后在五大道每个景点的门牌上都会设置一个信息识别系统，游客只需在手机里下载应用程序，游走在五大道参观名人故居时，用手机拍摄下故居门牌号上的二维码，手机将会自动搜索出有关名人故居的视频和资料，显示出该景点有声有图有动画的多媒体景点介绍，视频还原了故居过去的生活场景，帮助游客全面了解历史人物，从而实现自助游览（见图 4—70）。

图 4—70　天津旅游移动互联门户

2013 年，五大道游客中心发售了“五大道智慧旅游卡”，相当于景区“一卡通”，游客到游客中心购买并充值后，便可直接刷卡进入景点，还可以在景区用餐或购买纪念品时进行刷卡消费。

（2）盘山景区：监控数字化，刷票就进山。

蓟县盘山风景区数字监控、触摸屏、门禁系统等信息化设施日臻完善。检票点的门禁系统改变了景区传统的人工检票方式，前往盘山游览的游客，只需将购买的印有条形码的电子票“刷票”后，就能进入景区。这一举措缩短了游客检票时间，提高了验票的速度，可以有效杜绝假票和过期门票现象的发生，大大提高工作效率。

蓟县盘山数字景区安全监控系统现已建成并投入使用，实现安全应急多部门联动。每天，景区工作人员在数字化指挥室，通过多处视频监控点位，对景区游客集聚区域、停车场、索道站、游客中心、检验票口等重点区域进行全程监控，确保第一时间发现问题并指挥有关人员协调解决。游客中心和景区广场的 LED 液晶大屏幕、电子触摸屏，随时为游客展示盘山景区及周边旅游资源情况，提供交通线路、天气预报、医疗救护等游客关注的各种信息。

5. *开通天津旅游微博群*

借助新浪、腾讯两大微博平台，天津市旅游局建立了天津旅游微博群，聚集了市旅游局、区县旅游管理部门和旅游企业等的一批旅游微博，实现了对网民的及时服务和有效互动。截至 2016 年 4 月 3 日，天津旅游局新浪微博“粉丝”总数达到 66 822 人。

6. 升级旅游服务热线功能

天津市旅游局升级了由云数据中心提供信息支撑的座席查询系统。截至 2013 年 1 月底，12301 热线累计接听答复 7.6 万余人次。

7. 开发两种旅游一卡通

天津市开发了两张卡——“天津旅游卡”和“京津冀旅游卡”。“天津旅游卡”不仅可以在公共交通服务领域用，也可以在很多旅游景区和旅游单位用。“京津冀旅游卡”可以覆盖北京和河北，当游客到京津冀地区的许多景区参观时，不用再到窗口买门票，一刷“京津冀旅游卡”就可以直接进入，实现了“景区刷卡无障碍”。游客可在指定旅游相关商户处享受消费折扣，并能在高速公路 ETC 通道使用“京津冀旅游卡”，发挥了整合京津冀区域旅游资源、促进区域间合作的作用。

8. 设置旅游地理信息系统触摸屏

2012 年，天津城市旅游地理信息系统建设完成。该系统是一套现代化、高水平的城市公共信息查询平台和商务平台，可以为外来商旅人士以及本地居民提供专业、及时、准确、权威的数字化公共信息服务。

天津城市旅游地理信息系统包括“Hello 天津”“津味文化”“畅游天津”“乐享天津”“便民服务”“地图导航”“津城政务”“活力新区”“出行助理”等板块，信息涵盖旅游景点、酒店、交通、餐饮、休闲、娱乐、购物、金融、医疗等方面的内容，可以查询到地铁、航空、公交线路的情况，还可以打印各类优惠券。在该平台上，市民和游客还可以实现用城市一卡通进行缴费、充值，使用银联卡消费、在线购票等。

截至 2015 年底，天津城市旅游地理信息系统终端机已经现身于中心城区及滨海新区的重点酒店、旅游景区、大型商场和商业综合体、政府机关、交通枢纽（机场、海港、火车站、汽车站等）、地铁站点、文化中心、写字楼、金融机构等场所，成为进津游客自助服务的重要工具。

9. 应用行业管理系统提升管理效率

旅游行业二级管理系统、假日旅游统计预报系统、行业交流平台、短信群发系统等十余个行业管理系统得到全面应用，为天津市、区县、企业多层旅游行业管理提供了有效支持。

10. 开发智能管理与信息查询系统

天津市旅游局将多年来游客咨询中的特点、难点进行汇总和分类，开发了天津智能管理与信息查询系统，为旅游咨询服务网点提供精准的数据支撑，并对各网点进行动态管理，有利于旅游咨询服务网点针对游客的疑问给予更全面、更详尽的答复。

今后，天津将以智慧旅游的建设促进旅游业的转型发展，继续推动智慧旅游在行业管理、公共服务和宣传营销方面的建设应用，主要项目包括：出台智慧旅游行业建设标准、运用主要景区视频监控和客流统计系统、开发天津旅游手机版网站、升级手机客户端、完善电商平台、推动旅游企业的智慧旅游建设、建立中国旅游产业博览会智慧服务平台等。完成后，游客在津凭一张卡、一部手机，就可以搞定自己的旅游。

4.2.3 四川省

截止到2013年底，四川省多个城市的旅游公共区域已实现无线网络全覆盖，多种基于移动智能终端的智慧旅游产品为来川游客提供更加便捷的服务，面向游客的旅游资讯网站平台和新媒体平台逐步建立和完善。

1. “智慧”建设初见成效

“十二五”以来，四川省以“加快建设旅游经济强省和世界旅游目的地”为目标，以《四川省“十二五”旅游信息化发展纲要》为指导，大力推进旅游智能管理和智慧服务，积极创新网络营销和电子商务等智慧营销，四川智慧旅游体系已经基本建立（见图4—71）。同时，2013年推出的智慧旅游系统G5国道示范项目也取得明显成效。目前，四川省内所有5A级景区和G5国道所经各地市多个景区均已加入了该系统。

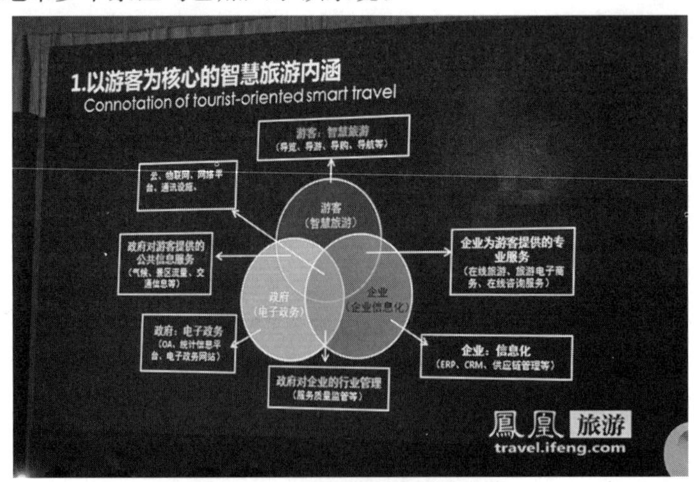

图4—71 四川智慧旅游内涵图

2013 年，四川省旅游应急管理平台正式建成并投入使用，借助四川省旅游局与相关部门联网运行的摄像头随时反映前往各景区的实时车流量，数千个高清摄像头能实时反馈省内多个重点景区内外的情况，并将情况实时显示在旅游应急指挥中心的大屏幕电子地图上，不仅能为游客平安出行保驾护航，也使四川旅游管理更加高效有序。

2. 试点单位成果斐然

在智慧旅游的探索和实践中，四川各试点单位为四川省智慧旅游建设积累了丰富的经验。

绵阳市以游客需求出发，编制完成了《绵阳市智慧旅游总体规划》，明确了发展目标和发展路径。正是在规划的指引下，绵阳的智慧旅游建设发展迅速。在智慧旅游工作推动过程中，充分发挥旅游产业领导小组的综合协调能力，整合科技、公安、交通、信息办、经信委、发改委等部门和电信、移动、联通三大网络运营商的资源优势，发动全市旅游企业积极响应智慧旅游发展趋势，踊跃参与项目建设。

九寨沟景区智慧建设的经验则是借助外脑，通过交流合作和科研项目推动旅游信息化工作（见图 4—72）。景区先后派多人到世界著名大学和国家公园交流学习，并于 2010 年成立了“智慧九寨”院士专家顾问委员会。

图 4—72 “智慧九寨”3D 图库

3. 抓住机遇再上新台阶

为进一步推动智慧旅游建设，2014 年，四川召开全省智慧旅游建设会议。会议明确提出，要把智慧旅游作为旅游业转变发展方式的有力举措，构建以服务游客为核心的智慧旅游体系，全力推动智慧旅游服务、智慧旅游管理、智慧旅游营销体系建设。

按照会议精神，四川将全面推进智慧旅游试点工程，提升 1 个智慧旅游带（G5 国道四川段智慧旅游带）、1 个智慧旅游区域（大九寨环线智慧旅游区）建设。在继续强化成都、绵阳、乐山等首批智慧旅游试点城市和九寨沟、峨眉山、青城山—都江堰等首批智慧旅游试点景区的基础上，四川新增了攀枝花、广元、南充等 10 个智慧旅游试点城市和 30 个智慧旅游试点景区。会后，四川省旅游局还与各试点城市和景区签订了年度任务书。明确要求：2014 年底，试点景区的公共服务区域和热点区域将实现无线网络全覆盖；具有“导游导览导航导购”功能的智能移动终端应用将为游客提供便捷的智慧旅游服务；游客流量统计监测系统、智能门禁及电子门票系统、景区监控预警系统、停车场管理系统、视频会议系统等都将逐步建立，并与四川省旅游应急管理平台实现无缝对接（见图 4—73）。

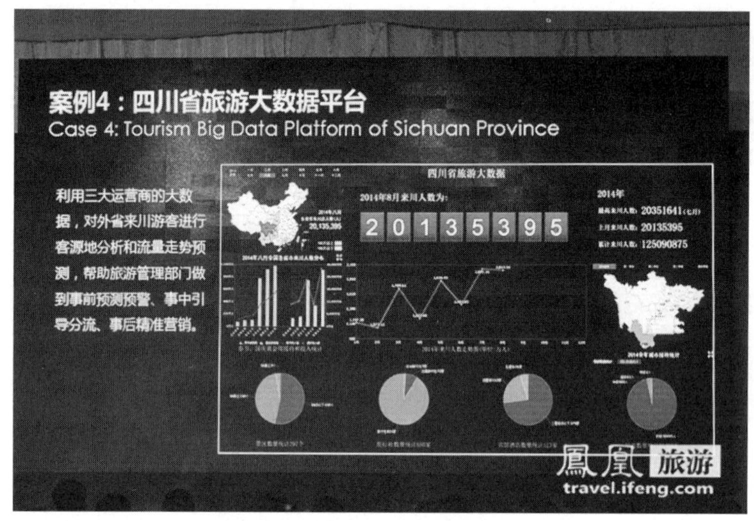

图 4—73　四川旅游大数据平台

4.2.4　武汉市

武汉是首批全国智慧旅游试点城市之一。2012 年，武汉确定智慧旅游城市建设方案，力争在两年内推进九大项目，加快完成创建国家智慧旅游示范城市的目标。

武汉智慧旅游城市建设，将充分发挥旅游关联性强的产业优势，积极推动现代互联网、物联网、云计算、地理信息、移动通信网络、高性能信息处理、智能数据挖掘等新技术在旅游“食、住、行、游、购、娱”行业的广泛应用。

1. 建设智慧旅游云数据库

数据库是智慧旅游的核心，是旅游公共服务门户、政务门户和各种信息应用服务、旅游电子商务系统的大脑和总仓库。武汉市智慧旅游云数据库将实现旅游业领域各类数据的集中采集、分类存储、综合分析、智能调用、优选推送，以及与其他云数据库之间的信息共享和交互等新功能，形成武汉智慧旅游统一的数据规范和数据标准、统一的数据采集与交换平台、统一的数据管理中心和综合统计分析中心。

2. 建设智慧旅游公共信息服务平台

公共信息服务平台是智慧旅游为游客提供的各项旅游服务的门户和窗口。武汉市智慧旅游公共信息服务平台将实现依据游客需求的信息智能推送、旅游产品线路优化推荐、在线预订和在线支付、电子地图引导游览、超时空虚拟城市与景区3D景观体验等诸多创新功能，集成旅行社、旅游车、景区、酒店、票务等的统一营销管理，全面服务于游客和旅游服务商。

3. 建设移动智能旅游服务系统

武汉市移动智能旅游服务系统由自助导览导游客户端软件和车载导航导览仪两个服务产品组成，为自助游和自驾游的游客提供城市导览、景区导游讲解、自动停车引导、旅游餐饮购物娱乐信息与位置查找、旅游线路优化、旅游实景导航、景区自动入园、酒店自动入住，及与之相关的预订、支付、投诉、咨询等旅游综合服务功能，实现旅游服务的“无所不在、无所不能”（见图4—74）。

图4—74　武汉智慧旅游二维码

4. 建设旅游公共信息触摸屏自助服务系统

武汉市在景区游客中心、旅游咨询服务中心、旅游集散中心以及城市闹市公共自行车租用点，设立为广大民众服务的旅游公共信息服务自助式触摸屏。自助服务系统将与旅游数据库对接，实现各项综合旅游公共信息的自助服务查询，形成城市旅游公共信息服务平台（见图 4—75）。

图 4—75　武汉智慧旅游展示页面局部

5. 建设导游（领队）带团服务系统

导游（领队）带团服务系统是完善旅游团队出行管理与服务的客户端软件，由旅行社团队管理软件、武汉市旅游运营监测系统等共同组建而成，目的在于确保旅游团队整个行程和每个环节都处于监控之中，最大程度上保障了旅游者的安全出行和相关权益。

6. 建设智慧旅游视频监控中心

武汉市旅游管理部门负责对景区、酒店、旅游车、旅游团队、游客集散地等旅游点进行视频监控，智慧旅游视频监控中心将协助其实现对全市旅游现状的实时监测、旅游安全预警、紧急救援调度、人流量分析与控制及景区实景浏览等，对全市旅游突发情况实施旅游安全应急指挥和调度，并为公共信息服务平台提供城市景观和景区的现场实景视频浏览服务。

7. 建设智慧旅游体验中心

智慧旅游体验中心作为现代信息科技与旅游产业相结合的示范体验项目，

运用现代信息应用技术，集中展示武汉市的旅游资源，让游客感受旅游科技新体验。中心包含“高空遨游”“水上漫游”“驾车畅游”“秀丽山水”“都市风情”“4D 影院”等参与项目，让游客感受高科技旅游风光美景。

8. 建设武汉旅游一卡通项目

武汉旅游一卡通是“灵通湖北旅游卡”和“武汉通”卡在武汉旅游业的“二合一”项目。该卡兼具上述两种卡的功能，持卡可享受省内景区门票、农家乐、旅游项目、酒店住宿、餐饮等签约用户的优惠服务，可到武汉各大商户、超市、公交车、出租车等刷卡消费，可享受中石化优惠加油和签约点优惠洗车等，真正实现“一卡在手，优惠多多，畅快旅游”。

9. 建设智慧旅游示范单位

经过全行业摸底调研，目前武汉市旅游局已初步确定了东湖生态风景旅游区、黄鹤楼公园、黄陂木兰天池景区、武汉明珠豪生国际大酒店等单位为智慧旅游建设的试点单位，鼓励试点示范单位通过与全市智慧旅游建设项目的配套应用，形成智慧旅游推广的示范效应。

4.2.5　南京市

2011 年 4 月 13 日，南京“智慧旅游”项目建设正式启动，2011 年 11 月完成一期六大重点建设项目（见图 4—76）。

图 4—76　跟着地图游南京

1. 南京游客助手

“南京游客助手”是为到达南京的游客提供的手机平台应用产品，是全国第一个由官方推出的基于智能手机的旅游客户端软件。软件集吃、住、行、游、购、娱等信息功能服务于一体。该项目突出以游客体验为中心的建设理念，按照政府主导、多方参与、市场化运作的原则，以政府公信力为支撑，以各运营商的市场资源为依托，以各旅游企业为纽带。游客下载该软件后，在南京自助游中，依靠手机的便捷性和网络覆盖面，便能够随时随地查询各类旅游资讯，享受查询和预订一体化的便捷服务。

2. 新型游客体验终端

南京市旅游园林局的智慧旅游互动体验终端，广泛分布于南京的高星级酒店、代表性景区以及旅游咨询中心。终端的外形时尚、内容新颖、使用方便，启用 42 英寸彩色显示屏，通过这个触摸屏，游客可以全面地了解南京的旅游资源和各类资讯。同时，游客体验终端与官方网站和微博实现实时互动，为游客提供了更贴心、更快捷的信息服务。其中，“旅游快报”与南京旅游网同步更新，与旅游园林局的官方微博随时互动，用简洁精练的文字，每天更新播报最及时的旅游新闻；“畅游南京”精心推荐 A 级景区、文化主题线路和季节特色项目，每一处景区和项目都给出了门票、地址、电话、交通等基本资讯；“旅游贴士”是游客最全面的备忘录，收集了吃、住、行、游、购、娱这六大要素的实用资讯，也整理了旅途中最常用的各类电话和信息，给予最贴心的提醒和备忘。

3. 乡村旅游营销平台

游客登录南京市旅游园林局官方网站和下载手机客户端“南京游客助手”这一综合性网络营销平台，就能全面了解南京的乡村旅游信息。网页上按照各个旅游点所在的区进行了分类，便于游客根据方位和区特色进行查找和定位。如果游客点开每个旅游点，还能看到地址、电话、人均消费、营业时间、项目特色、旅游简介等乡村旅游的详细信息，并且有非常详细的交通路线指引、门头和标志性景观图片的展示。而网站的地图导览和手机“游客助手”上乡村旅游子栏目的一键导航功能，更是极大地减少了游客在到达途中的周折。如果游客点击预订栏目后的图标链接，还可以通过三大运营商的商户服务平台进行在线预订，最大优惠地享受消费打折。

4. 旅游执法 e 通

基于旅游行业管理的特征，尤其是旅游执法的需求，南京市旅游发展委员会开发设计“旅游执法 e 通”系统。借助移动通信网络和管理数据库的支持，“旅游执法e通”系统能够帮助旅游行业的管理人员通过智能手机现场查询旅游执法信息，现场采集数据。目前该系统包括查询检索导游、旅行社、政策法规、旅游星级饭店、旅游景点（包括农家乐）、旅游车辆、市区县旅游局、其他城市旅游执法大队（质监所）、各单位联系人等信息的功能，满足旅游主管部门随时掌握旅游体系信息的需求。

5. “智慧景区”试点

南京市确定玄武湖公园和红山森林动物园为智慧景区试点单位，游客进入景区后就可通过智能手机、景区体验触摸屏及Pad等各类体验终端，结合定位功能，实现智能化自助导览和查询服务。

6. “智慧旅游”中央管理平台

“智慧旅游”中央管理平台将南京市各主要景区的实时画面、车船客流等动态信息实时反映在管理者面前，管理部门可以方便、直观地了解整体运行状况，及时发现和处理各种问题。

第 5 章　北京智慧旅游建设的对策建议

“十二五”期间，北京智慧旅游建设取得了很多成果，这些成果对于北京建设国际一流旅游城市和智慧城市都起到了很好的促进作用。“十三五”期间，北京智慧旅游建设需要更多从游客需求角度出发，做好统筹规划，构建长效机制，形成可持续运营的智慧旅游体系，为北京旅游业发展奠定坚实的基础。

5.1　北京智慧旅游建设的策略

北京智慧旅游建设在世界城市总体目标的基础上，依靠智慧城市总体工程，广泛借鉴和吸收纽约、费城、东京等国外城市和上海市、天津市、四川省、武汉市、南京市等国内省市在智慧旅游建设中的有益经验，立足本市现状，调动全社会力量全面参与，走出一条“一个中心，二个基本点”的北京特色智慧旅游建设道路，即“以服务来（在）京游客为中心，以北京旅游业发展现状和国际化战略需求为基本点”，形成北京智慧旅游特色模式，并发挥辐射效应，为国内外其他城市提供借鉴。

5.1.1　北京智慧旅游建设的措施

北京智慧旅游建设的措施有：统筹规划，整合资源；政府引导，市场驱动；突出重点，分步实施；需求为主，确保实用；统一标准，资源共享。

1. 统筹规划，整合资源

北京智慧旅游的建设从顶层设计出发，规划先行。北京智慧旅游整体规划需要考虑城市基础设施建设、公共服务设施建设的进程，确保与全市政治、经济、社会、文化、自然等方面总体发展目标保持一致。

在规划中不仅要有整体性的战略规划，还要有详细的实施方案作为具体实行的指导，实施方案指导意见遵循“坚持指导方向方针，执行协调灵活”的原则。既有规定动作，又有自选动作，形成生动活泼的实施局面。

北京智慧旅游建设建立在原有的基础和现实需求的基础上，坚持走集约化发展道路，充分整合各方资源，实现在“数字旅游”基础上的质的飞跃。

2. 政府引导，市场驱动

北京智慧旅游的建设是其智慧城市整体建设的一部分，在建设实践中，旅游行政管理部门的定位是引导与监督角色，搭建旅游发展委员会与其他旅游关联部门的合作，尤其是经信委、公安局、安全局、商务委、文资办、社科联等智慧城市建设的政府主体部门，实现资源共享与共同发展。

政府在智慧旅游建设中起到引导与服务作用，借鉴欧美世界城市的做法，主要精力放在政策宣传、标准规范的制定和监督实施上。而具体建设实践交由市场去做，让企业成为智慧旅游建设的主力军，形成全社会共同参与的局面，整合内外部的资源，实现资源共享。

北京作为一个开放城市，其智慧旅游的服务对象除了政府、企业与旅游者三大主体之外，将旅游目的地居民也纳入范畴之内，即在智慧城市外延下，智慧旅游不仅能够为旅游者提供服务，还能使旅游管理与服务同旅游目的地的整体发展相融合，使政府、企业、旅游者、目的地居民和谐相处。

3. 突出重点，分步实施

北京智慧旅游建设涉及范围广，工作内容多，需要突出重点，有所侧重。具体到各区的智慧旅游建设，需要从其实际情况出发，结合游客需要和现有基础，抓住其旅游业发展的特点，因地制宜。在北京智慧旅游建设的任务中，分清哪些是需要迫切解决的问题，哪些是可以暂缓解决的问题；哪些是基础性建设项目，哪些是高端建设项目。分步分批分期实施。

4. 需求为主，确保实用

北京在推动智慧旅游发展的实践中，坚持“市场主导，需求为主”原则，挖掘和引导游客需求。智慧旅游面向各大应用主体构建应用系统，既需要满足应用主体自身的需求，也需要满足应用主体之间的交互需求。例如，智慧旅游既面向旅游者自身及旅游者之间的需求，又面向旅游者与政府之间、旅游者与企业之间以及旅游者与目的地居民之间的交互需求。

同时，各个区的旅游业发展情况不一，各有千秋。围绕游客的需求和本地旅游业的基础，有所为有所不为，以实用为根本，保证各个建设项目的有用性和适用性，杜绝千篇一律和资源浪费。

5. 统一标准，资源共享

目前，北京市旅游发展委员会已经出台了《北京智慧景区建设规范（试行)》《北京智慧饭店建设规范（试行)》《北京智慧旅行社建设规范（试行)》《北京智慧旅游乡村建设规范（试行)》四项标准规范，对于指导和规范北京智慧旅游的发展起到一定的积极作用，但是相对于北京智慧旅游的建设实践还不够，尤其是随着北京智慧旅游新业态的不断出现，一方面，标准体现还不够健全，另一方面，其适用性还有待提升。

另外，智慧旅游的建设非一朝一夕能够实现，也非罗列几个项目就能够完成。需要放眼长远发展，树立可持续发展的观念。重视搭建公共设施和网络、政企协作模式等基础性工作。

5.1.2 北京智慧旅游建设的策略

北京智慧旅游未来的发展需要着眼于世界城市的建设目标，满足不同应用对象的交互需求，实现首都“资源多样化、服务便利化、管理精细化、市场国际化”的目标。遵循“一条主线、一大抓手、三大体系”的建设策略(见图 5—1)。

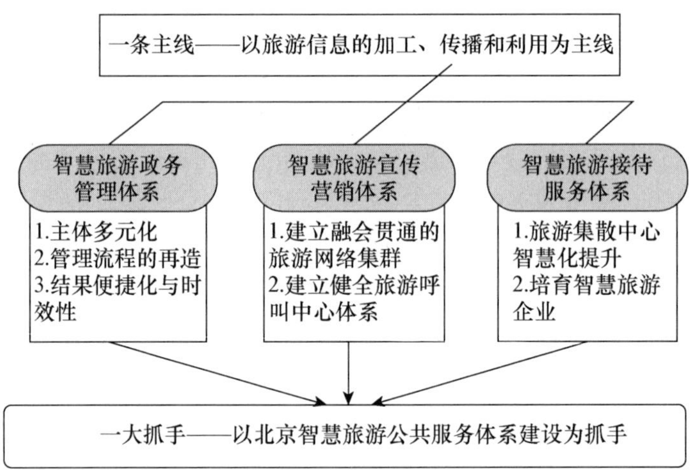

图 5—1 “一条主线、一大抓手、三大体系”北京智慧旅游建设策略

1. 一条主线——以旅游信息的加工、传播和利用为主线

区别于传统的以旅游供给为基点的旅游服务体系，智慧旅游服务体系站在旅游者角度，尤其是散客的视角，以旅游信息的加工、传播和利用为主线，

以满足旅游者的需求为最终目标。

以旅游信息的加工、传播和利用为主线来构建智慧旅游服务体系，就是以旅游者在旅游活动前、活动中、活动后所需的旅游信息的类型、途径、数量、质量等进行组织，保证其每个环节所需信息加工和供给的质量和效率；并延伸出更加丰富的旅游服务，实现资源统一调配、统一服务，形成一体化旅游服务体系。在出游前，旅游者需求旅游信息的目的主要是为其做出旅游抉择提供参考依据。因此，需要的信息量大、种类多、途径多样，但是对于精准度和及时性的要求不是特别高。在旅游过程中，围绕相关需求，智慧旅游服务体系需要为旅游者提供线上线下及时而精准的旅游及关联信息服务，同时加深对于旅游信息资源的综合利用，延长旅游信息服务产业链，无缝衔接旅游线下服务，提供全面而丰富的旅游服务。旅游后，实现平台公开化的游客体验分享、旅游档案建立、游客资源整理与利用等。

一是，旅游企业的信息服务采用“广渠道”的宣传营销。旅游企业是最主要的信息服务主体，其量最大、面最广。旅游中，旅游者已经做出旅游抉择，对于旅游信息需求的广度减弱、深度增强。精准性和及时性成为旅游信息需求的突出特征。因此，要求旅游企业提供的旅游信息获取便捷、及时、精准，通过线上与线下，借助各类旅游服务终端，方便游客各类信息的获取。旅游后，旅游者需要分享旅游心情，向别人提供旅游信息，信息输出的需求强烈，因此，构建旅游互动交流渠道成为重要一环。

二是，旅游监管部门的公共信息服务体系树立权威。游客获取到的信息纷繁复杂，面对海量的旅游信息，游客难以辨别真假，因此，游客在心理上和现实上都需要旅游政府发布一些权威性的信息，尤其是关键信息，如景区开放时间、票价、旅游投诉热线等。同时，旅游监管部门通过设立旅游集散中心，建设旅游微博、微信公众号，开发旅游App等移动终端等方式，实现面向散客的信息服务。

三是，游客生产信息成为旅游信息获取的重要来源之一。当前游客已经培养起来一种新的习惯，那就是形成对于其他游客在出游过程中的游记、攻略、点评等重要的旅游信息的依赖。因此，游客在旅游过程中扮演着信息加工与传播的主体之一。借助新媒体和社交网络资源，利用大众之间“自服务”的交互实现游客之间的实时互动与帮助。

以旅游信息的加工和传播为主线来构建智慧旅游服务体系，不仅将信息时代的成果与散客时代的需求结合起来，提升了旅游服务质量，提高了旅游满意度，而且从旅游者角度出发，涵盖旅游宣传营销与旅游接待服务的各个环节，形成完整的体系构架，有利于整合旅游资源，促进旅游业的全面协调发展。

2. 一大抓手——以北京智慧旅游公共服务体系建设为抓手

北京市智慧旅游城市建设要通过“统筹规划，整合资源；政府引导，市场驱动；突出重点，分步实施；需求为主，确保实用；统一标准，资源共享”等措施，争取在“十三五”期间实现以“为游客提供满意服务”为核心的旅游业转型升级。2012 年 1 月，北京市旅游发展委员会印发了《北京市旅游环境与公共服务体系三年建设指导意见》，确定了加快推进北京市旅游环境与公共服务建设工作，建立信息化、便捷化、规范化的北京市旅游环境与公共服务体系的目标。2012 年 5 月，北京市旅游发展委员会正式发布了《北京“智慧旅游”行动计划纲要（2012—2015）》，重点打造智慧旅游公共服务体系。智慧旅游公共服务的建设已经成为北京打造国际一流旅游城市的重要抓手和突破口。

北京智慧旅游公共服务体系的构建旨在借助技术手段实现整体旅游信息化水平的提升，从科技手段角度打造国际一流旅游城市。具体而言，就是实现旅游者旅游体验的简捷化、真实化、及时化，以适应越来越多的散客对于旅游信息需求提出的更高要求，即旅游信息获取的随时随地性、内容的全面性、服务的精准性和及时性，提高旅游者的满意度。围绕这一主题，旅游市场各主体（旅游者、旅游企业、旅游监管部门）的活动也出现运作流程的再造，即实现旅游者“傻瓜式”旅游、旅游企业“宽渠道式”营销、旅游监管部门“共享式”服务，从而带动整个旅游产业的革命性优化升级。

（1）构建北京智慧旅游公共信息服务云端。

当前，在散客占据市场主体的背景下，旅游公共信息服务显得尤为重要。如何让旅游活动更加透明化、立体化、互动化，让游客自己做主，都成为旅游公共信息服务需要解决的问题。智慧旅游利用云计算、物联网等新技术，通过互联网/移动互联网，借助便携的上网终端，主动感知旅游资源、旅游经济、旅游活动等方面的信息，达到及时发布、及时了解、及时安排和调整工作与计划，从而实现对各类旅游信息的智能感知和利用。① 就智慧旅游的实质而言，智慧旅游是旅游者个体在旅游活动过程中所接受的泛在化的旅游信息服务。② 旅游信息服务是对智慧旅游共同属性的概括，但并不是所有的旅游信息服务都是智慧旅游，只有那些为单个旅游者提供的、无处不在的旅游信息

① 见 http://baike.baidu.com/view/5217093.htm#sub5245680。

② 参见李云鹏等：《旅游信息服务视阈下的智慧旅游概念探讨》，载《旅游学刊》，2014（2），106～115 页。

服务，也就是基于旅游者个体特殊需求而主动提供的旅游信息服务，才算是智慧旅游。智慧旅游推动旅游资源与信息资源的深度融合与开发，并服务于游客、市民、旅游企业、政府管理部门等面向未来的新型旅游业态。

针对当前北京旅游公共信息量大、精准度不够高，旅游信息服务板块与媒体终端呈现孤立割据状态，联动性差等问题，基于云计算技术，构建北京智慧旅游公共信息服务云端成为迫切需要。云端以开放式旅游数据库为基础，实现传统的各个孤立的、封闭式的旅游数据库对云端开放，通过预留接口，搭建各类网络媒体信息流通的渠道和桥梁。也就是说，即使各媒体数据库不能融合，在云媒体整合平台上的各媒体数据库也可以实现间接融合（见图 5—2）。

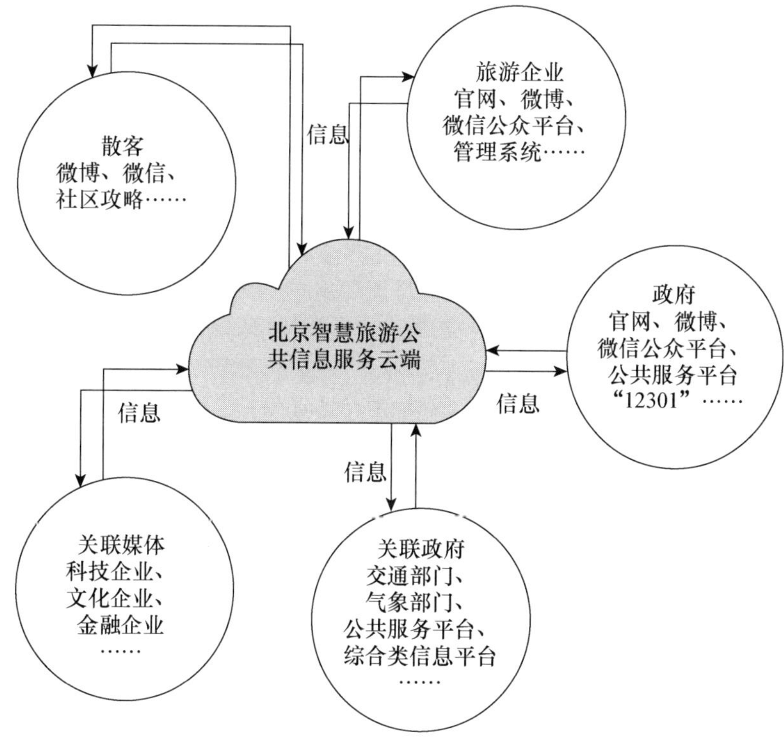

图 5—2　北京智慧旅游公共信息服务云端

北京智慧旅游公共信息服务云端的服务对象为散客、旅游企业以及政府。对于散客而言，北京智慧旅游公共信息服务云端为散客提供高质量的旅游信息服务，改变散客旅游信息获取模式；对于企业而言，北京智慧旅游公共信息服务云端优化旅游企业业务流程，提高企业效率；对于政府而言，北京智慧旅游公共信息服务云端帮助政府实现基于云端的管理智慧化，提高政府工作效率。

（2）构建基于新媒体的智慧旅游宣传营销体系。

国际形象的宣传营销成为国际一流旅游城市的重要组成部分，也是其一直以来投入最大的工作之一。2008年的奥运会让北京的国际认知度提到一个新的高度。北京市旅游发展委员会专设城市形象与市场推介处，负责组织北京市旅游整体形象的策划与推介，在主要客源国城市和地区设立旅游办事机构，组织旅游宣传品的制作与发放，负责外事工作。

随着网络时代的深度发展，旅游宣传营销的途径越来越多、速度越来越快。传统的报纸、电视、广播已经越来越被以微信、微博、App为代表的及时精准的新媒体取代，宣传营销的形式越来越多样化。

在新媒体使用快速普及的背景下，应构建基于新媒体的智慧旅游宣传营销体系。一方面开发内容完善、操作便捷的智慧旅游新媒体体系，尤其是微信公众号，实现营销广覆盖、多样化、多维化、针对性、联通式、节约式；另一方面选择合适的运营体系，实现旅游营销效果的持续性。具体操作起来有两种：

其一，基于新媒体的旅游信息推送系统：在用户允许的前提下，为游客提供位置服务，对游客获取信息的行为轨迹及支持环境进行分析，提炼其旅游偏好与消费习惯，实现旅游信息的精准营销和定制推荐。

其二，基于新媒体的前端旅游产品网络分销系统：借助用户智能终端实现面向散客的旅游产品宣传推介，对旅游信息自助推送进行补充。

总之，基于新媒体的智慧旅游宣传营销体系利用微博、微信、手机报、手机快讯、手机互联网站、App客户端等新媒体手段，搭建新媒体营销集群，增强游客智慧旅游应用互动体验，更能适应散客需求。

（3）利用智慧手段建设景区健康的生态系统。

国际一流旅游城市的建设都倡导绿色旅游、绿色消费、低碳节约，这也是智慧旅游倡导的重要理念。建设健康的景区生态系统，缓解景区接待压力，实现可持续发展，是当前北京景区的主要工作之一。搭建景区健康生态系统有利于利用智慧手段，缓解目前北京多数景区面临的景区拥堵问题，缓解景区超负荷运营状态。

首先，建立健全北京市A级景区在生态系统保护、信息化水平、游客接待量等方面的量化指标，并纳入北京市A级景区复核的考核内容，严格执行。

其次，在北京市旅游发展委员会的首都旅游产业运行监测调度中心、北京旅游产业信息资源系统、视频图像系统、旅游产业监测及预警系统、突发事件应急调度系统、北京智慧旅游公共服务平台等智慧旅游项目的基础上，采取联动机制，扩大景区的监控的覆盖面。同时，整合各个系统资源，实现相互之间的无缝连接和信息共享。

最后，以智慧颐和园为典型示范，发挥景区在智慧化生态系统建设中的积极性和主动性，为智慧景区建设提供必要的支持。

总之，利用科技手段，实现景区发展方式的变革，有效推动门票经济向综合性经济转型。

(4) 依托科技引导游客的合理消费习惯。

在世界城市的目标下，北京智慧旅游建设是一个需要长期坚持贯彻的举措。智慧旅游建设被定义为北京实现世界城市目标的必要条件和必经道路。

北京在打造国际一流旅游城市的过程中，需要积极引导游客，尤其是散客的消费习惯。改变旅游供给被动满足需求的状态，充分发挥智慧旅游宣传营销在主动引导游客消费中的作用。同时，注重智慧旅游体验馆的建设，利用旅游公共服务推广旅游体验。

智慧旅游的推广将提升游客在食、住、行、游、购、娱各个旅游环节中的附加值；帮助旅游者在旅游前、旅游中、旅游后的全过程都能够轻松地获取资讯、规划出行、预订票务、安排食宿、消费支出等，极大地改善旅游体验，延长旅游时间，引导游客合理消费。

3. 三大体系——智慧旅游政务管理体系、智慧旅游宣传营销体系、智慧旅游接待服务体系

旅游服务体系从旅游服务的内容出发，可以划分为旅游政务管理体系、旅游宣传营销体系和旅游接待服务体系，因而智慧旅游服务体系的构建可以从智慧旅游政务管理体系、智慧旅游宣传营销体系、智慧旅游接待服务体系三大子体系着手。

(1) 智慧旅游政务管理体系。

在北京智慧旅游建设过程中，各级旅游政府管理部门和各级关联政府管理部门之间的相互关系及其活动构成智慧旅游政务管理体系。

首先，在智慧旅游管理的主体上，明确北京智慧旅游政务管理体系的主体是旅游行政管理部门及其关联管理部门。从纽约、费城、东京等国际城市的智慧旅游建设中可以发现，旅游行政管理部门并不是智慧旅游建设的单独主体，很多方面都是其他关联部门参与。北京旅游行政管理部门是北京智慧旅游建设的引导和监督主体，借助政策标准、顶层设计实现对于智慧旅游的整体指引与监督。而北京旅游关联管理部门是北京旅游行政管理部门的力量补充，也是重要的旅游管理主体；北京智慧旅游是智慧城市的一部分，需要各关联部门的协作。旅游涉及很多公共服务的内容，需要全体组织部门共同履行好义务。

其次，在智慧旅游政务管理渠道和手段上，更多关注如何利用科技手段冲击传统固化管理思想，实现管理流程的再造。当前，北京市各个区已经基

本搭建了旅游政务网站，开通了旅游官方微博和旅游微信公众号。但是也存在一些区由于缺乏重视，或者资金、人力等保障因素不足，智慧政务尚未实现，尤其是内部办公和智慧监控指挥系统尚未搭建，不能满足旅游业管理的现实需要。智慧旅游政务管理一方面提升了北京区旅游行政管理部门的办公信息化、智慧化；另一方面，打破了旅游行政管理机构各部门之间及其与其他行政管理机构之间的沟通与合作障碍，强化交流，实现资源共享。

再次，在旅游政务管理的效果上，智慧旅游管理帮助政府实现管理过程的全控制，管理的条理化、全面化、便捷化，以最小的人力、时间投入实现管理效用的最大化。智慧旅游管理效用主要体现在两个方面：一是管理的时效性，根据事态的严重程度和例行程度对事件进行等级处理；二是管理的有效性，最直接的反馈是管理对象满意程度的提升。

（2）智慧旅游宣传营销体系。

旅游宣传营销体系既涉及旅游企业面向市场开展宣传营销，刺激旅游消费的全过程，也是旅游监督管理部门树立旅游形象的媒介，更是旅游者获取旅游信息的主要途径。智慧旅游宣传营销体系改变了传统单一、孤立的旅游宣传营销模式，建立起融会贯通的旅游网络集群，借助“三网融合”，将旅游推介会、旅游平面媒体营销、广播电视宣传等线下营销方式与线上营销方式结合起来，实现互惠互通。

首先，建立融会贯通的旅游网络集群。整合旅游目的地宣传营销和旅游企业网上营销，建立旅游营销“空中接口”体系，打造旅游门户网站（群），与国内外著名的旅游网络营销平台（如携程旅行网、去哪儿网、新浪旅游频道等）以及旅游目的地周边地区旅游资讯网实现对接，实现对客源目标市场的有效营销。同时，营销手段上，在传统的品牌营销、体验营销、事件营销、会议营销、影视营销等营销方式之外，不断创新网络营销的模式。

其次，建立健全旅游呼叫中心体系。将400旅游营销热线、12301旅游投诉热线、114和12580旅游资讯服务进行集成与整合，为游客提供优质的旅游声讯服务。整合旅游呼叫中心的信息资源，扩充资源的种类和覆盖面，提高信息和服务的质量。

再次，建设一体化游客信息识别体系。通过互联网、移动通信网络平台，系统收集游客信息，为针对客源地开展各种线上线下营销活动提供科学的数据支撑。

（3）智慧旅游接待服务体系。

智慧旅游接待服务体系着力实现旅游者实地旅游活动的接待服务的智慧化提升，与旅游宣传营销体系实现对接，为旅游者提供完善的服务。智慧旅游接待服务体系以旅游集散中心为起点，将智慧化建设融入旅游者食、住、行、游、购、娱的各个环节中去，实现旅游接待服务水平的整体提升。

目前，旅游集散中心仅仅为散客旅游者提供旅游信息咨询服务，受众面窄，服务效力不够明显，不能满足散客市场对于旅游产品需求的多样性。而智慧旅游接待服务体系下的旅游集散中心是要构建集旅游信息咨询中心、旅游交通换乘中心、旅游管理监控中心和旅游产品销售中心为一体的“四心一体”的综合性旅游集散中心，满足旅游者旅游咨询、旅游消费、旅游监督等各方面的需求。

在产业层面，推动智慧旅游公共服务建设，客观上需要培育一批智慧酒店、智慧景区等，形成完善的旅游接待服务体系，提升旅游服务质量。此外，智慧旅游接待服务体系的构建离不开智慧交通、智慧家居、智慧物流等智慧产业的支撑，因此，需要依托智慧城市的成果，实现全面发展。

5.1.3　北京智慧旅游建设的体系

北京智慧旅游建设在借鉴世界城市和国内其他省市智慧旅游有益成果的基础上，充分发挥已有优势，针对现存的问题与不足，从政府和企业两个重要主体出发，以面向游客的服务为中心，变零散的、孤立的北京智慧旅游建设为“政企—市区”纵横交错二分式体系，实现智慧旅游的整体提升（见图 5—3）。

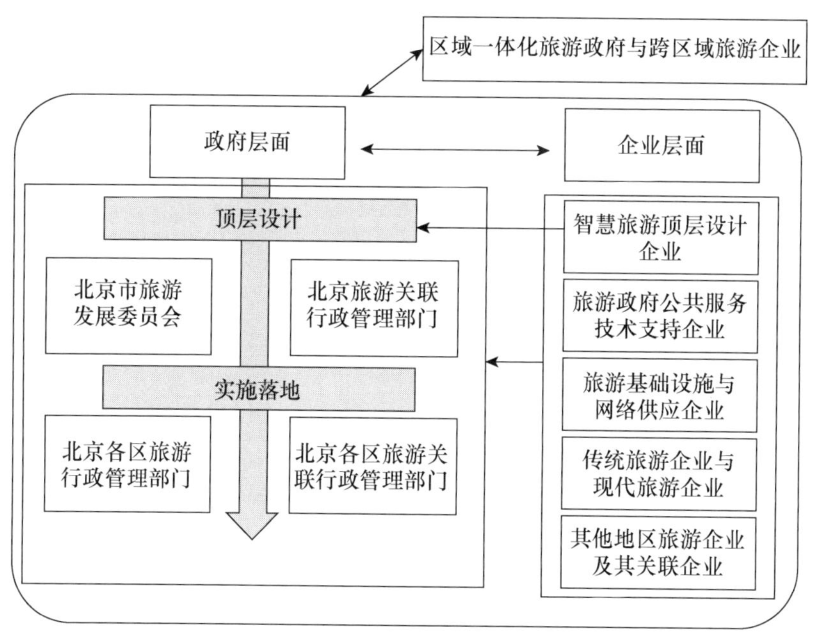

图 5—3　北京智慧旅游“政企—市区”纵横交错二分式体系

1. 政府智慧旅游构建体系

（1）横向——推进城市智能运行与智慧旅游建设的结合。

2012年，北京市发布《智慧北京行动纲要》，在信息基础设施提升、城市智能运行、政府整合服务、企业网络运营、市民数字生活、应用与产业对接、发展环境创新等方面都提出规划。

智慧北京的建设为北京智慧旅游的建设提供了基础和支撑。同时，北京智慧旅游作为其智慧城市发展的一部分，日益成为牵动整体发展的重要力量。

就实施主体而言，北京智慧旅游仅仅依靠北京市旅游发展委员会单方面力量不足以实现长远发展，还需要其他关联政府管理部门的支持。只有旅游行政管理部门及其他旅游管理部门各尽其责、协作共享，才能实现北京智慧旅游的整体可持续发展。

首先，旅游政府管理部门作为智慧旅游的牵头人和组织者，必须具备智慧旅游建设、运营以及服务开展的全程监管、优化和综合各种应用的能力，并通过积极有效的引导形成旅游的整体发展合力。政府层级主要涉及两项内容：一是编制智慧旅游建设纲要，从建设内容、组织计划、运营投资政策、技术规范、建设标准及服务准则等方面建立指导；这些统筹组织工作主要包括智慧旅游的整体规划、实施统筹、旅游行业需求整合、服务保障等。二是推动智慧旅游发展过程中的政府服务职能转变，通过旅游资讯宣传、旅游公共信息服务以及监控平台的建设，完善智慧旅游建设的后台服务。

在北京智慧旅游建设过程中，旅游发展委员会作为引导和监督主体，需要加强与北京市商务委、经信网、科技委、文化委、文资办、社科联等关联政府部门和组织的联系，而旅游关联部门也应将智慧旅游作为智慧城市建设的一部分，认识到自身在北京智慧旅游建设中的义务，加强横向沟通与协作，积极为智慧旅游的建设贡献力量。

（2）纵向——市级顶层设计与区落地模式。

北京智慧旅游建设是一个系统工程，是从顶层设计到实施落地的一整套的体系。顶层设计是市级层面旅游管理部门及关联部门的一项重要职责，也是区智慧旅游发展的目标和导向。而顶层设计只有实施落地才能实现效用，也才能转化成现实价值，在此过程中，需要借助各级政府与企业的力量，自上而下层层细化、层层落地。

智慧旅游顶层设计统筹全局，更多的是指引，而非硬性规定。北京市旅游发展委员会站在全市的角度，提出了北京智慧旅游发展的战略性规划与目标；而在区层面，由于各区现实基础与需求不同，区级的智慧旅游战略规划与目标需要充分考虑各个区旅游业发展的特点和现实基础，尊重区智慧旅游发展的差异化和层次化。

在智慧旅游实施落地方面，北京市旅游发展委员会需要：一方面树立典型示范，鼓励各区的突出亮点与创新，在全市各个区之间形成竞争机制；另一方面，从现实出发，注重切实解决各区在智慧旅游建设中的难题，推动智慧旅游稳步发展。

2. 企业智慧旅游构建体系

旅游业涉及游客食、住、行、游、购、娱各个方面，其最主要的供应主体为旅游企业。在建设智慧旅游的过程中，虽然领导层面是旅游政府管理部门，其主要定位为引导、监督、管理和部分参与的作用，但是具体实施主力一般为旅游企业，旅游企业不仅包括景区、酒店和旅行社等传统旅游企业，还包括新兴的在线旅游企业、智慧旅游企业等。值得一提的是，在文化科技大融合的背景下，更多的科技企业、关联企业和新兴业态也投身智慧旅游建设大军中，积极创新运作模式，丰富旅游产业链，吸引、刺激和引导游客需求。这其中有科技企业、文化创意企业、咨询企业、监制企业等。这些企业有传统的线下业务、现代的线上业务，也有线上线下相结合的业务。而且，游客在空间位移过程中孵化出更多基于移动端的创新企业和新业务，成为未来发展的新趋势。此外，在参与北京智慧旅游建设的企业中，不仅有本土企业，还有一些其他地区的企业，这也是北京智慧旅游发展不可或缺的重要推动力量。

在智慧旅游建设中，企业是中坚力量，是推动智慧旅游发展的主力军。参与北京智慧旅游建设的企业没有企业性质、地域、规模等方面的限制，一切可以利用的资源都应该成为北京智慧旅游建设的参与主体，正是这些力量促成了北京智慧旅游的落地。

5.1.4　北京智慧旅游建设的模式

当前，造成北京旅游体验度和游客满意度不高的一个重要原因是建设模式不够健全。未来，北京智慧旅游建设模式将着眼于“设立和扩大智慧旅游基金，加强政府牵引力量；利用‘PPP＋O2O’模式，实现政企合作与共赢；培育大型企业，扩大亮点，带动发展”三个角度，提升北京旅游产业的规范性、活力和有效性。

其一，设立和扩大智慧旅游基金，加强政府在智慧旅游建设中的牵引力。

2012年，首期规模10亿元的北京市旅游产业发展促进基金已经完成签约，基金中用于北京地区旅游产业的比例高于8成，预计4～5年带动100亿元社会投资。[①] 智慧旅游基金的设立和利用为政企合作创造新的形式，通过“政府资金＋企业资金＝智慧旅游基金”模式的利用，改变政府专项资金“撒盐式”投入而导致的效果不明显的现状，利用政府资金撬动社会资金，实现智慧旅游的市场化运作，加强政府在智慧旅游建设中的牵引力。

其二，采用“PPP＋O2O”模式，提高企业参与程度，实现政企合作共赢。

在北京智慧旅游建设过程中，不仅需要依靠政府的力量，还要积极借助企业力量，而企业才是建设主体。在提高企业参与程度这一点上，民营企业的力量不容忽视，因此，智慧旅游的建设需要采取PPP的运作模式。所谓PPP模式（Public-Private-Partnership），是指政府与私人组织之间，为了合作建设城市基础设施项目，或是为了提供某种公共物品和服务，以特许权协议为基础，彼此之间形成一种伙伴式的合作关系，并通过签署合同来明确双方的权利和义务，以确保合作的顺利完成，最终使合作各方达到比预期单独行动更为有利的结果。[②]

在北京智慧旅游建设中，政府解决与市场的接轨问题，必须要有新的政企合作机制，PPP模式为北京智慧旅游建设提供了方向，而以游客需求为主线的O2O模式则提供了具体操作手段。北京智慧旅游围绕打造“一条主线、一大抓手、三大体系”的建设策略，以游客需求为主线，通过“游客线上提出需求—旅游企业后台比价—旅游企业前台给出选择—游客决策—游客确定与订单交易—旅游咨询服务站定制化接待服务”的过程，实现线上与线下的结合、政府与企业的合作（见图5—4）。

北京智慧旅游建设与智慧城市建设的原则相一致，都是立足现实资源，充分挖掘已有资源的优势，尽可能与现有资源对接。借助智慧旅游建设，北京市旅游发展委员会一方面可以与大的旅游互联网公司合作，实现O2O模式；另一方面，北京市旅游发展委员会的347个咨询站资源通过与线上信息服务相结合，实现PPP模式。

其三，培育大型智慧旅游企业，扩大亮点，带动发展。

随着市场的发展，北京市旅游发展委员会积极培育和发展出一些在智慧

---

① 参见《北京建立十亿旅游产业基金5年带动100亿元社会投资》，见http://www.btcbd.com/Tourism/2012/78151.html。

② 见http://baike.haosou.com/doc/5498035.html。

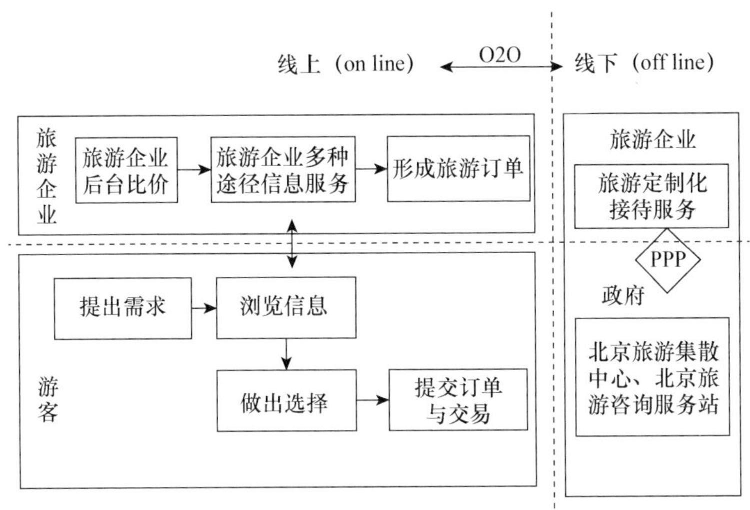

图 5—4　北京智慧旅游建设的"PPP＋O2O"模式

旅游建设方面发挥巨大作用的超大企业，打造自己的企业名牌。

北京智慧旅游建设在调动企业力量的同时，积极营造市场创新氛围，利用大企业投资形成智慧旅游亮点，带动整体发展。例如，借鉴万达模式，借助移动终端为游客提供一站式服务，调动社会各方面的资源，带动产业发展，形成新业态，提升旅游产品的品质和游客的舒适度，使旅游产品内涵更加丰富。

5.1.5　北京智慧旅游建设的任务

2015 年是北京旅游业"十二五"规划和《北京"智慧旅游"行动计划纲要（2012—2015）》的收官一年，同时也是北京旅游业"十三五"规划和下一步智慧旅游建设规划的酝酿阶段。既要看到北京智慧旅游建设已经取得的成绩，在这些基础与支撑之上实现智慧旅游的下一阶段提升，同时也不能忽视在建设过程中存在的问题与不足、遇到的阻碍，应着眼世界与未来，立足现状与现实，明确北京智慧旅游建设的阶段性任务。

1. 北京智慧旅游建设的阶段性划分

北京将建设世界城市作为发展目标。北京世界城市的目标主要分三个阶段实现：首先，北京将在全国率先基本实现现代化，构成现代国际城市的基本构架；到 2020 年左右，力争全面实现现代化，确立具有鲜明特色的现代国际城市地位；最后到 2050 年左右，建设成为经济、社会、生态全面协调可持续发展的城市，并进入世界城市行列。

在世界城市背景下，按照智慧旅游发展程度划分，北京智慧旅游建设可以划分为四个阶段（见图 5—5）：

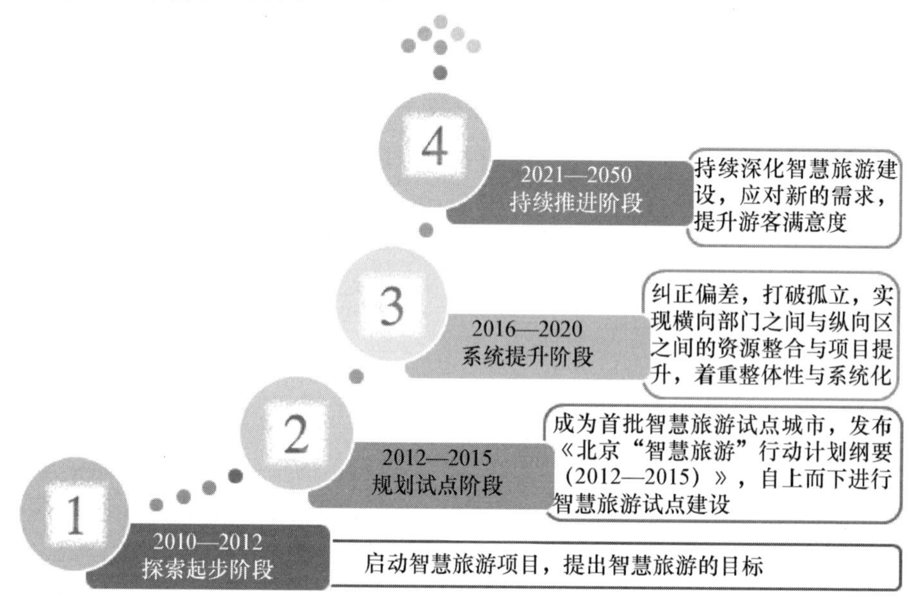

图 5—5　北京智慧旅游的四个发展阶段

第一阶段（2010—2012 年）：2010 年，北京市旅游发展委员会正式启动智慧旅游建设工程，确定以“智慧北京便利旅游”为目标，拟定了 3 年时间需要达到的目标。第一阶段是北京智慧旅游的起步阶段。智慧旅游是新兴事物，由于缺乏对其的认识，北京智慧旅游建设处于探索与试水阶段。

第二阶段（2012—2015 年）：2012 年，北京市旅游发展委员会正式发布了《北京“智慧旅游”行动计划纲要（2012—2015)》，作为指导北京市智慧旅游建设的整体方案，构成智慧旅游建设的顶层设计，标志着北京智慧旅游步入正式规划与落实阶段。在此阶段，北京智慧旅游建设自上而下贯彻，各级旅游行政管理部门作为本区域智慧旅游的主导者，借助企业力量进行智慧旅游的试点示范。

第三阶段（2016—2020 年）：在北京城市发展和旅游业发展的“十三五”时期，北京智慧旅游走上了质量提升的阶段。主要工作集中在智慧旅游前期工作的整理、存在问题的纠正和不足的完善上，实现智慧旅游本质的回归，即立足游客需求，注重各应用的融会贯通和资源的共享，实现智慧旅游的系统提升。

第四阶段（2021—2050年）：与世界城市整体目标一致，北京智慧旅游建设走到第四阶段，即持续深化发展时期，随着社会经济发展真正实现智慧旅游。

2. 北京智慧旅游建设的当前阶段的主要任务

北京智慧旅游建设的各个阶段性任务都建设在北京城市整体发展的基础之上，以北京的经济、社会、文化、科技等要素的发展为依托，借助智慧城市的支撑平台，实现旅游业整体快速发展。2015年是《北京“智慧旅游”行动计划纲要（2012—2015）》的收官之年，也是北京智慧旅游进入第三阶段（智慧旅游提升与完善阶段）的准备之年，当时的主要任务除了继续完成规划之外，还需要针对当前存在的主要问题与不足，摆正与明确智慧旅游建设的方向，优化智慧旅游建设的模式，实现各类资源的整合与融会贯通，树立智慧旅游的评价指标，实现智慧旅游的持续发展。具体而言，北京智慧旅游建设的阶段性任务主要从“体制机制、顶层设计、考核标准、产业融合、持续改进”方面实现对于旅游业的提升，包括以下任务：

（1）优化智慧旅游建设体制机制。

“孤立零散”是北京智慧旅游建设当前存在的突出问题之一，要改变这种现状，首先需要变革和优化体制机制。

首先，向旅游关联部门和企业持续宣传和普及智慧旅游建设的必要性和积极意义，摆正并加深其对智慧旅游建设的认识，调动各主体的积极性，使其全面参与智慧旅游建设。

其次，在建设体制上，横向加强旅游管理部门与关联部门的协作，纵向打破各区之间的合作障碍。

北京智慧旅游建设不仅依靠旅游管理部门，还需要关联部门的协作，当前这种协作体现得并不是非常突出。需要加强政府之间的关联、合作、配合，在资源共享上合理化利益分配。未来北京智慧旅游将在两个方面优化协作：一方面，扩大协作的广度，提升旅游关联部门对于智慧旅游的重视程度，刺激其参与智慧旅游建设，尤其在一些跨领域、跨部门的业务方面开展合作，将零散项目串联起来，形成全面协作模式。另一方面，加深协作的深度，创新协作模式。因此，加强旅游与关联部门的协作需要：一是帮助关联部门加强对于智慧旅游的重视，采取多种途径和手段实现无障碍沟通，在安全状态下实现资源共享，实现全方位、系统化的协作模式的构建。二是将智慧旅游建设置于智慧城市整体建设中，实现二者的有机结合。

智慧旅游是智慧城市的一部分，以智慧城市为基础和支撑。北京智慧城市建设起步比智慧旅游早一些，在管理机制、公共服务、关联产业等方面为智慧旅游建设提供了条件和要素支持。例如，城市网格化管理与智慧景区相结合，网格化管理即采用精细化的单元网格化管理办法，依托统一的数字化管理平台，建立起监督和处置互相分离的管理模式。在智慧景区建设过程中，运用网格化管理理念，结合可量测实景影像技术，再造景区精细化管理流程，可以实现对景区基本维护、突发事件应对以及游客流量监控等方面的管理。如九寨沟景区打造了我国第一个网格化管理景区，搭建了智能化管理与服务平台，将景区分成若干个网格，让每个网格都有专人负责，并开发了“景管通”手机，在景区智能化管理与服务中心可以监测到整个景区各景点的基本情况及突发事件等，便于及时处理，为九寨沟景区的长效、高效管理提供了支撑平台。

北京的城市网格化管理模式已经相对成熟，全市基本上实现了社区级别的网格化管理，因此，北京在智慧景区的建设中可以与北京的网格化城市管理相结合，尤其是一些面积比较大或者游客流量大的景区。利用网格化管理一方面有利于对游客实现实时动态监控，及时处置突发事件，维护游客安全；另一方面，网格化管理有利于旅游统计数据的收集，保证数据的准确性，为预测与研究提供材料。

再次，政府任务从主导转到监管，吸引各类企业积极参与，智慧旅游公共服务与智慧旅游产业化建设并重。从纽约、费城、东京等世界城市的智慧旅游建设经验中可以看出，智慧旅游建设的突出特点之一就是旅游企业以及关联企业在智慧旅游建设过程中承担着智慧旅游落地的重任，成为智慧旅游建设的主力军。随着智慧旅游建设热潮的兴起，北京旅游及管理部门将把主要精力放在智慧旅游的引导、规划、支持、规范和考核上，而通过给予企业优惠政策等措施，进一步提升企业参与建设的积极性，根据现实需求和旅游业发展趋势发展智慧旅游产业，形成智慧旅游公共服务与智慧旅游产业化建设并重发展的良好局面。

（2）树立长远发展理念，做好长期愿景。

北京智慧旅游是一个持续的发展过程，并不是仅仅停留在 2014 年“智慧旅游年”，也不会因为 2015 年“十二五”规划结束而终止，而是随着科技进步、社会发展、散客需求增长得以长远发展。因此，应消除“北京智慧旅游只是一时兴起、一时热”的错误理念，树立长远发展的理念，做好长期愿景，增强各方主体建设的信心。树立长远发展理念，需要落实到北京智慧旅游顶层设计中，明确发展的指导思想、阶段性目标、建设策略与原则、建设重点与难点、发展步骤等方面的内容。

（3）推进智慧旅游考核标准体系建设。

虽然北京在智慧旅游建设过程中关注到了标准化问题，也于2012年5月正式发布了《北京"智慧旅游"行动计划纲要（2012—2015）》和"智慧景区""智慧饭店""智慧旅行社""智慧旅游乡村"四个建设规范和详细的评分准则，但是这四个标准规范和评分标准的制定遵循《星级酒店评定标准》《A级旅游景区评定标准》《A级旅游景区的评定细则》等标准规范的思路，缺乏对智慧旅游特殊性的凸显，而且在区智慧旅游建设过程中的指导意义也并不明显。

缺乏针对性的考核指标成为目前智慧建设的主要牵制性因素之一。具体表现在以下几个方面：首先，建设存在一定的盲目性，对建设方向把控能力不强。其次，建设存在"政出多门"现象，统筹能力偏弱。再次，建设对可持续发展问题考虑不足，缺乏长效运营机制。总之，北京智慧旅游建设标准体系的不健全导致其智慧旅游建设成果的评价缺乏有效支持，不利于智慧旅游的继续开展。因此，推动北京智慧旅游形成一个权威性、标准化、针对性、全面性、指导性强的智慧旅游建设评价标准体系成为当务之急。此评价标准体系可以由一些分支体系共同构成，在一些规定动作的基础上，充分尊重各个主体的自主性和创新性，体现鼓励性原则。

从定性（有无）和定量（程度）两个方面进行详细的智慧旅游评价体系搭建工作，具体可以从规划的标准化、建设的标准化和服务（效果）的标准化三个部分的内容入手，多方参与评价，核定权重，不仅能够为北京各个区智慧旅游建设的效果评估提供依据，而且帮助北京市智慧旅游建设形成全国试点，发挥示范效用。

在北京智慧旅游的评价指标中，加入游客满意度内容，将游客满意度放在政府公共服务绩效的考核体系中，真正做到以效果评价政绩。

（4）应用新技术，关注新趋势，加强产业融合，延长游客停留时间，增加旅游消费。

当前，进京游客的平均停留天数是：国内游客6天，国外客人3.5天。智慧旅游的建设有利于进一步延长来京游客的停留天数，吸引更多的国内外游客，促进国内旅游和入境旅游的发展，提升游客满意度，实现北京国际化的发展目标，

采取建设一些基金、投资公司等形式。通过驻场演出（让游客住一晚上、看一场演出）、公园全部免费等形式使文化与旅游融合。促进北京旅游消费水平的进一步提升，实现游客消费的综合化，延长旅游产业链，带动和孵化关联产业。尤其注重在关联产业化中，将旅游、文化、科技、金融"四位一体"进行结合。

旅游企业积极应用新技术，寻找市场空白点，广泛应用诸如移动的手机信号、二维码、NFC等新技术。未来关注两个发展趋势：一是移动，实现游客随时随地各取所需；二是智能化，实现旅游终端操作方便、简单。

（5）依托旅游发展与旅游政策，持续推动北京智慧旅游深入发展。

2013年北京旅游总接待量达2.52亿人次，比上年增长9.0%；实现旅游总收入3 963.2亿元，同比增长9.3%，旅游业呈现出持续稳定的发展增长态势。未来，在宏观环境稳定和微观散客需求增长的双重刺激下，北京旅游业发展前景看好，这也为北京智慧旅游的建设创造良好的环境。

2014年8月，国务院印发《关于促进旅游业改革发展的若干意见》（简称《意见》）。《意见》中明确提出，要“制定旅游信息化标准，加快智慧景区、智慧旅游企业建设，完善旅游信息服务体系”。这是对2014年国家旅游局提出“智慧旅游年”主题的充分肯定，为旅游业的信息化和智慧化建设提供了政策保障。在此良好的政策背景下，继续优化北京智慧旅游建设的政策环境，制定和细化相关政策措施，能够为北京顺利开展下一步智慧旅游建设奠定政治基础和制度环境。因此，首先，在政策上非常需要为智慧旅游指引方向。

其次，合理有序推进后续阶段的智慧旅游建设。智慧旅游建设必然是一个波浪式前进和螺旋式发展的过程，在三年到五年的时间里，要经历从有到多、从多到全、从全到通等阶段。在当前及以后的一段时间，北京智慧旅游的建设仍需要大规模的投资，而政府需要持续关注与贯彻智慧旅游规划，避免盲目建设，保证合理有序地推动智慧旅游的各项建设，才能提升公共服务的智慧化和旅游企业服务的智慧化。

5.2 构建以北京为中心的区域智慧旅游运营体系

构建以北京为中心的区域智慧旅游运营体系，充分利用和整合北京以及周边城市智慧旅游建设的资源和成果，突出发挥北京在整个体系中的主导牵引地位和作用，尤其是北京市旅游发展委员会的首都旅游协调与区域合作处在各个中心构建中的作用，最终形成一个“六位一体”的运营体系。

5.2.1 构建一个云服务中心

北京智慧旅游云服务中心的建设，可以实现北京市、天津市、河北省、山西省、内蒙古自治区、辽宁省、山东省、河南省、陕西省等地区之间的旅游信息互换和共享，为京津冀旅游一体化搭建平台。区域内各城市将已有的智慧旅游政策规定、标准规范、旅游企业信息、项目信息、成果展示等上传到云服务平台进行存储与权限内共享，由专业的云服务中心运维。这样做有如下好处：第一，能够节省智慧旅游建设的成本，削减开支。第二，能够实现专业化运维，保证信息的时效性和系统的正常运转。第三，能够实现跨区域、跨领域的信息交流与资源共享，实现共赢。

5.2.2　构建一个协同创新中心

在北京市旅游发展委员会的领导和带动下，构建一个智慧旅游协同创新中心，中心成员包括区域城市各级旅游发展委员会、智慧旅游企业、中介组织、科研机构、高校、信息通讯技术企业、电信运营商、智慧旅游服务公司等各方力量。依靠中心的力量引导和推进新技术在旅游业中的融合应用以及创新商业模式之间的合作。

智慧旅游协同创新中心是一个相对独立的组织和机构，扮演着整个区域内智慧旅游中介组织的角色，其主要职责是促进区域智慧旅游协同发展，促进区域内智慧旅游企业之间的合作和旅游企业与其他企业之间的融合发展，协同区域内智慧旅游发展研究课题的调研工作等。

协同创新中心的主要运作机制是采取举办峰会、商务洽谈会、主题座谈会等多种形式。为保证协同创新中心的持续发展，会议须定期举办，形成品牌。

5.2.3　构建一个 A 级景区协调预警中心

“十一黄金周”景区客流拥堵、人满为患的现象屡屡发生，并非个别现象，令游客苦不堪言，影响游客满意度的同时，景区的形象也大打折扣。为什么会造成客游量远远高出景区的接待能力的现象？一个原因是景区认识存在偏差，只求经济效益，缺乏环境保护意识；另一个原因就是存在着预警缺失。

应对区域内“十一黄金周”景区拥堵现象，须加强旅游旺季，尤其是黄金周的景区安全与客流量预警，需要建立以北京为中心的大区域 A 级景区协调预警中心。在区域内各个省市原有的设施设备和预警机制基础之上，在北京建立统一的旅游安全应急指挥中心，对重点景区景点进行直接联合指导。

实现区域内的 A 级景区安全监控设备的对接，统一监管。实现区域内的 A 级景区预警机制的联动，实现统一协调。实现区域内的 A 级景区安全预警、客流分析与应急解决方案上传云服务中心，资源共享。

5.2.4　构建泛在化移动终端业务运营中心

目前，移动应用已经成为智慧旅游各个领域开发的重点，也更加成为一些智慧旅游企业未来业务拓展的重要领域。目前，旅游应用软件层出不穷，纷繁复杂。一些城市将基于智能手机的旅游软件作为智慧旅游建设的亮点，例如，新昌、杭州、福州、洛阳、南京、日照等不仅开发了智能手机的地图导航、景点介绍、语音导航、旅游资讯、行程规划、自助停车等旅游服务，还不断扩充金融服务、便民服务等其他综合类服务，力争实现一部手机玩转一座城市的目标。涉及北京市以及周边省市的旅游移动软件也比较丰富，主要有北京旅游、途途导游北京旅游、北京 Touchchina、北京旅游攻略等（见图 5—6、图 5—7、图 5—8、图 5—9）。

图 5—6　北京旅游

图 5—7　途途导游北京旅游

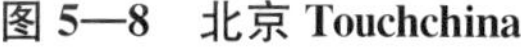
图 5—8　北京 Touchchina

图 5—9　北京旅游攻略

同时，北京还有一些针对某一景点（例如，颐和园、圆明园、故宫、北京大学等）或者单项旅游特色产品（北京小吃）的智慧旅游移动应用（见图 5—10、图 5—11）。

图 5—10　北京大学旅游导览

图 5—11　北京小吃旅游攻略

当前，绝大部分旅游移动应用定位于单独城市，区域性的智慧旅游移动应用产品还不够丰富。北京与周边省市作为一个整体的移动终端应用软件相对空白，不能满足游客长线旅游的需要，游客需要每到一个城市重新下载应用软件，增加劳动力。同时，各个城市独立开发旅游移动应用软件易造成雷同，缺乏创意的同时造成重复建设、资源浪费。

构建泛在化移动终端业务运营中心需要开发涵盖整个区域旅游资源介绍和旅游服务的智慧旅游移动应用，以手机为主要媒介，兼顾其他移动终端。在开发软件的同时，充分利用现有的资源，将原有的各个省市的主要移动应用作为大区域旅游移动终端的子应用整合至子页面中去。游客可以实现一次性下载，多次利用。以北京为中心，实现整个区域一体化、单个城市详尽化、运营管理集中化、服务内容个性化的泛在化移动终端业务运营中心。

另外，在移动终端业务的操作手段上，建立一些微博账号、微信公众号，充分借助已有的途径和手段，实现多样化的资源整合与利用。

5.2.5　构建大数据交换与决策中心

大数据技术描述了一种新一代的技术及其架构，通过高速捕获、发现和分析技术，从不同种类的超大规模数据中提取价值。大数据之大，并不仅仅在于其容量之大，更多的意义在于，人类可以“分析和使用”的数据在大量增加，通过这些数据集的交换、整合和分析，从而发现新的知识，创造新的价值，知识的边界在不断延伸。

当前，旅游环境、旅游业务、旅游者的信息量在膨胀（爆炸）式地增长，而这些数据以不同的形式、不同的渠道呈现出来：有的来自物联网传感器的数字信息；有的呈现出碎片化，散落在微博、微信、个人博客空间、论坛中；有的集中于网络预订、网络营销数据，以及旅游消费者的偏好、习惯、需求信息、旅游体验及分享方面，甚至越来越多地表现在旅行路径中智能手机的搜索和攻略等信息消费中。在数据获取方式上有动态的实时数据和静态的非实时数据等，数据载体上则主要表现为图片、视频、声音、文字等。

构建大数据交换与决策中心对于每个区域智慧旅游的发展都非常重要，对于以北京为中心的智慧旅游运营中心也是一样。大数据无疑具有巨大的发展潜力，很多旅游管理部门和企业经过多年的积淀已获得了海量的数据。借助数据挖掘技术，有效分析数据、使用数据，将零散的海量数据收集起来，将信息数据转化为信息知识，使游客、旅游管理部门和旅游企业真正从大数据中受益，是旅游界关注的重要问题之一。

构建大数据交换与决策中心，将旅游者的行为、习惯、偏好等信息以数字化的方式呈现出来。各旅游相关企业通过使用数据挖掘技术，将大数据信息转化为知识，用于旅游市场预测、战略规划、数据统计、市场信息分析、产品设计、营销策略、服务提升等方面，快速地优化整体广告预算、管理顾客关系和忠诚度营销。

同时，还需要注意在海量旅游数据背后要保证游客的隐私，这是应用大数据的前提。需要注意数据收集积累，特别是有效数据的多渠道收集积累，保证数据截面的完整性、准确性、有效性；关注已经作为旅游信息和旅游服务门户的移动终端所形成的数据积累；旅游管理部门要加强与数据分析处理公司的合作，使现有数据发挥其最大化的价值，同时，进一步规范和完善数据持续采集、更新的体制。

5.2.6　构建新媒体整合营销传播中心

新媒体凭借其在旅游宣传营销中的重要地位和突出作用，已成为旅游目的地和旅游企业关注的重点，极大地丰富了网络营销的内涵。新媒体主要是指在新的技术支撑体系下出现的媒体形态，如数字杂志、数字报纸、数字广播、手机短信、移动电视、网络、桌面视窗、数字电视、数字电影、触摸媒体等。相对于报刊、户外、广播、电视四大传统意义上的媒体，新媒体被形象地称为“第五媒体”。① 新媒体拥有丰富广泛的受众群体、特征明显的目标群体、便捷及时的信息传递速度，这些特征符合旅游业发展的需求，新媒体已经成为旅游业不可或缺的宣传渠道。

北京市是全国信息接触和传播的前沿城市，拥有良好的受众基础和传播基础。应以北京为中心树立一个大区域智慧旅游形象，利用新媒体开展联合宣传营销。在北京建立统一营销管理机构，新媒体整合营销传播中心由区域内各省市的旅游宣传部门组成，北京市旅游发展委员会的首都旅游协调与区域合作处领导。充分利用微博、微信公众号等 SNS 媒介以及网络直播、微电影等各类网络新技术资源。

在宣传营销的方式方法中，可以结合区域内各省市旅游资源的特色和发展需求，提供多样化的宣传方法。例如新闻资讯形式，旅游城市在营销策划中，抓住新闻点，将网络跟广播、电视、报纸等媒体“相提并论”，通过新闻发稿、媒体采风等活动，进行网络传播。同时，根据网络的特点，在传播过

① 见 http://baike.so.com/doc/5389242.html#5389242-5625822-0。

程中注重发稿的数量与质量、重点位置推荐、看评论与点评及新媒体收录量。还可以通过网络媒体传播热门概念，通过网络媒体炒作热点事件，借助名人进行网络营销推广等。

另外要注重的一点是在新媒体上与游客的互动。与游客互动能够增强游客的满意度和忠诚度。可以用大额现金或免费旅游作为奖品，激发网友参与积极性；或者用有趣的游戏吸引网友积极参与互动等。目标效果放在整体性上，充分整合周边城市建设智慧旅游的优势，建立协同运作机制。

参考文献

[1] 李云鹏，黄超. 智慧旅游建设评价标准研究——以北京市东城区为例. 旅游规划与设计，2014 (1)

[2] 李云鹏，晁夕，沈华玉. 智慧旅游——从旅游信息化到旅游智慧化. 北京：中国旅游出版社，2013

[3] 李云鹏，胡中州，黄超，段莉琼. 旅游信息服务视阈下的智慧旅游概念探讨. 旅游学刊，2014 (2)

[4] 张凌云，黎巎，刘敏. 智慧旅游的基本概念与理论体系. 旅游学刊，2012 (5)

[5] 姚国章，陈菲，周晓平，周冰倩. 智慧旅游的评价体系研究. 中国商贸，2013 (20)

[6] 刘利宁. 智慧旅游评价指标体系研究. 科技管理研究，2013 (6)

[7] 张熙物. 智慧旅游与标准体系建设的研究——以武夷山旅游为例. 质量技术监督研究，2014 (1)

[8] 刘发军，赵明丽. 智慧旅游标准体系建设研究. 信息技术与标准化，2013 (8)

[9] 崔婧. 朝阳区智慧谋变. 中国经济和信息化，2012 (5)

[10] 金波. 浅谈智慧景区标准化建设. 中国标准化，2014 (3)

[11] 北京市海淀区旅游发展委员会. 北京海淀旅游发展报告 (2013～2014)

[12] 携程提出四大智慧旅游体系，http://it. sohu. com/20120423/n341386157. shtml

[13] 智慧朝阳在行动. 中国信息化，http://www. ichina. net. cn/Html/2012/SmarterGovernment/21071. html

[14] 朝阳将创建 64 个"智慧社区"推进信息化生活. 首都文明网，http://www. bjwmb. gov. cn/xxgk/wmcj/t20130424_516623. htm

[15] 朝阳旅游信息网，http://travel. bjchy. com. cn/travel/index. htm

[16] 朝阳社区打造电商平台20分钟免费送货上门. 北京青年报，2014-05-30

[17]“智慧旅游”服务软件投入使用. 北京朝阳文化创意产业网，http://www.chycci.gov.cn/news.aspx?id=4314；http://www.bjta.gov.cn/xxgk/zcwj/xybz/351024.htm

[18] 大悦城酝酿O2O截流大招：数据锻造生态链. 亿邦动力网，http://www.ebrun.com/20140109/89503.shtml

[19] 朝阳大悦城2013销售突破21亿 转型、探路体验式、做大数据显效. 赢商网，http://news.winshang.com/news-211297-2.html

[20]“智慧朝阳服务网”年底上线. 北京晚报，2013-11-20

[21] 杨大海. 推进大连智慧城市建设的对策探讨. 大连干部学刊，2012 (10)

[22] 中华人民共和国国家旅游局信息中心. 中国旅游信息化发展报告(2012)，2013

[23] 路琨. 智慧城市规划与部署. 2013年中国智慧城市年会，2013

[24] 邓贤峰，张晓海. 南京市“智慧旅游”总体架构研究. 旅游论坛，2012，9 (5)

[25] 解读《促进旅游业改革发展意见》智慧旅游时代已经到来，http://fashion.ifeng.com/travel/news/special/guowuyuan1/

[26] 杭州黄龙饭店：细节体现智慧，http://zj.sina.com.cn/news/zhzx/2013-01-29/162255283.html

[27] バス車内でのWi-Fiサービス利用. 東京都交通局，http://www.kotsu.metro.tokyo.jp/bus/kanren/wi-fi.html

[28] 駅での無線LANサービス. JR東日本，http://www.jreast.co.jp/musenlan/

[29] 田冠华. 公交客流量监测车载终端的设计与实现. 大连理工大学硕士学位论文，2006

[30] 平成12年度運輸白書. 日本国土交通省，http://www.mlit.go.jp/hakusyo/transport/heisei12/index.htm

[31] 明瑞利，叶霞飞. 东京地铁与郊区铁路直通运营的相关问题研究. 同济大学道路与交通工程教育部重点实验室，2011

[32] 日本SOFTBANK移动运营商，http://www.softbank.jp/

[33] 东京观光官方网站，http://www.gotokyo.org/cn/index.html

[34] 百度百科—世界城市，http://baike.baidu.com/view/256612.

htm?from_id=11195939&type=syn&fromtitle=世界城市 &fr=aladdin

［35］赵弘. 城市病及北京“城市病”的主要表现，http://www.71.cn/2014/1019/784657.shtml

［36］北京市国民经济和社会发展的第十二个五年规划纲要

［37］丁向阳. 构建国际一流旅游城市，迈出向“世界城市”行进的第步，http://www.china.com.cn/travel/txt/2010-05/26/content_20121206.htm

附录 《北京“智慧旅游”行动计划纲要（2012—2015）》

为贯彻落实《北京市人民政府关于贯彻落实国务院加快发展旅游业文件的意见》、《北京市“十二五”时期城市信息化及重大信息基础设施建设规划》和北京市人民政府发布的《智慧北京行动纲要》，落实2011年全国旅游工作会议精神，明确北京“智慧旅游”建设重点、内容和发展目标，有效指导机关单位、企业和社会参与“智慧旅游”建设，特制定《北京“智慧旅游”行动计划纲要（2012—2015）》（以下简称《计划》）。

一、指导思想

以《北京市人民政府关于贯彻落实国务院加快发展旅游业文件的意见》、《北京市“十二五”时期城市信息化及重大信息基础设施建设规划》和北京市人民政府发布的《智慧北京行动纲要》为指导，深入贯彻落实科学发展观，按国际一流旅游城市的标准，紧紧抓住现代信息技术发展机遇，开展北京“智慧旅游”建设，创新旅游行业管理和旅游公共服务模式，为国内外游客提供全方位、高质量的便利旅游服务，为实现旅游“资源多样化、服务便利化、管理精细化、市场国际化”的目标奠定基础。

二、建设目标

根据北京市《智慧北京行动纲要》，北京市旅游发展委员会从智慧城市建设及旅游企业、旅游者实际需要出发，以完善对旅游者的公共服务功能、提升旅游企业面向国际国内市场的服务能力、提高旅游行政管理部门对旅游的行政服务水平为需求，确保“智慧旅游”建设项目的针对性和实用性，提出了“智慧北京便利旅游”的发展目标：宽带泛在的基础设施、智能融合的信息技术应用和创新持续的便利旅游服务。到2015年，将在全市初步建立北京市“智慧旅游”政务管理体系，“智慧旅游”公共信息服务体系，旅游业态

“智慧旅游”服务体系三大“智慧旅游”体系，推动九个“智慧旅游”系统建设，形成六十个“智慧旅游”建设项目。基本建成泛在、集约、智能、可持续发展的“智慧旅游”支撑体系，初步实现旅游行政服务职能智能运行、旅游者“智慧旅游”、旅游企业网络运营等高度融合的旅游公共服务便捷实用的发展态势，形成“智慧旅游”引领旅游发展的格局。

三、行动计划的项目内容

（一）建设北京“智慧旅游”公共服务体系。

1. 建设旅游公共服务信息系统。

建设和完善北京旅游网。为旅游者提供全方位信息的智能服务，配合“市民主页”，提供各类整合的移动服务信息，将北京旅游网打造成北京旅游的名牌。

建设旅游公共信息服务平台。以物联网、现代通信技术为基础，建立旅游公共信息服务云平台；建立旅游公共信息数据库；建立基于地理信息的旅游服务平台；实现旅游行业信息的收集、分类、处理、发布的自动化。

完善旅游公共信息服务管理平台。建立健全相应的规章制度，加强旅游信息收集、发布的管理平台建设。

2. 推进“智慧旅游”电子商务系统建设。

发展电子商务，积极推进北京旅游卡建设，建设和推广刷卡无障碍支付工程。推动旅游营销信息发布及旅游服务在线预订平台建设，推进旅游星级饭店、景区等旅游企业提供在线预订和智能服务。

3. 推进“智慧旅游”便民服务系统建设。

建立虚拟景区旅游平台。编制网络虚拟旅游建设规范。以北京旅游信息网为载体，以北京市各A级景区为蓝本，开发北京景区网络虚拟旅游平台。

推动建立景区自助导游平台。编制景区自助导游系统建设规范。采取多种形式，鼓励各A级景区开发、使用自助导游软硬件系统。

推动开发建设城市自助导览平台。编制城市自助导览系统建设规范。开展城市自助导览的研究、探索和开发工作。

推动旅游信息传播渠道多元化。编制旅游信息展示终端建设规范，推动旅游饭店、景区、旅行社、旅游乡村等旅游企业旅游信息传播渠道多元化。

推动无线宽带网覆盖。采取多种方式，促进饭店、旅游乡村、景区等旅游企业建设开通无线宽带网。

（二）推动建设旅游业态“智慧旅游”服务体系。

4. 推进智慧景区试点示范建设。

编制智慧景区建设规范，依据规范和扶持政策，推进智慧景区试点示范建设，优化旅游景区的接待环境，提升旅游景区智能服务质量。

智慧景区规范建设的内容：建设景区安全保障智能监控工程；建设景区电子门票、门禁工程；建设景区流量实时统计、上报、发布工程；建设景区应急管理及紧急救援工程；建设景区内部办公工程；建设景区门户网站工程；建设景区电子商务工程；建设景区旅游故事及游戏软件工程；建设景区旅游资讯数字化信息发布工程；建设景区多媒体展示及网络虚拟旅游工程；建设景区自助导游工程；建立景区呼叫中心平台和建设景区投诉及游客互动工程等。

5. 推进智慧饭店试点示范建设。

编制智慧饭店建设规范，依据规范和扶持政策，推进智慧饭店试点示范建设，推动物联网等技术在旅游饭店的应用，促进旅游饭店智能服务水平的提高。

智慧饭店规范建设内容：建设饭店网络及通信基础工程；建设饭店客房自助信息及电子商务终端工程；建设投诉、满意度调查及游客互动系统工程；建立监控安防系统工程；建设饭店智能客房控制系统工程；建设饭店多媒体自助服务终端工程；建设饭店中央预定系统工程；建立饭店管理系统工程；建设饭店综合视频会议系统工程和饭店智能闭路电视工程；建立饭店呼叫中心平台等。

6. 推进智慧旅行社试点示范建设。

编制智慧旅行社建设规范，依据规范和扶持政策，推进智慧旅行社试点示范建设，推动和逐步完善旅行社智能化建设，深化旅行社行业整体的信息化应用。

智慧旅行社规范建设内容：建设旅行社团队（游客）管理和旅游电子合同工程；建设旅行社及导游领队服务管理系统；建设旅行社 ERP 业务管理工程；建设 B2B 企业分销工程；建设 B2C 企业网站工程；建设旅行社服务质量跟踪及游客互动工程和建立旅行社呼叫中心平台；建设旅行社供应商管理工程；建设旅行社客户关系管理（CRM）及会员卡管理系统；建设旅行社在线 OA 管理工程；建设旅行社电子行程单管理及 GPS 定位与身份识别工程；建设旅行社旅游保险管理平台；建设智慧旅行社物联网平台与移动商务管理平台等。

7. 推进智慧旅游乡村试点示范建设。

编制智慧旅游乡村建设规范，依据规范和扶持政策，推动和逐步完善旅游乡村信息化、智能化建设，引导旅游乡村旅游环境与公共服务的建设，促进旅游乡村电子商务建设和推广。

智慧旅游乡村规范建设内容：建设旅游乡村基础网络工程，包括无线宽带网（WLAN）建设工程和室内宽带无线覆盖工程；旅游乡村门户网站建设工程；建设旅游乡村网络营销订购和旅游服务工程；建设消费刷卡无障碍服务工程；建设安全管理信息服务工程；建设旅游乡村中的民俗户智能终端覆盖工程和建设旅游乡村游自助导游、导航工程。

（三）建设北京市“智慧旅游”政务管理体系。

8. 建设“智慧旅游”电子政务系统。

建立、完善电子政务办公系统。深化旅游部门内部管理信息化应用，建立旅游信息化管理及自动办公 OA 系统、移动办公系统和视频会议系统。使市、区两级旅游部门办公系统互联互通，共享业务信息，实现从业务办公到公文编制、报送、审批等无纸化办公。

提升政务网站服务能力。进一步完善北京旅游信息网建设，政务信息发布应做到及时、适时、准确。结合电子政务办公系统，建立、完善电子政务服务系统，完善网上办事流程，建立旅游企业、从业人员诚信监管发布平台及信誉公示机制。

建立、完善旅游业务电子办公系统。深化政务信息资源整合共享，加强行政管理和信用信息公示，建立完善旅行社团队游客管理平台及电子合同管理平台；建立景区、饭店、旅游乡村游客信息分析平台；完善旅行社及分支机构审批备案平台；建立完善星级饭店、A 级景区、A 级旅行社、市级民俗旅游村及乡村旅游特色业态评定管理平台；建立法规、政策查询检索平台；建立旅游执法平台；建立 12301 投诉受理及管理平台；建立旅游假日及应急统计及管理平台；建立旅游功能区、旅游公共服务设施地理管理平台；建立旅游形象宣传、旅游活动资源库；建设远程培训工程等。

通过电子政务办公系统和旅游业务电子办公系统，将旅游企业信息、旅游市场信息、各种多媒体监测信息等各方资源进行整合共享，为决策和研究随时提供准确的信息。

9. 建立旅游应急指挥系统。

加强北京旅游应急指挥体系方案论证和体系建设，充分运用智能视频监控、移动网络、物联网等技术和手段，建立动态感知游客活动信息和旅游企业状态的信息网络；建立旅游企业、游客信息监控平台；建立旅游企业、游客综合信息安全管理平台；建立旅游安全决策及应急指挥平台。

四、组织实施及保障措施

（一）进一步提高建设北京“智慧旅游”的认识。

北京市旅游发展委员会成立以主任为组长，市旅游委及相关部门和区县旅游局（委）等参加的北京“智慧旅游”建设领导小组，负责统筹该工作。

各区县旅游行政管理部门和旅游企业要认真学习深刻理解《北京市人民政府关于贯彻落实国务院加快发展旅游业文件的意见》（京政发〔2010〕28号），以建设北京“智慧旅游”城市为目标，充分利用信息化、物联网技术手段，推动现代信息技术在旅游行业的应用，不断提高旅游公共服务的水平和效率，要充分认识“智慧旅游”建设是当前提升北京旅游经济发展能力和发展水平的必然趋势，是市委市政府贯彻落实科学发展观、实现“绿色北京、科技北京、人文北京”的重要内容之一，是转变政府职能，提高效率，建设服务型政府的重要价值追求之所在。树立“智慧旅游”建设的长远目标，把“智慧旅游”建设作为促进北京旅游产业发展的重要着力点。

（二）出台“智慧旅游”业态建设扶持政策。

积极开展“智慧旅游”业态建设试点示范项目建设，制定和出台奖励、补贴、扶持等政策，引导和推动旅游景区、饭店、旅行社、旅游乡村开展“智慧旅游”服务体系的建设，促进信息化在旅游行业的深度应用。

（三）广泛组织各种力量共同参与。

“智慧旅游”服务的提供者，既有政府各相关部门，也有民间非营利组织。市属各相关部门、各区县旅游行政主管部门，既是“智慧旅游”服务的推动者，也是监管者，要把握市场供给与非市场供给机制的不同，了解“智慧旅游”服务供给主体的多元性，广泛组织力量，引导市场营利部门、民间非营利组织和相关旅游企业一同推进“智慧旅游”服务的建设。

（四）突出重点分级组织实施。

北京市“智慧旅游”城市建设要通过“统筹规划，整合资源；政府引导，市场驱动；突出重点，分步实施；需求为主，确保实用；统一标准，资源共享”等措施，争取在“十二五”时期，实现以“为游客提供满意服务”为核心，以“为行业管理服务、为企业经营服务”为指导方针，通过“融合创新、广泛协同”，以现代信息网络通讯技术为实施手段，打造“电子政务网、电子服务网、电子商务网”的互通、互联、互动的北京市“智慧旅游”体系。实现旅游资源多样化、旅游服务便利化、旅游管理精细化、旅游市场国际化的目标。各区县旅游行政主管部门和旅游企业要以科学的态度与方法，把握建设水平适度、可持续发展的原则，处理好政府引导与市场主体的关系、技术创新与产业融合的关系，真正发挥和体现扶持政策的引导性和示范性，提高服务建设实效性；广泛发动政府职能部门的积极性，在进一步增进协作力度的基础上，形成部门联动，共同推进建设工作。

（五）认真落实好 2012 年“智慧旅游”工作。

各区县旅游管理部门要把握 2012 年“智慧旅游”建设最佳机遇期，抓紧时间，集中精力，切实推进本地区“智慧旅游”建设的重点工作。要做好本区县旅游行业信息系统、政务管理系统的完善和推进，做好项目筹备、储备工作及项目申报工作。认真组织推进智慧饭店、智慧景区、智慧旅游乡村、智慧旅行社试点示范工程建设；在饭店和 A 级景区建设无线宽带网、实现旅游信息在相关旅游企业发布的多元化；在各景区建设景区自助导游系统；抓紧做好旅游公共服务信息体系和旅游信息化管理系统的方案设计、论证和基础施设建设。调整完善“智慧旅游”城市建设体系核心层级结构，抓住最具长远性的、最具带动性的、最能够产生实效的项目，力求在 2012 年的建设中实现新的突破，推动全市旅游业建设上新台阶。

图书在版编目（CIP）数据

北京智慧旅游研究报告/李云鹏，黄超主编．—北京：中国人民大学出版社，2016.7
ISBN 978-7-300-22966-9

Ⅰ.①北… Ⅱ.①李…②黄… Ⅲ.①地方旅游业-旅游业发展-研究报告-北京市
Ⅳ.①F592.71

中国版本图书馆 CIP 数据核字（2016）第 126980 号

北京市社会科学基金项目

北京智慧旅游研究报告

主　编　李云鹏　黄　超

副主编　涂婷婷　赵丽丽　郭逸雄

Beijing Zhihui Lüyou Yanjiu Baogao

出版发行	中国人民大学出版社		
社　　址	北京中关村大街 31 号	**邮政编码**	100080
电　　话	010－62511242（总编室）		010－62511770（质管部）
	010－82501766（邮购部）		010－62514148（门市部）
	010－62515195（发行公司）		010－62515275（盗版举报）
网　　址	http://www.crup.com.cn		
	http://www.ttrnet.com（人大教研网）		
经　　销	新华书店		
印　　刷	北京易丰印捷科技股份有限公司		
规　　格	165 mm×238 mm　16 开本	**版　　次**	2016 年 7 月第 1 版
印　　张	21.25 插页 2	**印　　次**	2016 年 7 月第 1 次印刷
字　　数	375 000	**定　　价**	55.80 元